JN063187

『播磨国風土記』の古代史

兵庫県立歴史博物館
ひょうご歴史研究室◉編
坂江 渉◉監修

神戸新聞総合出版センター

はじめに

本書は平成二七年（二〇一五）四月、兵庫県立歴史博物館に開設されたひょうご歴史研究室（以下研究室と略す）の『播磨国風土記』研究班による研究成果を市民向けに公表するものである。『播磨国風土記』研究班は現在一〇名で構成されているが、そのうち文献史学の研究員は、二〇〇〇年代の初頭前後から、共同研究を続けてきたメンバーである。その際重んじたスタンスは、地元の自治体関係者や民間研究団体と緊密に連携すること、またフィールドワークや民俗調査を積極的に試みることの二点であった。これにもとづき二〇〇七年には、坂江渉編『風土記からみる古代の播磨』（神戸新聞総合出版センター。以下前著という）を刊行することができた。本書はこれ以降に得られた知見を公表するという側面を合わせもつ。また右にあげた二つの点は、今も大事にしている研究スタンスである。

『播磨国風土記』（以下『播磨』と略す）は、和銅六年（七一三）の編纂・提出命令を受け、諸国の国ごとに作られた行政報告書の一つである。播磨のほか、常陸・出雲・豊後・肥前の五ヶ国の『風土記』が現存する。そのうち『播磨』の祖本は霊亀二年（七一六）頃までに書かれたとみられているが、幕末以降に知られるようになった京都の公家、三条西家本を唯一の写本資料とする。そこには明石・赤穂の両郡をのぞく、合わせて一〇郡の地名と地名起源説話が収められている。地名起源説話の数は三六〇例以上に及ぶが、そのなかには地方色豊かな神話の断片や、五～七世紀頃の倭王権の播磨支配のあり方を反映させた伝承が含まれている。その内容のあらましや、写本資料の成立・伝来などについては、前著巻末の「総論」に紹介している。詳細はそれを参照していただきたい。

本書は、そうした諸史料を一定の学術的手続きを経て、文献史学と考古学の双方から読み解いた三八編の論考から成り立つ。一七名の執筆者は、研究室の研究員のほか、共同研究機関の兵庫県立考古博物館、連携する島根県古代文化センターと淡路島日本遺産委員会のメンバー、そして長く地域史研究をすすめてきた仲間たちなど、多彩な顔ぶれになった。

コロナ禍のもと対面の研究会は開けなかったが、リモート形式の論文検討会を、約一年四カ月にわたり合計二六回もった。それぞれの史・資料解釈については、必ずしも執筆者間の合意が得られたわけでなく、各論考の文責は執筆者自身にある。しかし各分野の最新の研究成果が示されていると確信する。

第1章「播磨と倭王権」には、古代播磨の政治史に関わる論考を集めた。この分野では、竜山石の流通のあり方、国造制やミヤケ、伊和大神の捉え方の見直しなど、五世紀から七世紀頃の倭王権による播磨支配の実像解明が大きく前進した。本章ではそうした成果を合わせて一〇編掲載した。

第2章は「播磨の道と地域間交流」という章名にした。前著でも第6章に「交通と地域間交流」というテーマを設けたが、今回は「播磨の道」のあり方にこだわる論考が集まった。律令制下の官道だけでなく、それ以前の民間古道にも眼を向け、そのルートの究明や多様な交通路にもとづく地域開発の様相が明らかにされている。このなかには「播磨の道」を特集テーマにした『ひょうご歴史研究室紀要』第六号（二〇二一年）の研究成果が活かされている。

第3章「大阪湾岸と淡路島の海人」の諸論考には一つの前提がある。平成二九年（二〇一七）以来、『播磨国風土記』研究班は、淡路島日本遺産委員会と連携して、古代の淡路島の海人や神話の共同研究に取り組んでいる。本章の論考は、その研究成果にもとづくものである。海人が各時代の倭王権の地域支配との関連で、かなりの広域的移動をおこなう集団だった側面が明らかになった。

第4章「地域生活と播磨の神祭り」では、古代の過酷な生活環境のもとでの暮らしのあり方、当時の婚姻と出産をめぐり神祇・祭祀が果たした役割、疫病や災厄との戦いの歴史、考古資料からみた播磨の祭祀の実像が取り上げられている。

ところで『播磨』には、播磨灘の神島（現在の上島）の石神に関する伝承以外、仏教や寺院に関する情報は一切みられない。これは僧侶の有無や、創建者名までを記す『出雲国風土記』などとの大きな違いである。しかし播磨地域では多くの白鳳寺院の痕跡が確認されており、また『日本書紀』には有名な播磨の還俗僧、恵便の伝承がみられる。播磨国内に仏教が広く浸透していたことは明白である。そこで第5章は、「播磨の古代寺院と仏教」というテーマのもと、仏教彫刻史・文献史・考古学の三つの分野の最新成果を収めることにした。

つぎに『播磨』研究については、国文学の分野でも基礎的研究の成果が積み重ねられている。ニュージーランド在住の日本文学者、エドウィーナ・パーマー氏は、『播磨』の口承資料としての見直しをはかり、それは「世界遺産」的な価値をもつと評価した。また同じく『風土記』の受容史研究も深まっている。これは『風土記』が作成された奈良時代前後の歴史を扱うのではなく、その写本資料が後の時代、すなわち中世~幕末、そして近代社会の人びとのなかに、どのように受容され、また伝播していったかを探ろうとする立場である。そこでは『風土記』をめぐる各時代の社会のあり方や思想状況、あるいは人的交流やネットワークのあり方などが、具体的に解明されつつある。第6章「播磨の古代と資料・地誌」には、これに関連する論考を掲載した。

本書に収めた論考は、すべて読み切りの形で、どこからでも読めるスタイルになっている。本書全体をお読みいただき、播磨地域への理解と親しみが深まるとともに、各地で『風土記』を活かしたまちづくりがすすんでいけば幸いと考える。

令和三年(二〇二一)一〇月

兵庫県立歴史博物館ひょうご歴史研究室・研究コーディネーター
監修者
坂江　渉

『播磨国風土記』の古代史◎目次

第2章　播磨の道と地域間交流

第3章　大阪湾岸と淡路島の海人

第4章　地域生活と播磨の神祭り

第5章　播磨の古代寺院と仏教

第6章　播磨の古代と資料・地誌

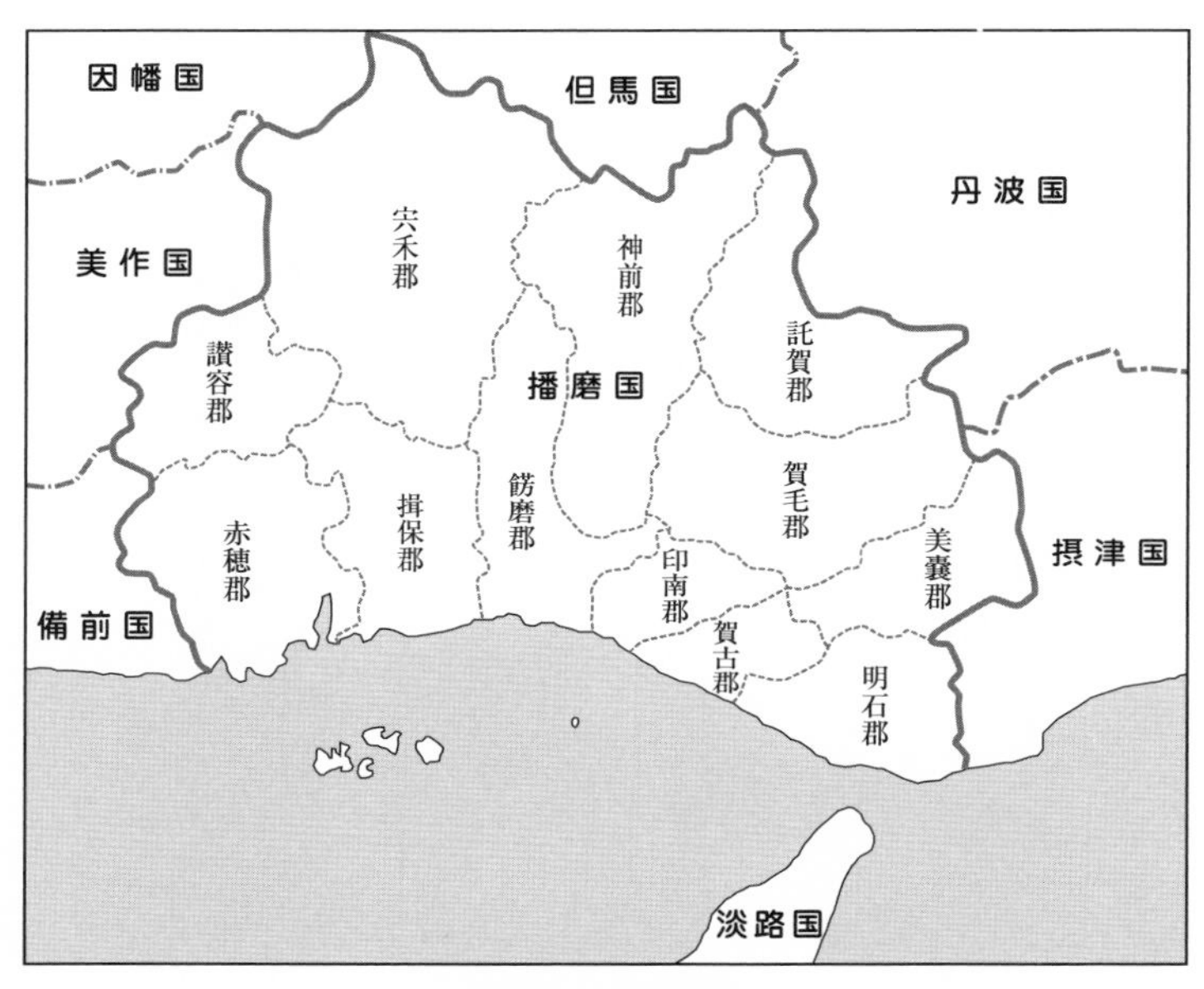

播磨国の郡配置図

〔凡例〕

・史料用語、地名等については、各論考の初出箇所で、できるだけフリガナを付した。現代仮名遣いを基本としたが、一部の固有名詞については慣用にしたがった。

〈例〉揖保（いひぼ）、品太天皇（ほむだ天皇）

・本書では『播磨国風土記』が頻出するので、初出や見出し以外の箇所では、すべて『播磨』と略記した。また『出雲』や『肥前』などは、それぞれ『出雲国風土記』『肥前国風土記』をさす。

・同様に『古事記』『日本書紀』についても、初出、見出し以外の箇所は『記』『紀』と略し、並記する場合は記紀とした箇所がある。

・播磨国内の地名については、史料によってさまざまな書き方があるが、原則として『播磨国風土記』の記述にしたがった。ただし引用史料においては、その限りではない。

・史料を引用するにあたって、原漢文は書き下し文にあらためた。

・参考文献については、巻末にまとめて提示した。

第1章

播磨と倭王権

竜山石と倭王権

和田晴吾

◇竜山石の発見と開発（古墳時代前期）

加古川は播磨の中央を北から南へと流れくだる大河である。この川の下流右岸にある高砂市から加西市周辺では、古くから凝灰岩質の良い石材が採れた。地元では場所によって竜山石（たつやまいし）、長石（おさいし）、高室石（たかむろいし）などと呼びわけられているが、考古学では竜山石と総称している。

ところで、奈良時代にできた『播磨国風土記』にはこの石に関して興味深い話が残っている。印南郡大国里にある伊保山（いほやま）（高砂市）の地名起源説話である。仲哀天皇が熊襲（くまそ）征伐の折に九州で亡くなったので、遺体を神として奉じ、神功皇后が（御陵を造るため）石作連の大来（おおく）を連れて讃岐国の羽若（はわか）の石を求めに行った。しかし、良い石がなく、海を渡ってやって来た直後に大来が良い石材を発見した。そこで、それにちなんで名をつけたというのである。

この話からすれば、具体的な経緯は別として、奈良時代には、竜山石の発見と開発には大王家（後の天皇家）、あるいは倭王権が深く係わっていたとの伝承が伝わっていたことになる。ほんとうに、そうだったのだろうか。

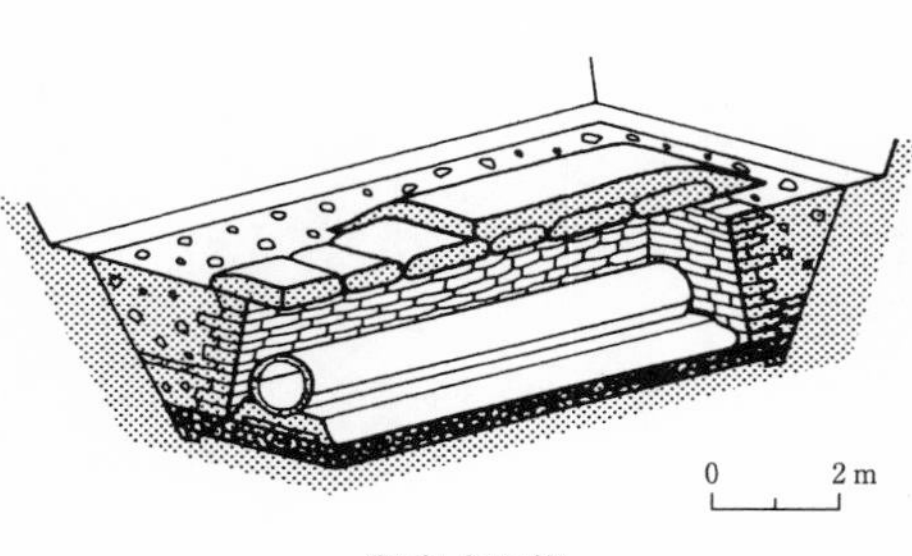

竪穴式石槨

知見では、竜山石を加工した最古の例は、四世紀前葉の奈良県桜井市メスリ山古墳にある。埋葬用の竪穴式石槨の天井石八枚のうちの一つが竜山石なのだ。地元での利用が始まる直前の段階で、すでに重さ一トンを超える丁寧に加工した竜山石が、直線距離で一〇〇キロメートルほども離れた奈良盆地まで運ばれていたのである。

大きな石材を加工して利用することは弥生時代以前にはほとんどなかった。それが始まったのは古墳時代になって石槨や石棺を造りだしてからである。この頃、たぶん朝鮮半島の高句麗から花崗岩をも扱える本格的な石材加工技術が伝わってきたのである。

しかも、メスリ山古墳は、三、四世紀の大王が古墳を造ったオオヤマト古墳群に近接した、全長約二五〇メートルの巨大な前方後円墳なので、被葬者は王権中枢の有力者だったに違いはない。

このような当時の状況を考えれば、王権が、地元と深く係わりつつ、新しい埋葬施設を造るために最新の技術でもって竜山石を開発した可能性は極めて高い。

ちなみに、讃岐国の羽若の石に関しては、羽若が香川県綾歌郡羽床村（現、綾川町）付近をさすのであれば、近くの鷲の山（高松市）で凝灰岩質の良い石材（鷲の山石）が採れた。ただ、割竹形石棺の材料として利用されだすのは、メスリ山古墳の時期よりは少し後のことになる。

◇長持形石棺の発達（古墳時代中期）

その後、地元では加古川市の日岡山古墳群の南大塚古墳などで、竜山石を天井石に使った竪穴式石槨が造られたりしたが、利用が本格化したのは四世紀後葉からである。ちょうど大王の古墳が世界文化遺産になった大阪府の百舌鳥・古市古墳群に移った頃からである。

利用の中心は、この頃に作りはじめられた長持形（ながもちがた）石棺である。部材を組合せた箱形の身に蒲鉾（かまぼこ）形の蓋がつく形が、昔の衣服や調度を入れた長持という箱に似ていることから名がついた。

当時としてはもっとも格式の高い石棺で、大王を始め、畿内地域の有力首長、およびその関係者の間で用いられた。いずれも竜山石製であることが特徴で、多くはないが、西は岡山県から東は滋賀県まで運ばれた。石棺を運べない九州や関東では、中央から派遣された技術者が地元の石材で長持形石棺を作っているほどだから、この型式の石棺の重要性がわかる。

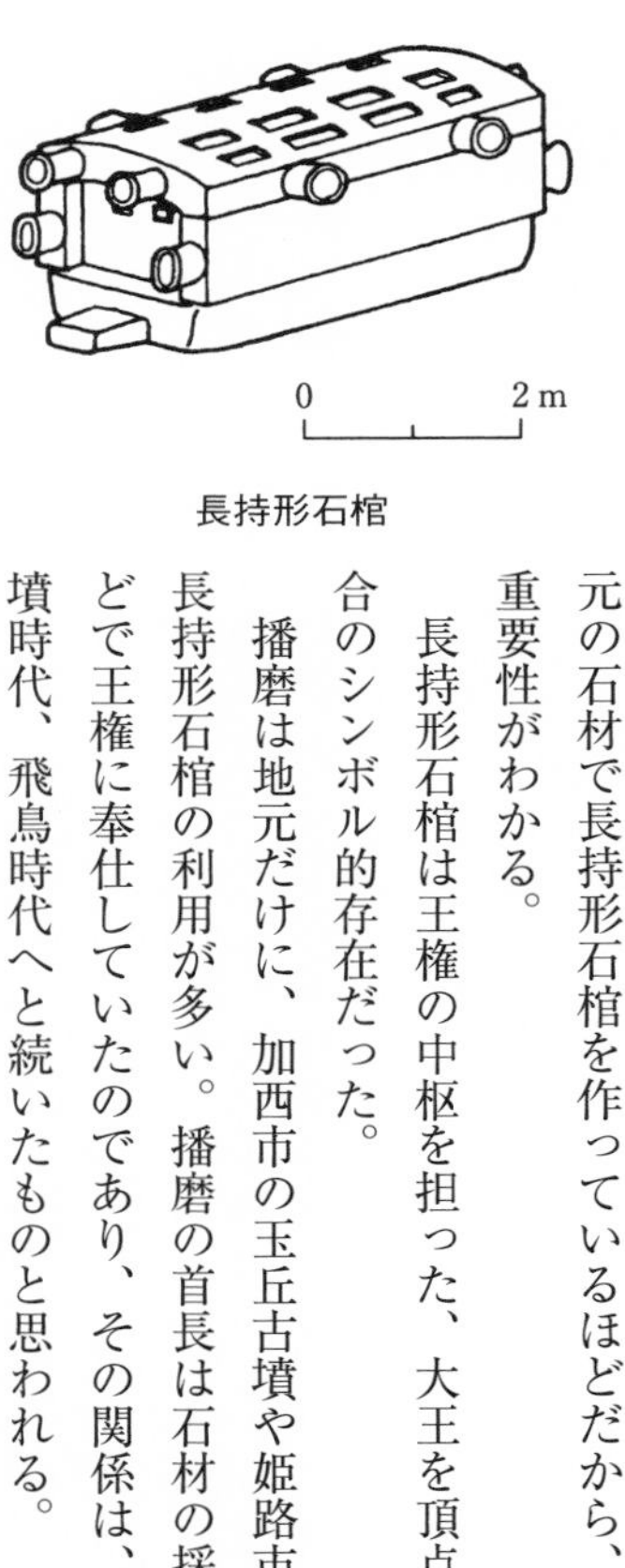

長持形石棺

長持形石棺は王権の中枢を担った、大王を頂点とした畿内首長連合のシンボル的存在だった。

播磨は地元だけに、加西市の玉丘古墳や姫路市の壇場山（だんじょうざん）古墳など長持形石棺の利用が多い。播磨の首長は石材の採取・加工・運搬などで王権に奉仕していたのであり、その関係は、変化しつつも、古墳時代、飛鳥時代へと続いたものと思われる。

◇家形石棺の盛行（古墳時代後期）

六世紀になると、古墳の埋葬施設は一変し、全国で横穴式石室が発達し、畿内を中心とした地域では石室内に屋根形の蓋をもつ家形石棺を納める習慣が盛行した。中心となったのは竜山石製の石棺と、新しく奈良県と大阪府の境で開発された二上山（にじょうざん）の白色の凝灰岩（二上山白石）製の石棺であった。なかでも優位だったのは竜山石製で、二基の大王墳での利用が確認できる。

一つは、奈良県橿原市の見瀬丸山古墳で、墳丘はこの時期最大の三一〇メートル余りを誇る前方後円墳である。かつては石室の入口が開いていて日本最大の横穴式石室があると言われていたが、宮内庁が管理する陵墓参考地となり長らく入口は閉ざされてきた。しかし、一九九一年（平成三）、入口の一部が崩れ、内部を写したカラー写真がテレビ朝日のニュースステーションという報道番組で放映され話題となった。その後、宮内庁で内部が調査され報告書がでている。それによると、内部にはやはり全長二八・四メートルにも及ぶ巨大な石室があり、棺を置く玄室は、底部が一メートルほど泥に埋もれていたが、長さ八・三、幅三・六、高さ三・五～四・〇メートルで、有名な明日香村の石舞台古墳の石室を凌ぐものであった。内部には二基の竜山石製刳抜式家形石棺があり、型式より一つは六世紀後葉、他は七世紀前葉のものと推定される。被葬者には五七一年に死亡した欽明（きんめい）大王と、六一二年に改葬された妻の堅塩媛（きたしひめ）が相応しい。

もう一つは、大阪府高槻市の今城塚（いましろづか）古墳である。六世紀前葉に築かれた一九〇メートルの前方後円墳で、欽明大王の父である継体大王が葬られている可能性が極めて高い。後円部の発掘

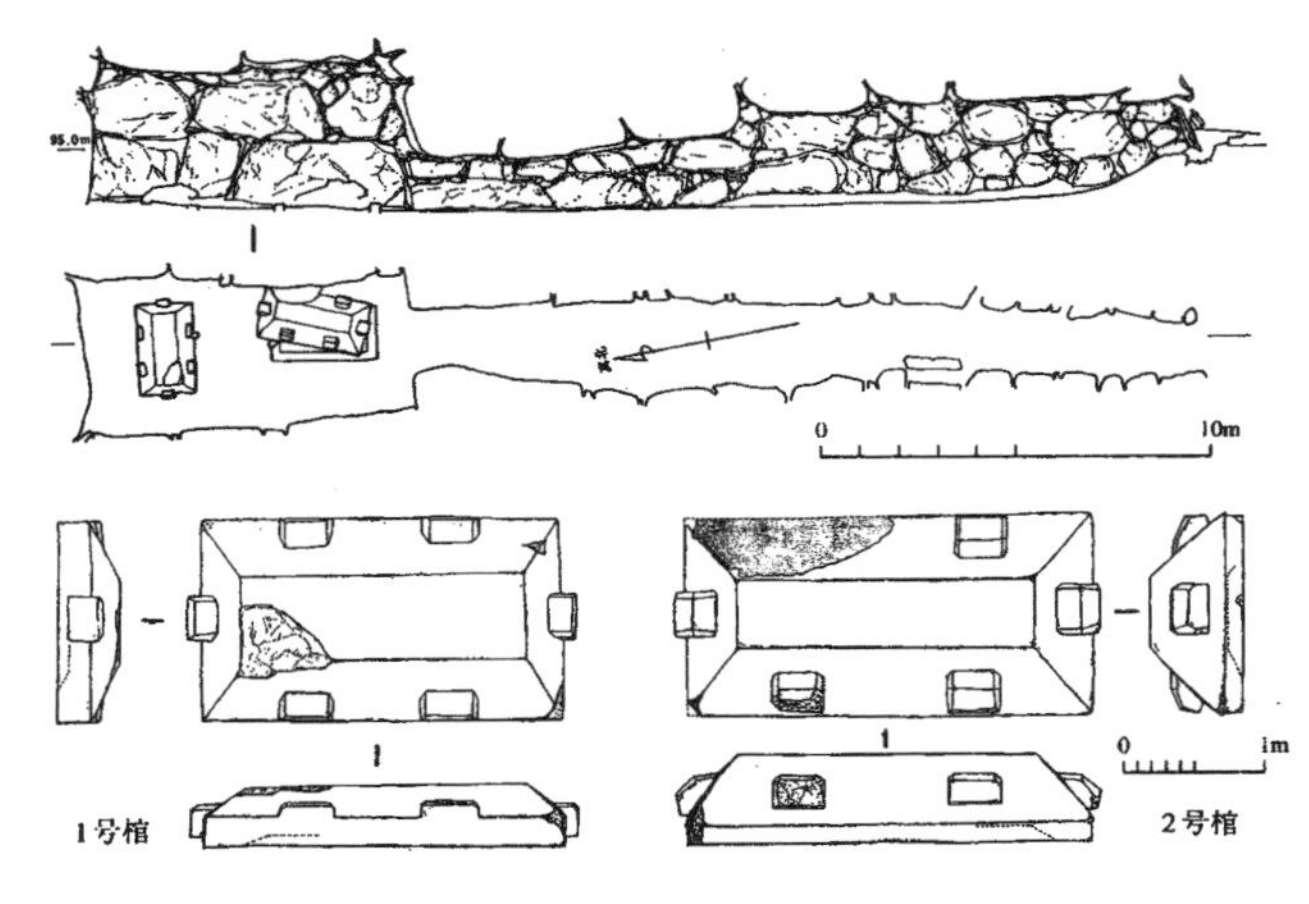

見瀬丸山古墳の石室と石棺（報告書より）

調査では、横穴式石室はすでに削平されていたが、付近から竜山石、二上山白石、九州の阿蘇溶結凝灰岩のピンク色の石（馬門石（まかどいし））の三種類の石棺の破片が発見された。どの石材が大王の石棺か意見の分かれるところであるが、前後の時期の大王の棺からみて、竜山石のものと考えられる。

以上のように、竜山石製の家形石棺は大王の棺として、また他の有力首長の棺として盛んに利用された。特に六世紀後葉から七世紀前葉にかけては王権の公的な性格を持つ棺として活用されたようで、最盛期には西は山口県から東は滋賀県まで多くのものが運ばれ、その形はいくつかの地域で在地の石材を使って模倣された。なかでも、播磨の加古川流域はもっとも多くの竜山石製家形石棺が利用された地域で、中世には浄土真宗の広がりのもと、石棺を掘りだし、これに阿弥陀如来や地蔵菩薩を刻む石棺仏がはやり、今では、播磨の風物詩の一つとなっている。

◇埋葬施設から建築部材へ（飛鳥時代）

飛鳥時代に入ると前方後円墳は造られなくなるが、古墳の埋葬施設に関しては横穴式石室と家形石棺の組合せが続いた。七世紀前半の石室を代表する花崗岩切石造りの石室のなかに置かれたのもやはり竜山石製の石棺であった。しかし、飛鳥時代には奈良盆地周辺でも花崗岩ほか多様な石材が開発され、七世紀後半以降は竜山石製品が減少していった。ただ、八世紀初頭の文武(もんむ)天皇陵かと考えられている明日香村の中尾山古墳（八角墳）の石槨の側壁には、水磨きされ、最高度の技術で仕上げられた竜山石が使われている。大王や天皇の埋葬施設と竜山石の関係はこの時期まで続いていたのである。

そうした習慣のせいか、中央では、竜山石は飛鳥大仏の台座や山田寺金堂の礼拝石など寺院関係の特殊な用途に使われただけで、建築部材としてはほとんど使われなかった。使われだすのは七世紀後葉～八世紀初頭の藤原宮や八世紀の平城京からである。倭王権下、各時期の最高位の墓制の素材として重要な位置を占めた竜山石の役割はここで終わったのである。

石の宝殿

一方、地元では石棺だけではなく、石仏や寺院の礎石などに利用された。『播磨』に「作石」の「大石」と出てくる高砂市生石(おうしこ)神社のご神体である石の宝殿は、竜山石の岩盤から大型の製品を掘りだす途中で中止した珍しい遺跡である。エジプトや中国の類例との比較もおもしろい。

国造とミヤケ

古市 晃

◇国造とは？　ミヤケとは？

国造とミヤケは、飛鳥時代後半（七世紀後半）にはじまる律令制以前に存在した地域支配の仕組である。国造は五二七年頃の北部九州を舞台とする磐井の乱後、地域の有力豪族を任命したものとされる。『播磨国風土記』には、播磨の国造とミヤケについての興味深い伝承が収められている。ここではそれらの史料を通じてみえる播磨の国造とミヤケの実態に迫りたい。

◇「国造本紀」にみえる播磨の国造

諸国の国造について記した「国造本紀」には、播磨の国造として針間国造、針間鴨国造、明石国造の三種が記される。針間国造は稲背入彦（いなせいりひこ）の孫、伊許自別命（いこじわけのみこと）の後裔、針間鴨国造は御穂別命（みほわけのみこと）の子、市入別命（いちいりわけのみこと）の後裔、明石国造は八代足尼（やしろのすくね）の子、都弥自足尼（つみじのすくね）の後裔とされる。これらの人名から、それぞれの国造が他の氏族と同族関係を結んでいたことが判明する。針間国造は佐伯直、針間鴨国造は上毛野君（かみつけぬのきみ）、明石国造は倭直（やまとのあたい）という氏族との関係を確認できる。

佐伯直は中央で主に軍事・警備的役割を担った氏族であるが、『新撰姓氏録』（平安時代初期成立）には、稲背入彦が神前郡でヤマトタケルが移配した蝦夷の後裔を発見したことでその統治を委ねられ、針間別佐伯直の氏姓を与えられたことが記され、『播磨』にも、佐伯部らの始祖で阿我乃古という人物がこの地の支配を許されたことが記される（神前郡多駝里条）。アガノコについて、『日本書紀』は仁徳天皇の時、天皇に背いた隼別王・雌鳥女王を追討する人物として、播磨佐伯直阿俄能胡の名を記す。アガノコは、女王らが身につけていた玉を奪う罪をおかしたため、贖罪として献上した土地が玉代と呼ばれたことが記される。餝磨郡玉手（現姫路市玉手）はその遺称地にあたる。このように、針間国造を名乗る佐伯直氏は神前郡から餝磨郡にかけての市川流域を主な勢力範囲としていた。餝磨郡には針間直という氏族もみえるので、針間国造には、佐伯直の他に、針間直と名乗る氏族も含まれていたと考えられる。

　針間鴨国造については、滋賀県の石山寺に伝来した「既多寺大智度論」に、賀毛郡に上毛野君の同族、車持君や大野君がいたことが記される。天平六年（七三四）、賀毛郡の既多寺で写経された「既多寺大智度論」には、事業に資財を投じた人々の名が多く記されており、その中には針間国造、佐伯直、針間直といった氏族がみられる。針間鴨国造とは、賀毛郡域に拠点を置いた針間国造というほどの意味で、針間国造との間に実質的な違いはなかったのだろう。佐伯直氏が播磨に到来するのは（正確にはその前身集団だが）、阿俄能胡の伝承に吉備の勢力が登場することから、五世紀にさかのぼる可能性が高い。一方、元々は上野国の勢力だった上毛野君が中央豪族となり、播磨に進出してくる時期はそれよりも降ると考えられる。上毛野君と同族関係を結んだ賀毛郡の針間国造が針間鴨国造なのであった。

一方、明石国造は、『続日本紀』に神護景雲三年（七六九）、明石郡の海直溝長（あまのあたいみぞなが）という人物が大和赤石連という氏姓を与えられた記事がある。飛鳥京からも明石郡の海直を記した木簡が出土しており、海人集団と明石の関係は深い。倭直氏はかつて海人集団に含まれていたこと、倭と共通する大和の氏姓を与えられていることから、倭直と同族関係を持つ明石の海人集団が明石国造とされたのであろう。

◇ハリマの国造の実態

このようにみると、播磨の国造は佐伯直、針間国造、針間直などと称する集団と、海直を名乗る集団に二分されているかにみえるが、実際にはそうではなかった。『播磨』の内、明石郡の条は失われているのだが、明石郡条の一部と考えられる記事が他の書物に引用されている。その中に国造石坂比売命（いわさかひめのみこと）の名がみえ、「国堅めし大神の子」と記されている。『播磨』にみえる大神は例外なく伊和大神を指すので、明石国造の祖先もまた伊和大神の後裔という系譜を主張していたことがわかる。明石郡に伊和大神を祭る伊和都比売（いわつひめ）神社が存在することもこの推測を裏づける。

伊和大神の信仰は宍禾郡を中心とするが、その伝承や神社は播磨のほぼ全域に及んでおり、宍禾郡だけでなく播磨一国を代表する神格である。一方、佐伯直や針間国造を名乗る氏族もまた、神前郡や餝磨郡、また賀毛郡にとどまらず、播磨の広域に分布することが知られている（表1）。伊和大神の信仰圏と針間国造の分布はほぼ一致するわけである。このことから、伊和大神伝承と針間国造の間には密接な関係を想定できる。

このようにみれば、針間国造と明石国造の間の違いもまた、中央の氏族との同族関係に限られており、播磨の地域社会に即してみれば、同じハ

表1　播磨の国造分布

郡	氏族・人名	出典／備考
明石	国造石坂比売命 海直	『播磨』明石郡逸文（釈日本紀所引） 『続紀』神護景雲3.6癸卯条、飛鳥京苑地遺構出土木簡（『木簡研究』25）
賀古	・・・	
印南	佐伯直	『三実』仁和3.7.17戊午条
餝磨	佐伯直 針間（播磨）直 国造豊忍別	『紀』仁徳40.2月条 正倉院調庸墨書銘 『播磨』餝磨郡安相里条
揖保	佐伯直	『続紀』延暦7.11庚戌条、同延暦8.5庚申条（無姓）、『続後紀』承和10.3丙辰条
赤穂	佐伯直 針間（播磨）直	『朝野群載』長和4.11.16播磨国符 延暦12.4.17播磨国坂越・神戸両郷解案
讃容	針間（播磨）直	平城京木簡7（12655号）、平城宮跡出土木簡概報30
宍禾	・・・	
神前	佐伯直	『播磨』神前郡多駄里条、『姓氏録』右京皇別、既多寺大智度論36
託賀	針間（播磨）直	天平9.3.30平城宮跡出土木簡概報31
賀毛	佐伯直 針間（播磨）直 針間国造 国造黒田別 国造許麻	既多寺大智度論33他、平城宮跡出土木簡概報24（佐伯部） 既多寺大智度論47他 既多寺大智度論42他 『播磨』賀毛郡楢原里条 『播磨』賀毛郡楢原里条

リマの国造という点で違いはなかったと考える方が事実に近いと思われる。ハリマに存在した国造とは、伊和大神の信仰を共有した一つの勢力と考えられる。ハリマという一国規模の政治的な単位は、少なくとも五世紀には成立していた可能性が高い。

◎国造とミヤケ

国造との関係が問題となるのがミヤケである（図）。播磨には少

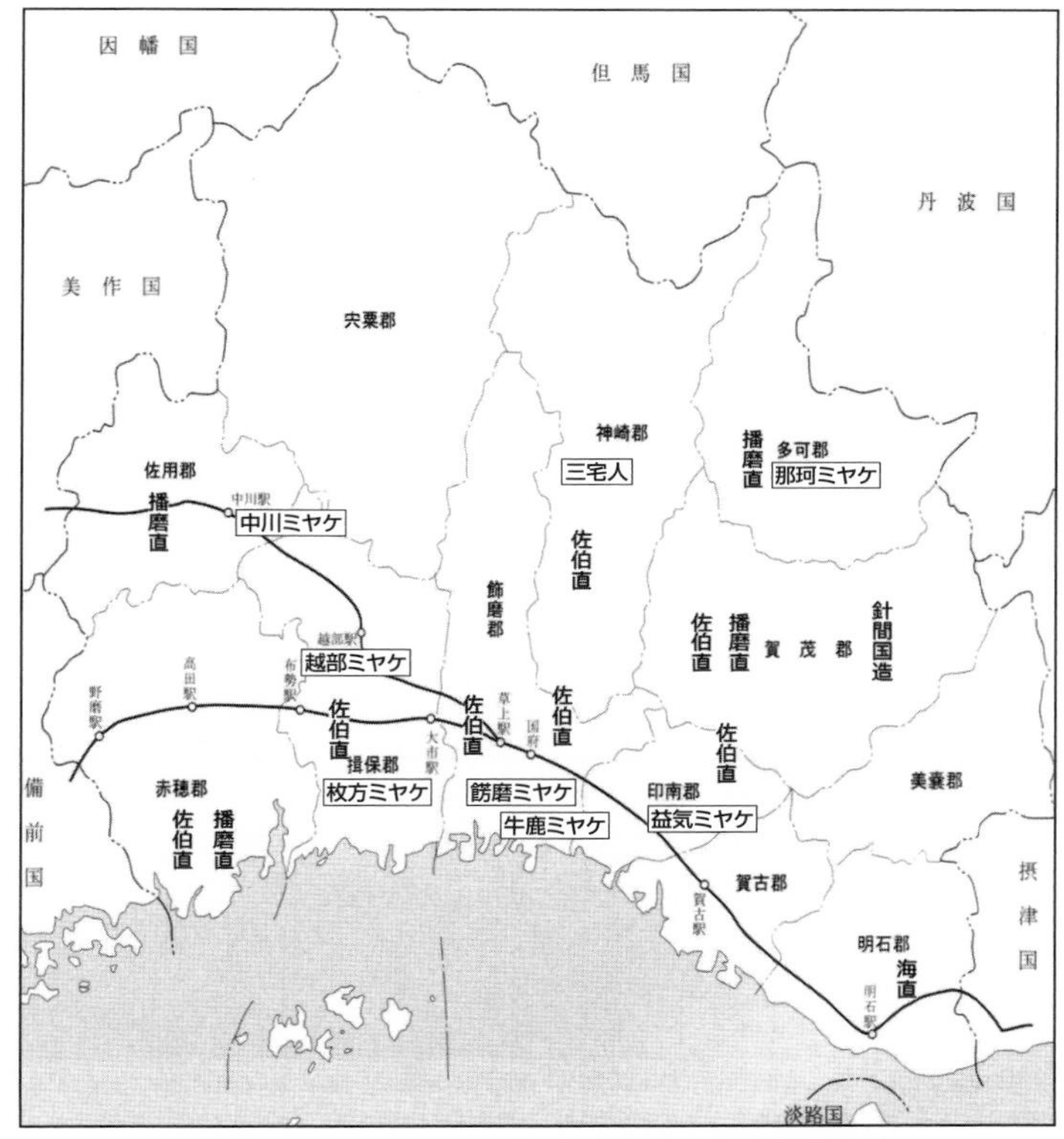

播磨の国造とミヤケ分布（『日本古代道路事典』を利用）。
ミヤケについては□を付した。

なくとも九種類の名称を異にするミヤケが確認できるが(表2)、実際にはもっと多くのミヤケが存在した可能性もある。そのミヤケを管理する勢力と考えられてきたのが国造である。

たしかに、国造とミヤケに関わる伝承は多い。『播磨』には、餝磨郡に存在した餝磨御宅の起源として、隠岐・出雲・伯耆・因幡・但馬の五国の国造が驕慢であったことから、朝廷が彼らを使役して田を開発させたことに始まると記す。国造がミヤケの管理を行ったのであれば、餝磨御宅の管理にも当然、針間国造があたることになるのだが、そうした形跡はうかがえない。むしろ逆に、餝磨御宅にほど近い餝磨郡安相里には、天皇に無礼を働いた国造豊忍別命(とよおしわけのみこと)が但馬国造阿胡尼命(あこね)の取りなしで助けられたことが記され、豊忍別命が贖罪のために献上した田を但馬の朝来郡の人々が耕作した伝承が伝えられている。

これらの伝承は、餝磨地域の開発に、但馬をはじめとする山陰道の国造たちの労働力が動員されたことを示

表2　播磨のミヤケ

郡	名称	出典／備考
印南	益気御宅	『播磨』印南郡益気里条
餝磨	餝磨御宅 牛鹿屯倉	『播磨』餝磨郡漢部里条／別名 賀和良久三宅 安閑紀2年5月甲寅条
揖保	越部屯倉 三宅	安閑紀2年5月甲寅条、『播磨』揖保郡越部里条 法隆寺蔵嘉暦・至徳年間鵤荘絵図
讃容	中川御宅	『播磨』讃容郡中川里条
神前	三家人	『播磨』神前郡多駝里条(川辺里にありとする)、飛鳥藤原出土木簡
託賀	三宅里	『倭名類聚抄』　二条大路木簡／東大寺領　曽我井・沢田遺跡墨書土器「宗我」「曽我西」
美嚢	志深屯倉	『記』清寧段、顕宗即位前紀、『播磨』美嚢郡志深里条

す。そこではむしろ、針間国造の拠点がミヤケとして開発されることで、王権の資財として収奪されていることに注目する必要がある。地域の国造たちにとってミヤケの開発とは、王権への服属にほかならないと捉えた方がよさそうである。

また国造と関わらないミヤケも存在する。オケ・ヲケが潜伏したと伝えられる美嚢郡の志深里には縮見屯倉があったが、美嚢郡には国造は確認されていない。ミヤケの設定は基本的には王権の意向であり、国造の意志とは無関係なのであった。

◇六世紀の列島社会

国造やミヤケが設定された六世紀前半の列島社会は、朝鮮半島諸国情勢の不安定化によって、鉄をはじめとする先進文物の供給が難しくなった結果、国力増強が強くめざされた時代であった。倭王の権力が強大になり、地域社会の自立性が低下するのはそのことによる。播磨における国造とミヤケもまた、例外ではなかったと考える必要があるだろう。

伊和大神とは何か

古市　晃

◇国占めの神・伊和大神をめぐって

『播磨国風土記』にみえる伊和大神は播磨を代表する神格とされるが、その性格をめぐっては統一された見解があるわけではない。ここでは、伝承に記された行為と他の神々との血縁関係（神統譜）、伝承の分布などをめぐって、その基本的な性格を明らかにしてみたい。

伊和大神は『播磨』にのみみえる神格である。古代の法令を集めた『新撰格勅符抄（しんせんきゃくちょくふしょう）』には、大同元年（八〇六）の段階で、「播磨伊和神」に神封（神社に奉仕する戸）一三戸が付属していたことが記されるが、これが中央の史料に伊和大神がみえる初例である。このほか、平安時代初期の歴史書、『日本三代実録』には、貞観元年（八五九）に「伊和坐大名持魂神（いわにいますおおなむちのみたまのかみ）」がみえ（同年正月条）、平安時代前期の法の施行細則を定めた『延喜式』にも同名の神社がみえ、名神大社という、地方神としての最高位の位置づけを与えられている。少なくとも平安時代には、伊和大神は現在、伊和神社（宍粟市一宮町）が鎮座する宍禾郡を拠点とする神格であり、また大名持（おおなむち）神と同一視されていたわけである。

『播磨』には、餝磨郡に伊和君という人びとがいたことは記されるが、伊和大神の舞台の中心は宍禾郡である。中でも、伊和大神の性格をよくあらわしているのが、宍禾郡条と伊和村条の伝承である。宍禾郡条では、大神が国を作り終えた後、境界画定の途次にめぐり会った大シカが舌を出していたので、大神は箭はこの鹿の舌にありと告げた。それにより、郡の名を宍禾、村の名を矢田村と名づけたという。伊和大神はシサハの地の名付け親であり、このことは大神がこの地の支配神であることを意味している。さらに伊和村の条では、大神が国作りを終えた後、この地で「終わった」と述べたので、伊和村は於和村ともいう、とある。国作りを終えた大神が、伊和村の地に鎮座することが示されている。

伊和大神が作った国とは、どの範囲にわたるものであろうか。古代ではクニの語は文字どおりの国家から村程度まで、広狭さまざまに用いられて範囲が一定しない。これまでの事例からみれば、国とは宍禾郡を指すと考えても問題なさそうだが、それでよいのだろうか。

◎伝承の分布

実は、伊和大神の国占めは宍禾郡に限らない（表1）。揖保郡香山里（かぐやま）はもと鹿来墓（かぐはか）といい、それは大神が国占めを行った際にシカが来て山の峰に立ったことなどにちなむという。同郡林田里はもと談奈志（いわなし）といい、大神が国占めの際に立てた「御志（みしるし）」が楡の木となったという。志を立てるとは、具体的には杖を立てるなどの行為をいうのであろう。また宍禾郡に隣接する讃容郡では、たんに「大神」とされる神が合計四箇所に記される。そのうちの一つでは、大神が出雲から到来したものとされるが、『播磨』でたんに「大神」と記されるのは宍禾郡と讃容郡の二郡だけで（表2）、しかも讃容郡の神格である賛用都比売命（玉津日女命とも）と大神は兄弟（原文は妹妖。夫婦とする説もある）とされる。大神は賛用都比売命と国占めを争った末、シカの血を用いて一夜にして稲を発芽させた賛用都比売命に敗れて他所へ去ったとされる。これらの神話・伝承は宍禾郡と讃容郡が特に親密な関係にあったことを示すもので、「大神」が伊和大神を指すことは確実と考えられる。

伊和大神が別の名で呼ばれた可能性にも注目したい。先に、伊和大神が平安時代には大名持神、つまり大汝神と同一視され

表1　伊和大神関係記事

№.	郡	里	内容
1	餝磨	英賀里	御子神あり
2	揖保	香山里	国占めに巡行
3		〃　阿竺村	巡行
4		林田里	国占めに植樹
5		〃　伊勢野	御子神あり
6		揖保里 美奈志川	御子神あり
7	宍禾	（宍禾郡条）	国作り
8		安師里	ヒメ神に求婚
9		石作里　阿和賀山	妹神あり
10		〃　波加村	国占めに巡行
11	神前	（神前郡条）	御子神あり
12	託賀	多駝里　粳岡	天日槍と戦う
13		黒田里	妻神到来

表2　大神関係記事

№.	郡	里	内容
1	讃容	（讃容郡条）	妹神と国占め
2		讃容里 吉川	玉を落とす
3		柏原里 筌戸	出雲より到来、筌を置く
4		雲濃里	御子神あり
5	宍禾	比治里 比良美村	褶を落とす
6		比治里 庭音村	粮に黴生ず
7		比治里 稲春岑	稲を春かせる
8		安師里	食事する
9		石作里　伊加麻川	国占めに巡行
10		雲箇里	妻神あり
11		御方里	杖にて国占め
12		（石作里）　伊和村	酒を醸す。国作り

ていたことをみた。この神は出雲にも祭られるが、基本的には大和の三輪に祭られる神である。『播磨』は、宍禾郡伊和村を大神が酒を醸造したことにちなんで神酒（みわ）村と名づけたとあり、『日本書紀』には、垂仁天皇のときのこととして、三輪君の祖、大友主が播磨の宍粟邑に新羅から渡来した天日槍命を訪ねたことが記される。三輪君氏は六世紀頃から活動していたと考えられる。宍禾郡への三輪氏の到来は奈良時代以前にさかのぼる可能性が高い。伊和大神を大汝命と同一視するのは平安時代に始まることではなく、飛鳥時代以前の古い前史をもつものであった（表3）。

伊和大神はまた、大汝命の別名である葦原志挙乎命（あしはらのしこお）の名でも呼ばれていた（表4）。宍禾郡御方里には、天日槍命と葦原志挙乎命が国占めを競い、黒葛（つづら）

表3　大汝命関係記事

No.	郡	里	内容
1	餝磨	伊和里　十四丘	御子神･妻神あり
2*	揖保	枚野里　筥丘	日女道丘神に求婚
3		越部里　御橋山	俵を積み橋を立てる
4		林田里　稲種山	少日子根と稲を積む
5	神前	聖丘里	小比古尼と競争
6	賀毛	下鴨里　碓居谷･箕谷･酒屋谷	稲を舂き、箕を置き、酒屋を作る
7		楢原里　飯盛嵩	御飯を盛る
8		〃　粳岡	下鴨里の糠が飛散

＊大汝少日子根命と表記

表4　葦原志挙乎命関係記事

No.	郡	里	内容
1	揖保	揖保里	天日槍と国占め
2	宍禾	比治里　宇波良村	国占め
3		比治里　奪谷	天日槍と谷を奪い合う
4		柏野里　伊奈加川	天日槍と国占め
5		御方里	天日槍と黒葛を投げ合う
6*	美嚢	志深里	国を堅む

＊大物主葦原志許と表記

三条(みかた)を足に結びつけて蹴り投じたところ、天日槍命の黒葛はすべて但馬国に落ちたので但馬の出石へ向かったとする伝承が記される。つまり葦原志挙乎命が御方の地を得たわけだが、この伝承には、国占めを行ったのは「大神」とする別伝がある。さらに揖保川流域には、伊和大神または葦原志挙乎命が、天日槍命と国占めを競ったとする伝承が点在する。先にみた大汝命と伊和大神の一体性をふまえれば、葦原志挙乎命もまた、播磨では伊和大神と同一視されていたと考えるべきだろう。

◎播磨一国の神

このように、播磨における大汝命、葦原志挙乎命を伊和大神と一体と捉えることで、伊和大神が占めた国の領域を考える素材は増えることになる。播磨東端の美嚢郡には、「大物主葦原志許(おおものぬしあしはらのしこ)」という神が国を固めたことが記される。この名は大汝命の別名をつなげたものであり、国固めが国作りに通じることも明らかである。伊和大神による国占めは播磨西部にとどまるものではなく、播磨の広域に及ぶものであった。

なお、現存する『播磨』は、明石郡と赤穂郡の記事を欠いているが、明石郡の一部らしき条文がほかの史書に引用されて残っており、そこでは明石郡の爾保都比売命(にほつひめ)が「国堅めし大神の子」と記される（『釈日本紀』一二）。通説では、この大神は記紀での国土創成神、イザナキ・イザナミ神とされる。しかしこれまでにみてきたように、播磨における国作りの神は伊和大神であり、この条文もその文脈で理解すべきである。明石郡には伊和大神を祭る伊和都比売神社も鎮座する。「国堅めし大神」は、伊和大神を指すと考えるべきであろう。

伊和都比売神社は、明石郡だけではなく赤穂郡にも存在する（赤穂市御崎に比定）。さらに、郡や里の神々を妻や子として従属させる神統譜も、播磨西部を中心に数多く結んでいる。伊和大神とは、まさに播磨一国に広がる信仰圏をもつ神格であった。

伊和大神が播磨最高の神格として位置づけられる時期は、いつまでさかのぼるのであろうか。『播磨』は、その年代を示さないが、伊和大神が国占めを競った相手である、天日槍命伝承に注目することで手がかりを得ることができる。天日槍命が新羅渡来とされることは先にみたが、その鎮座地が但馬の出石であるように、基本的には但馬の神格である。その伝承は但馬や播磨のほか、淡路にも分布するのだが、これらの地域には五世紀最大の豪族、葛城氏がその勢力を展開していた。播磨における天日槍伝承にも、葛城氏の分布と共通するところがある。葛城氏が五世紀後半には倭王によって弾圧され、衰退することからすれば、葛城氏と密接な関係にある天日槍命の伝承が展開する時期としても、それより降ると考えるのはむずかしい。つまり伊和大神の伝承もまた、基本的な骨格が作られる時期は葛城氏が衰退する五世紀後半を下限とすることになる。このことは、奈良時代初めに作られた『播磨』を読むとき、その神話・伝承をあたかも堆積した地層のように より分ける作業が必要であることも、同時に示しているのである。

伊和大神の「国譲り」
―宍禾郡石作里の前方後円墳と石製模造品―

大平　茂

◇伊和大神に関する『播磨国風土記』の記事

水野祐氏によると、『播磨国風土記』に神名の現れた神五三柱のうち、神話の数が一九話と一番多く、六郡（餝磨郡・揖保郡・讃容郡・宍禾郡・神前郡・託賀郡）にわたり認められたのが播磨土着神の「伊和大神」であった（「播磨国風土記」『入門・古風土記（上）』雄山閣、一九八七年）。

その神威が高く播磨地域の大半に勢力を保持していたことは、『播磨』の六郡にみる記事のとおり明白である。とくに、餝磨郡伊和里の条には積幡（しさわ）の伊和君等が到来し、ここに居住したので伊和と名づけ、また宍禾郡石作里（いしつくりのさと）の条には本の名は伊和とある。他郡の条には、渡来神である「天日槍（あめのひぼこ）」との土地争いに打ち勝って、国を造り堅めた。さらに、御子神の存在と『延喜式神名帳』には明石・赤穂の両郡に大神の姫神を祀る神社（伊和都比売（いわつひめ）神社）も鎮座している。

こうした事実をもって、「国造本紀」（『先代旧事本紀』）に記載のある佐伯直氏が針間（はりま）（播磨）の国造として勢力を有する以前、この地域は伊和大神を信奉する土着の豪族伊和氏が有力だったと考えたのは、『兵庫県史』第一巻に執筆した直木孝次郎氏である。

直木は、伊和氏が大よそ五世紀代に倭王権の圧力から、国譲りをおこなったものと推測した。誠に卓見である。なお、伊和大神はこれを祀る本社が『延喜式』記載の播磨一宮「伊和坐大名持御魂神社」であり、大汝命（おおなむちのみこと）（大己貴命）や葦原志挙乎命と同一の神とも考えられていた。

◇考古学から倭王権の進出

「国譲り」を考える

考古学からこれを裏付ける資料としては、王権の祭祀具とされる石製模造品の有無、そして中央と地方の政治的関係を表している前方後円墳の築造が最適であろう。

播磨地域における石製模造品の分布を、古墳と集落址に分けて作成したのが下図である。この図からは、

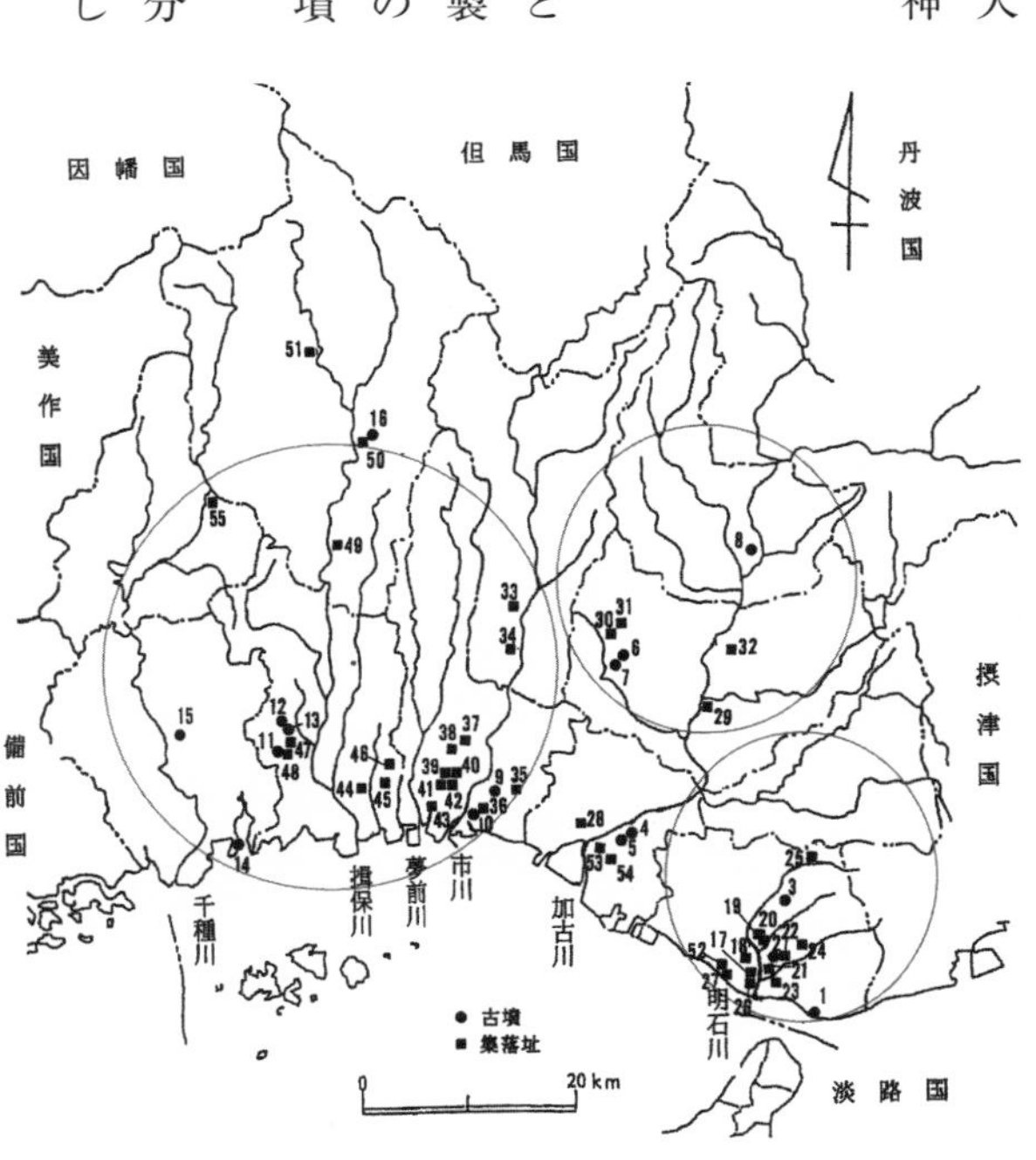

播磨地域石製模造品の分布地図

加古川下流域を別に考えると三箇所の地域に集中し拡散したことが理解できよう。一つは姫路市を中心とする旧餝磨郡・揖保郡の地域、残りの二つが旧賀毛郡を中心にした北播磨地域と、明石郡（旧美嚢郡を含む）を中心とした東播磨の地域である。

この分布が意味するところは、平安時代初期の作とされる先述の「国造本紀」が鍵になろう。すなわち、播磨国には五世紀頃から六世紀にかけて三人の国造（律令制以前に、倭王権に服属し就任した在地の首長）が存在し、「針間国造」「針間鴨国造」「明石国造」と呼ばれていた。この国造の支配域と石製模造品の集中域がうまく重なったのである。とくに、前記三人の国造の墳墓とされる壇場山古墳・玉丘古墳・吉田王塚古墳の所在地には、各々の地域で最古とされる石製模造品（東前畑遺跡・長越遺跡、高田宮ノ後遺跡、北王子遺跡）が確認できた。

◎針間国造域の石製模造品

長越遺跡（図中番号41）は現在の海岸線から離れているため、これまで港（水門）・津という認識がなかった。筆者は準構造船の出土や水路（大溝・クリーク）の存在から、この遺跡を津に伴なう倭王権の祭祀跡と捉え直してみた。津となれば、倭王権が朝鮮半島との交流に伴う祭祀で、世界遺産となった福岡県宗像・沖ノ島遺跡との繋がりが見えてくる。播磨地域では、明石市藤江別所遺跡の井戸遺構（車輪石・小型銅鏡が出土）と共に、倭王権が朝鮮半島の鉄資源を入手するために置いた瀬戸内海航路の拠点での祭祀跡（通行安全祭祀）と考えられるのである。

もう一つは、神前郡の南からの入口に当たる前東畑遺跡（旧香寺町、図中番号34）の石製模造品が、なぜこの地に出土したのか。古墳から出土しても決して不思議でない、兵庫県下最古（四世紀後半）の剣形品である。これこそが、針間国造となった佐伯直氏に関係した祭祀具と言えよう。『播磨』神前郡多駝里の条には、その祖先が品太天皇（応神）の播磨巡行に従い移住してきた「阿我乃古」とある。すなわち、この付近は佐伯直氏の本貫地で、前東畑遺跡は倭王権の祭祀具である滑石製玉作遺跡及び祭場でもあった。次いで、佐伯直氏は伊和氏に関係する播磨の最重要地（姫路・伊和里、長越遺跡）を押さえると、播磨の奥地（本拠地）に封じ込め王権と共に懐柔策を執ったのであろう。その証拠となるのが、揖保川上流域の宍粟市一宮町以北に最初で最後の前方後円墳の築造と、倭王権祭祀具（石製模造品）の発見である。

◎伊和氏族の「国譲り」

昭和四九年、伊和神社鎮座地の南に続く段丘上の水田（伊和遺跡、

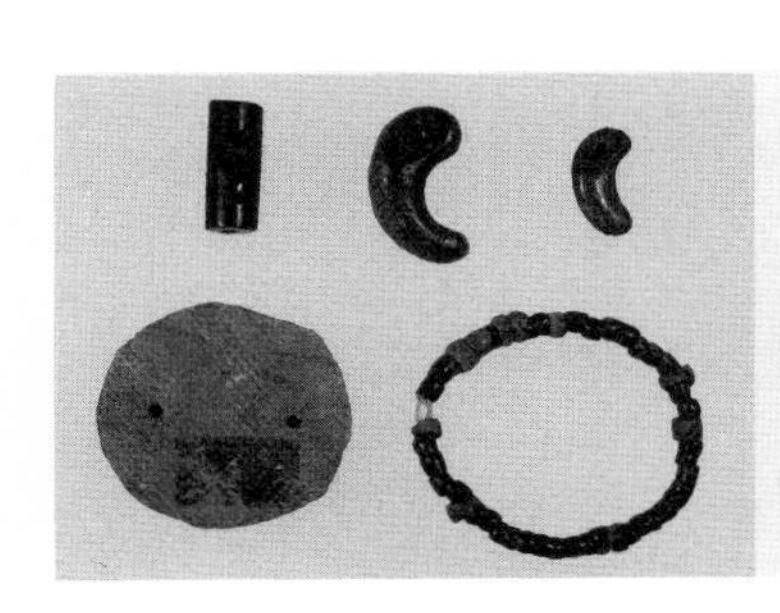
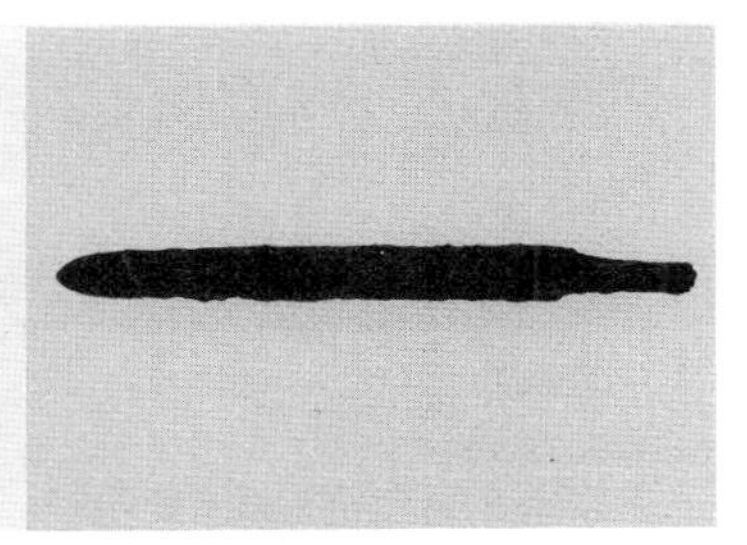

伊和遺跡出土石製模造品・鉄剣（宍粟市教育委員会提供）

図中番号59）で発掘調査がおこなわれ、竪穴住居跡（五世紀前半）から石製模造品（勾玉二点・臼玉四七点）と鉄剣一振が出土し、近辺に有孔円板一点と胴部を穿孔した小型丸底壺などを発見した（写真）。

この祭祀例は、宮山（神奈備）及び鶴の石（磐座）を対象とした集落内祭祀（伊和神社祭祀の前身）であろう。当地の豪族伊和氏は古墳時代に入り、「播磨の覇者」としての勢力は衰退したが、宮山から延びる低丘陵地に奥津城（四号墳、長径三八メートルの楕円形墳）を設けていた。この伊和中山古墳群に、王権から「播磨の国譲り」を条件に前方後円墳（一号墳）の築造を許可されたのである。全長約六二メートル・後円部径約三八メートルを測り、歪な形態の前方後円墳ではあるが、竪穴石室には方格T字鏡と勾玉・管玉の玉類に素環頭大刀・鉄斧等の副葬品を保有する。

この後、前記の居住地で王権側の祭祀具を受け入れたと考える。まさに、王権の祭祀を受諾させることで倭王権の傘下に組み込んだのである。

さらに、筆者は後世伊和神社の本殿が珍しい「北向き社殿」になったのは、北の但馬国に本拠を置いた「天日槍」を鎮めるためと捉えている。

◎但馬国と淡路国の祭祀・支配権の移譲

但馬国には『日本書紀』垂仁天皇八八年七月の条に、「新羅の王子、天日槍が初めて来たとき、持参した宝物は七種の神宝となっている。自分は今その宝を見たい」と勅（みことのり）された。そこで、清彦（多遅麻国造、日槍の曾孫）が、自ら神宝を捧げ献上したという。こうした各地の豪族が所有していた神宝の奉呈も、王権に帰順させるための措置であろう。

また、淡路国でも、記紀に天皇の狩猟に関わる伝承が見られ、『紀』允恭天皇一四年九月の条に、淡路へ狩に行ったとき鹿や猪が沢山いるにも拘らず獲物がない。占うと、島の神の祟り「獣が獲れないのは我が心である。赤石の海底の真珠を採って我に祀れば獣を得るだろう」と言う。そこで、阿波国の海人「男狭磯（おさし）」が潜り、深い海底に光るアワビを発見。桃の種ほどの大きな真珠が採れた。天皇はそれを島の神に捧げ猟をおこなうと、沢山の獲物を得ることができた。この伝承は、島の神である伊弉諾尊（いざなぎのみこと）が天皇の丁重な祭祀と引き換えに、島の祭祀権を譲り渡したことを暗示している。

現在、伊弉諾尊を祀る伊弉諾神宮（伊佐奈伎神社）は淡路島の北部一宮町の多賀に鎮座する。かつて、八木奘三郎氏がこの神社に刀子形・斧形などの石製模造品が所蔵されていたことを「共同備忘録」（『東京人類学会雑誌』第一五巻第一七〇号、一九〇〇年）に報告していた。これらの遺物が、王権による丁重な祭祀の痕跡（四世紀末～五世紀初頭）であれば実に興味深い。

一般に「神話の国譲り」と言えば、出雲の「大国主神」のことを思い浮かべるが、我が国の古代統一過程において、播磨・但馬・淡路国でも普通に存在した王権に帰順・恭順させるための祭祀・支配権の移譲措置だったのである。

『播磨国風土記』にみえる応神天皇の巡幸説話

中村　聡

◇『播磨国風土記』と天皇説話

『播磨国風土記』中には天皇の名がみえる説話は九九例存在する。そのうち五二例が応神（おうじん）天皇、次いで一二例が景行（けいこう）天皇に関するものである。また、天皇ではないが神功（じんぐう）皇后に関する記述は、夫である仲哀天皇とともに登場する場面を含めると九例となる。ここでは最も多く説話の残る応神天皇を中心に考察していく。

『播磨』では、応神天皇は「品太天皇（ほむだのすめらみこと）」と表記される。応神天皇に関

播磨国風土記にみえる天皇一覧

	賀古郡	印南郡	餝磨郡	揖保郡	讃容郡	宍禾郡	神前郡	託賀郡	賀毛郡	美嚢郡	計
景行天皇	8	3		1							12
成務天皇		1									1
履中天皇										2	2
仲哀天皇		1									1
神功皇后			1	5	2						8
応神天皇			14	17	1		6	5	9		52
宇治天皇				1							1
仁徳天皇			1	3	1				1		6
市辺天皇										1	1
雄略天皇			1								1
顕宗天皇										1	1
仁賢天皇										1	1
安閑天皇				1							1
欽明天皇			2								2
推古天皇				1							1
聖徳王		1									1
孝徳天皇				1	1	1	1				4
天智天皇					2						2
天武天皇					1						1
総計	8	6	19	30	8	1	7	5	10	5	99

する説話は、餝磨・揖保・神前・託賀・賀毛郡、特に餝磨・揖保両郡に集中しており、賀古・印南郡にはみられない。この二郡では、代わって「大帯日子命」（景行天皇）に関する説話が多くみられる。両天皇の間では、巡幸等の「国占め」に関わる説話の残る地域は重ならない。

『播磨』の巡幸説話を詳細にみていくと、「国見」に関するものが最も多いことが分かる。揖保郡枚方里、賀毛郡穂積里条では、応神天皇が山に登り「四方を望み覧たまひき」、「国覧したまひき」とあり、餝磨郡巨智里、揖保郡桑原里条でも、同じく応神天皇が丘に立ち「地形を見たまひき」とある。次に多いのは「御狩り」に関する説話である。餝磨郡少川里、揖保郡邑智駅家、神前郡川辺里、託賀郡都麻里、賀毛郡上鴨、下鴨、修布里条に狩りの話がみられる。鳥獣を狩る行為もまた、「国見」と同様に、国土に対する天皇の支配を示したものと考えられる。また、応神天皇の生母である神功皇后に関わる説話も、餝磨・揖保・讃容郡にみられる。いずれも記紀における朝鮮半島への派兵と関連しており、説話の残された地域は応神天皇のものと重なる。この二人と景行天皇については、「国占め」に関わる説話が大半である。「国占め」とは、本来古代の族長が土地に住む人々を支配するために行ってきた祭祀儀礼であったと考えられているが、『風土記』中では天皇の行為として記されている。

それ以外の天皇については、「○○天皇」あるいは「○○宮」の御世として、時期を示すための記述に限られる。『播磨』の時代観では景行天皇と応神天皇（神功皇后も含む）の時期に倭王権による播磨の特定地域の支配あるいは従属関係の成立に関わる記述を集約させたといってよいだろう。

◇伊和大神と倭王権

『播磨』の特徴的な存在として、天皇に関する説話と、神々、特に伊和大神に関わる伝承がともに広く分布していることがあげられる。伊和大神は『古事記』『日本書紀』にはみえず『播磨』のみにみられる神格であり、その伝承は宍禾郡を中心に餝磨郡・揖保郡・讃容郡にも広がっている。ここで興味深いのは、応神天皇の巡幸説話も餝磨・揖保両郡に残っていることである。餝磨郡には、大雀天皇（仁徳天皇）の御世に、餝磨御宅（屯倉）が設置されたとする記載があり、この郡には播磨国府が置かれている。また、揖保郡には、息長帯日売命（神功皇后）が掘らせた井戸が「針間井」と呼ばれたという説話があり、国名の由来となる地である。「国造本紀」にみえる針間国造の支配地が餝磨・揖保両郡にまたがっていたことも指摘されている。つ

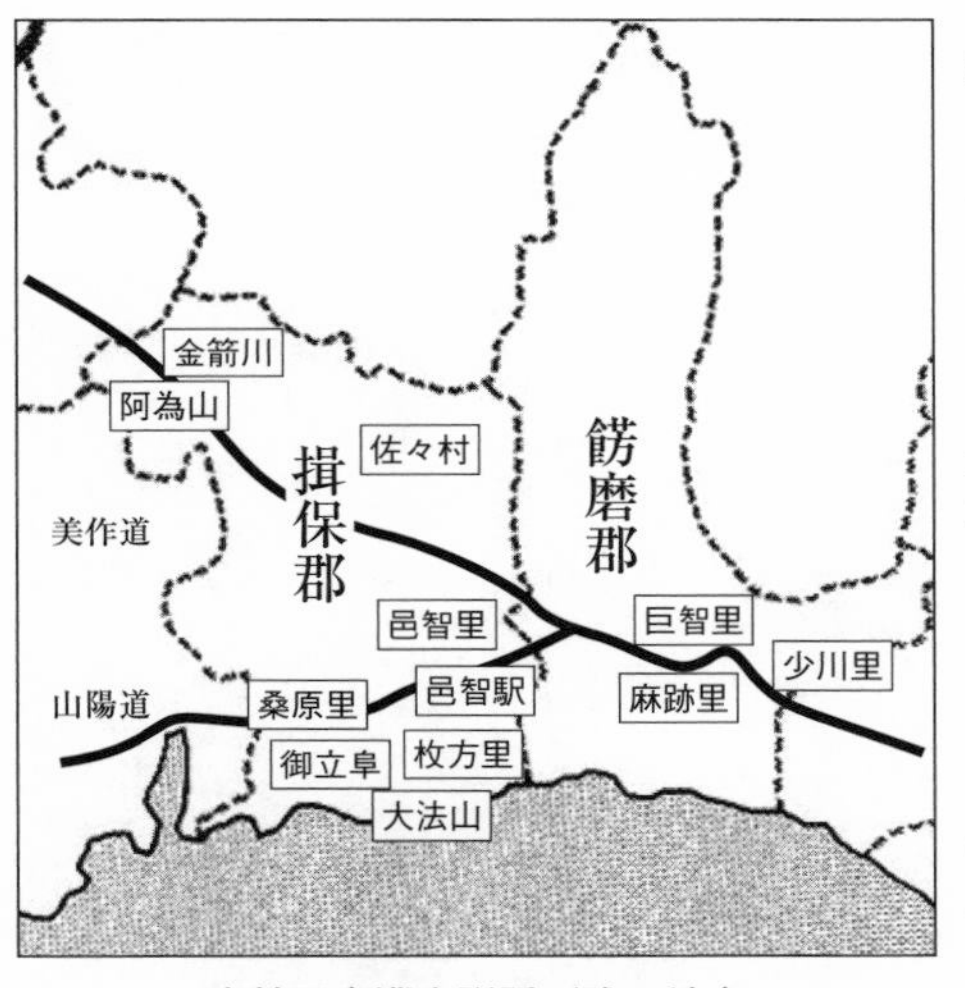

応神天皇巡幸説話が残る地名

まり、この両郡は播磨地域の中心的な位置を占める地であるといってよいだろう。この地域では、播磨で信仰された神である伊和大神に関わる伝承とともに、応神天皇の巡幸説話が残り、神による「国占め」と天皇の「国占め」が重なり合っている。

応神天皇による「国占め」の例としては、餝磨郡では、麻跡里・賀野里の里名や手沼川・砥堀などの地名の由来に天皇との関係が記されている。また、揖保郡では、同様に佐々村・金箭川・阿為山・邑智駅・槻折山・御立阜・大法山などの地名が巡行を由来としており、桑原里の旧名である倉見が国見によるものとされている。地図上で確認していくと、餝磨・揖保両郡にまたがるこれらの地が、後の山陽道や、美作に至る道に沿った場所に集中していることがわかる。つまり、この応神天皇巡幸説話は、王権による交通路を通じた地域の掌握を示唆すると考えられる。当然この掌握は実際には一度になされたものではなく、先行研究がすでに明らかにしてきたように、ある程度の時代幅をもって、段階的に行われたと考えるべきものである。

◎『古事記』『日本書紀』の応神天皇観

そこで問題となるのは、倭王権による播磨掌握が、なぜ応神天皇の時代の事とされるのかである。記紀には応神天皇の播磨への行幸記事はみえないが、西国から朝鮮半島に至るルートと関わる水門や海人との関連を示す記事は散見される。記紀の歴史観では、五世紀の神功皇后から応神天皇の時代には、朝鮮半島における日本（倭）の優位性は確立しているとされ、朝鮮に至るルートも王権に掌握されていることになるのだろう。このような記紀にみられる歴史観は、天武朝に始まる修史事業以降に形成されたとする考えもあるが、実際には、五世紀以降の播磨地域での王権とのかかわりを前提とし、応神天皇に仮託されるに至るいくつかの段階があるものと考えられる。そこで、次に播磨地域での応神天皇の巡幸説話が、王権による地域支配の伝承として播磨と中央とに共有される時期を考えていきたい。

◎地域と中央をつなぐ「記憶」

地域社会と中央との関係は、古代においては系譜という形態で表現される。そのため、それぞれの社会集団は、どの大王の時代に王権に奉仕するようになったかを示す必要がある。王統譜を通じたこの関係がいつから始まるかを考えるうえで、推古朝からの修史事業に注目したい。

推古二八年（六二〇）に「天皇記及国記、臣連伴造国造百八十部幷公民等本記を録す」とあり、天皇（大王）の系譜とともに、『国記』が作成されている。「臣連伴造国造百八十部幷公民等本記」の部分は、この『国記』の注記とするのが現在の通説である。とすると、ここには「臣連伴造」という中央豪族のみならず、地方豪族である「国造」の系譜も一本化しようとする意図がみられることになる。実際にはこの修史事業はこの時には完成せず、後の天武天皇の時代に継承される。しかし、この事業は、それまで個別に存在していた地方の諸集団と中央を結ぶ奉仕観念を、一本化していくうえで大きな意味をもったといえよう。

この修史事業が始まる以前、敏達朝では、后妃資養のための私部が、推古朝には、新たに皇子の資養のための壬生部が置かれ、また国毎の屯倉も設置されている。『播磨』には、印南郡含藝里条に「難波高津御宮」の御世（仁徳天皇）の時の事として、「私部弓取等遠祖他田熊千」が瓶を落としたので「瓶落」の名がついたとある。また、餝磨郡少川里に関する記述にも、元の名を「私里」といい、それは「志貴嶋宮御宇天皇」（欽明天皇）の御世に、「私部弓取等祖田又利君鼻留」が願い出てこの地に居住したためとしている。これらは、播磨の私部の奉仕の由来を示したものであるが、実際に「私部」が設置された時期にではなく、過去の特定の天皇に関連させて由来を説明している。

『風土記』編纂命令の出された和銅六年（七一三）ころには王臣家による山川原野の占有が政治問題化しており、地名由来を通じて、天皇と国土との関係を新たに結びつける必要があったとされる。しかし『播磨』は、風土記編纂命令が出された和銅元年からそれほど経ずに作成されたものと考えられている。とすると、天皇の巡幸説話を八世紀初頭の政治的課題の観点からのみ解釈するのではなく、七世紀の修史事業全体を通じて考えなおすことも可能ではないだろうか。つまり、記紀の記述そのものが参照されたのではなく、記紀の完成された王統譜ではない素材、つまり推古朝の修史事業に始まり、天武天皇により最終的に一元化された歴史書の作成にいたる各段階の伝承が『播磨』の中に生きていると考えられるのではないだろうか。

継体天皇と播磨

古市　晃

◎異例の天皇

継体天皇とは、五世紀末から六世紀初頭の段階で即位した男大迹王をいう。継体の即位は、異例ともいえるものだった。第一に、それまでに即位した天皇は、日本武尊の子とされる仲哀天皇を除けばすべて天皇の子として系譜上、位置づけられているのに対し、継体は応神天皇五世の子孫とされているのである。その後の歴史をみても、これほど天皇から遠い血筋の人物が皇位についた事例はない。しかもその生育の地は、当時の倭王の居地、大和から遠く離れた越前、または近江と伝えられる。父の彦主人王は近江、母の振媛は越前の人であり、『古事記』は近江から、『日本書紀』は越前の三国（現福井県）から大和に到来したとする。いずれにしても、王権の拠点である奈良や大阪を生地としない天皇の即位は、知られている限りほかにない。

継体天皇について、『播磨国風土記』は特段の事跡を記していない。しかしその伝承を注意深く読むならば、継体即位が播磨にも大きな影響を与えていることがわかる。

◇火明命の伝承

『播磨』には、火明命（ほあかりのみこと）と呼ばれる神格の伝承がみえる（餝磨郡伊和里条）。大汝命の御子神である火明命は大変な乱暴者だったので、大汝命は、因達（いだて）の神山に船を着け、火明命に水を汲みに行かせた隙に船を出して逃げた。激怒した火明命は大波風を起こして父の船を転覆させたのだが、その時に転覆した船や道具などが伊和里の一四の丘になったという（写真1）。大汝命は「乱暴者の子から逃げようとして、かえって苦しめられてしまった」とぼやくのだが、それが瞋塩（いかしお）、苦（くるしみ）の斉（わたり）の起こりになったという。瞋塩は地名の置塩（姫路市夢前町）の起源とも、播磨にかかる枕詞の「みかしほ」の起源ともいわれる。後者は、潮のはげしい流れをさす語と考えられている。斉は港のことで、餝磨の沿岸部にあった餝磨津をさす可能性が高い。

写真1　姫路城から一四丘の比定地の一部を望む

現在の姫路の平野に点在する小丘陵を船や道具に見立てた壮大な地名起源説話であり、かつ播磨西部の海上交通の要である餝磨の港の起源を説いた説話でもあるのだが、実は火明命はもともと播磨固有の神格ではない。尾張・美濃出自の、外来の神格なのである。

◇火明命後裔氏族と播磨

火明命は記紀では天火明命と記され、天上界から高千穂峰に降った瓊瓊杵尊（ににぎのみこと）の兄とされる神格である。王権と深く結びついた神格にみえるが、一方で火明命を祖神とする氏族は、尾張氏、石作氏（いしつくり）など、尾張、美濃の豪族に多い。火明命をこの地域出自の神格と考える理由はここにある。

火明命後裔氏族のひとつ、石作氏が播磨に分布し、それが継体天皇を支持する勢力が播磨に影響力を及ぼしていたことを示すとする説がある。『播磨』では印南郡や餝磨郡に石作氏がいたことが記され、さらに宍禾郡に石作里があり、石作氏がいたことが記される。また『播磨』には、餝磨郡に尾張氏がいたことも記されている。その尾張氏出身の女性を妃に迎えていたのが継体天皇であった。記紀によると、継体は尾張連草香の娘、目子媛（めのこひめ）を妃としている。これらの点から、継体が即位する六世紀のはじめ頃、継体を支持する尾張、美濃の勢力が播磨に到来し、支配を行ったと考える説である。

継体と目子媛の子として、安閑、宣化の両天皇がある。地方豪族出身の妃の子が天皇となることもまた異例であり、継体にとって尾張氏の影響力が大きかったことがわかる。

火明命の伝承では、火明命が大波風で大汝命を苦しめたことが記される。大汝命は、『播磨』

の中では伊和大神の別称と解される（本書第1章「伊和大神とは何か」を参照）。したがってこの伝承は、餝磨の地で播磨の勢力と尾張の勢力の間に対立があったことを示すものである。同じ餝磨郡には、石作氏が賀毛郡長畝村から来た人と対立し、殺害したという伝承もみえる。継体天皇の支持勢力の播磨到来とはかならずしも平和的なものではなく、地域勢力との間に軋轢をともなう、はげしいものであったことがうかがえる。

石作氏が住んだことで石作里とされたという宍禾郡の伝承も興味深い。『播磨』は、この地はもと伊和と呼んだとあり、まさに伊和大神の鎮座する地に石作氏が到来したことが読み取れるからである。古代の地域社会では、地域の神々の信仰と政治的な支配とは一体的な関係にあったと考えられるから、石作氏が伊和の地を拠点と定めたことは、播磨の人びとにとっては深刻な問題であったはずである。

◎息長帯日売の伝承

『播磨』において継体天皇の支持勢力の存在を示す伝承として、息長帯日売の伝承がある。息長帯日売（神功皇后）は朝鮮半島の新羅を征伐したとされる伝承上の人物だが、『播磨』の中では「韓国」征伐の往還の際のこととされる伝承がいくつか記されている。

息長は近江国坂田郡（現在の滋賀県米原市を中心とする地域）の地名であり、そこには息長氏という氏族がいた。継体の后妃にも息長氏出自の麻績娘子がいる。『播磨』の息長帯日売伝承もまた、火明命やその後裔氏族の伝承と密接な関係にある。火明命が水汲みに出かけた神山がある因達里には、息長帯日売の航海を守護したという伊太代(いだて)の神が鎮座していた。また印南郡大国里の伝承では、息長帯日売が大和に帰還する際、石作連大来(いしつくりのむらじおおく)という人物を引き連れて来たことが記される。

その印南の地域勢力を象徴する印南別嬢(いなみのわきいらつめ)に求婚した大帯日子命(おおたらしひこのみこと)（景行天皇とされる）を案内し、交渉を仲立ちしたのが息長命（別名大中伊志治(おおなかのいしじ)）であった。息長命は賀毛郡の山直(やまのあたい)氏の始祖と記されている。播磨の地域社会に息長氏の勢力が深く浸透していたことがうかがえる。『播磨』の息長帯日売伝承は継体支持勢力と不可分の関係にあり、その播磨進出を示す伝承なのである。

揖保郡萩原里には、息長帯日売が韓国征伐の帰途、この地に停泊した際、一夜のうちに萩が高さ一丈（約三メートル）ほどに成長したのでこの地を萩原と名づけて井戸を開墾し、針間井(はりまい)と名づけたことが記される（写真２）。植物の異常な成長はその人

写真2　針間井の故地とされる萩原神社（たつの市揖保町）

物の霊威を示し、針間井の名は播磨国にちなんでいる。国名をもつ井戸の存在は、名づけた人物が播磨全域を支配していたことをも示す。さらにこの地には少足命(すくなたらしのみこと)という神に奉仕する米舂(よねつき)女(め)もいたが、息長帯日売の従者たちはその女性を犯したという。こうした地域の神格の否定もまた、息長帯日売、つまり継体の支持勢力が播磨の支配勢力として到来したことを物語る。

　このような、外来の勢力による播磨支配は、継体天皇のときにはじめておこなわれたものではない。『播磨』に多くみえる品太(ほむた)天皇の巡行伝承もまた、王権による播磨支配を示し（本書第1章「『播磨国風土記』にみえる応神天皇の巡幸説話」を参照）、揖保川流域を中心とする伊和大神(いわのおおがみ)と天日槍命(あめのひぼこのみこと)の国占め争いの伝承は、播磨と但馬の勢力の争いが反映されていると解釈できる。風土記に記された神々と人間の伝承を読み解くことで、私たちは播磨を舞台に長い年月にわたってくり広げられた、王権をはじめとする各地の勢力と播磨の人びととの争いの様相をうかがうことができるのである。

地名の由来に託された服従の証し

―賀毛郡伎須美野の伝承―

坂江　渉

◇移住・開発・土地領有をめぐる伝承

『播磨国風土記』には、中央と地方の氏族や渡来人など、倭王権から派遣されたと思われる諸集団の、移住・開発・土地領有に関わる話が三〇例以上みられる。時代的には応神朝とするものがもっとも多く、そのほか仁徳・欽明・孝徳朝などのケースも少なくない。このうち年紀をそのまま信用できないものもある。だがこれらの伝承のなかには、五～七世紀頃の倭王権による播磨支配の変遷が重層的に凝縮されている可能性がある。そして実際の支配にあたっては、服従したことを可視的に確認させるいくつかの呪的行為や儀礼があった。

◇食物・子女・神宝などの献上

記紀伝承の分析も踏まえた研究成果にもとづくと、そうした儀礼として、服属した豪族による食物の献上とそれを大王（おおきみ）などが口にする行事、一族の子女を服従の証（采女（うねめ））として差し出し、宮中での饗宴の夜、大王が彼女らと「共寝（ともね）」する行為などがあったらしい。また降伏の印として、自らの祭神を憑依させた鏡・剣・玉などを榊の枝などにつるし、それを王権の船団に奉じる儀礼などもあった。これは神宝の献上による守護霊の服従といえるものである。

◎クニガタの奏上

さらに『播磨』によると、これらとは異なるもう一つの服属儀礼があった。『播磨』賀毛郡楢原里の伎須美野条には、「右、伎須美野と号くるは品太天皇の世、大伴連らここを請ふ。時に国造の黒田別を喚して地状を問ふ。時に対へて曰く、縫へる衣を櫃の底に蔵めるが如しと。故に伎須美野と曰ふ」とある。

これによると応神（品太）天皇の時代、現在の小野市来住町あたりに比定される伎須美野を、大伴連らが領有したいと申し出た。そのため天皇は国造の黒田別を召喚し、この土地の地状を問うた。すると黒田別は、「縫った衣を櫃にしまい込んだような（素晴らしい）土地です」と答えた。だから伎須美野と呼ぶと書かれている。

召喚されたという黒田別は、もともと当地を支配する地元豪族だったのであろう。そういう人物にクニガタ（国形・

鴨池から南東方向に広がる伎須美野の比定地を眺める
（小野市来住町）

国方・国消息とも）を問うことは、土地の形状の説明だけに留まらず、服従するか否かの意思確認を意味した。それに応じる行為は、相手方に服従して土地を差し出すことを示すといわれる。つまり古代の地域社会では、王権からの新たな支配者や征服者に対して、クニガタの奏上により服属の意をあらわす儀礼があったことになる。

小野市来住町から下大部町あたりには、後世「大部荘」（おおべの荘とも）という東大寺領の荘園があった。大部は大伴氏に因む地名だと思われる。とすれば応神朝という年紀は怪しいが、クニガタの奏上の後、伎須美野の新たな支配者になったのは大伴連氏だった可能性が高い。ただしクニガタをめぐる説話の意味については、その内容をさらに深める必要がある。

◇クニガタを誉める神話

『出雲国風土記』には、クニガタの奏上ではなく、神がそれを誉める話を見いだせる。たとえば「須佐能烏命の御子、国忍別命詔して、吾が敷き坐す地は国形宜しと。故に方結と云ふ」（島根郡方結郷条）、「須作能乎命の御子、磐坂日子命、国を巡り行き坐す時、ここに至り坐して詔す。ここは国稚く美好しきなり。国形、画鞆の如きなりや。吾が宮はこの処に造り事へよと。故に恵伴と云ふ」（秋鹿郡恵雲郷条）などと書かれる。

またクニガタの言葉はみえないが、「天下所造の大神命詔して、この国は丁寧に造れる国なりと。故に丁寧と負せ給ふ」（島根郡手染郷）や、「須佐能乎命の御子、衝杵等乎与留比古命、国を巡り行き坐す時、ここに至り坐して詔る。吾が御心（みこころ）、照明（あか）く正真（ただ）しく成りぬ。吾はここに静まり坐さむと静まり坐す。故に多太（ただ）と云ふ」（秋鹿郡多太郷条）なども同系列の話だろう。

いずれの神話でも、地元の神が強引なダジャレの形でクニガタを称賛し、それが地名由来になったと書かれている。強引な点からみて、「かたえ」「えとも」「たしみ」「ただ」などの地名はこれ以前から存在した。右の神話はそれを前提にした後付けの地名起源説話であった。

先の伎須美野のクニガタの話も、実際の土地の形状の善し悪しは別にして、黒田別が召喚される前から、これと同様の伎須美野の地名由来をめでたく解する神話があったとみられる。黒田別はそれを服属の証として、「縫へる衣を櫃の底に蔵めるが如し。故に伎須美野と曰ふ」と奏上したのであろう。つまりクニガタの奏上とは、クニガタを誉める地名起源説話の中身を申し述べることであった。当時の地域社会では、国見などの祭儀の時、祭りをつかさどる氏族に属する祝（はふり）や巫祝（ふしゅく）などが、そうした神話を地元民に語り聞かせる機会があったのではないか。

◇枕詞を添えた地名

このほか各国『風土記』に眼をやると、枕詞（まくらことば）を冠する少し長めの地名呼称を見いだせる。たとえば『常陸』では、「風俗（くにぶり）の諺（ことわざ）」「風俗の説（ことば）」などとして引用される「衣袖（ころもそで）、漬（ひたち）の国」（冒頭）「握飯（にぎりいひ）、筑波の国」（筑波郡条）「薦枕（こもまくら）、多珂（たか）の国」（多珂郡条）などがそれである。また『出雲』の「波夜佐雨（はやさめ）、久多美（くたみ）の山」（楯縫（たてぬい）郡玖潭（くたみ）郷条）、『肥前』の「犬の声、止（や）むの国」（養父（やぶ）郡条）

なども同種のものであろう。先と同じく、ダジャレに近いものが結構多い。

国文学者の土橋寛氏は、枕詞は意味不明で、地名への掛かり具合が分かりにくいものが多いという。しかしそこには枕詞を添えることで、地名や国を誉め上げようとする意図を読み取れると説く。たとえば右の「握飯、筑波の国」は、握り飯と「つくば」の地名の「つく」とを掛け合わせ、祭祀の時、神に握り飯を斎く国、またはそれを高く築く国、あるいは手のひらにそれが付く国の意味で語られていたと指摘する。いずれにせよ「握飯」という枕詞を添えることで、筑波の国の豊かさが称賛されるとともに、筑波の地名由来も説かれているわけである。

そうすると枕詞を添えた地名呼称は、神がクニガタを称賛する話と同じく、国誉めをともなう地名起源譚の一種だったと理解できる。おそらくこれも祭りで語られることによって、「風俗の諺」などとして言い習わされていったのであろう。つまり古代の人びとにとって、地名とそのいわれ話はかなり大切なものであった。それをめでたく解釈することは、土地に対する愛着につながり、さらに自分たちの将来も左右するものと考えられていたことになろう。

◎枕詞を添えた地名の奏上

こうした枕詞をともなう土地の名称を、王権から派遣された人物に奏上することは、やはりそれへの服属を意味した。古い伝承を含むといわれる鎌倉時代成立の伊勢神宮の神道書『倭姫命世記』には、天照大神を奉じた倭姫が伊勢入りした時、各豪族がつぎつぎに出迎えて国名を答え、土地などを献上した話がみえる。その際、国名には枕詞が添えられていた。

たとえば、「汝が国の名は何ぞと問ひ給ふ。(国造の建日方命)神風の伊勢の国と白す」「飯高県造の祖、乙加豆知命に、汝が国の名は何ぞと問ひ給ふ。意須比の飯高の国と白し、神田並びに神戸を進る」「伊蘇宮に遷幸して坐す。時に大若子命に問ひ給ふ。汝が此の国の名は何ぞと。百船の度会の国、玉掇ふ伊蘓国と白して、御塩浜並びに林を定め奉る」などとある。

「意須比の飯高」「百船の度会」「玉掇ふ伊蘓(磯)」など、ここでも枕詞を添えることがその国の称賛となり、またそれぞれの地名由来話にもなっている。これを外来者に明かすことは、それへの服従と忠誠を意味した。逆にそれを知った者は新たな支配者だと考えられた。

◇『風土記』の編纂・提出命令

古代において、あるモノやヒトの根源・素性・成り立ちを知ることは、単なる知識の問題ではなかった。「シラス」という古語が示すように、そこには新たに「知った」モノやヒトを統治するという意味があった。右にみた服属儀礼はこうした考え方を踏まえていた。

和銅六年(七一三)の官命で諸国に対し、いわゆる『風土記』の提出が義務づけられた。右にみたように諸国の『風土記』には、各地の地名の根源となる起源説話が集約されていた。律令国家はこの命令を通じて、各地の地名由来やそれにまつわる説話を全国的に掌握し、各地域の人びとの天皇に対する服属や忠誠を、さらに深めようとするねらいをもっていたのであった。

荒ぶる神の鎮祭伝承

坂江　渉

◇荒ぶる神の祭りをつかさどる一族

『播磨国風土記』など各国『風土記』（逸文を含む）には、荒ぶる神に関する話が一〇例以上みられる。このうち七例の伝承は具体的な氏族名、個別の人物名、あるいは特定氏族の「祖（おや）」などが登場する。結局彼らによって荒ぶる神が鎮祭され、往来者と地域に平和と安全がもたらされるという筋立てになっている。また史料の前半には、「十人の中、五人を留め、五人の中、三人を留め」など、いわゆる「半死半生（はんしはんしょう）」といわれる文言が配されるケースが多い。次頁の表はそうした七つの伝承の内容を現代語訳して国別にまとめたものである。

伝承の比定地については表１－⑥を除き、おおむね主な陸上交通路が大河川と交わる渡渉地や峠（坂）付近だったと推定されている。そのため従来これについては、交通路上の境界地点における「交通障害神」説話などとして、そこを歩いて通る者の祭祀・呪術の解明に主な関心が寄せられてきた。しかし『風土記』の神話は、他国の往来者ではなく、そこに住まう人びとが伝える内容が収められたとみなければならない。

そうするとこれらの話は、左の表にみられる衣縫・漢人・額田部連、あるいは県主・筑紫君氏など、少なくとも各国『風土記』の編纂時、あるいはその直前まで各地で荒ぶる神の祭りをつかさどっていた特定氏族が語り継いできた地元伝承、より具体的には彼らの始祖伝承として理解できるのではないか。筑紫国から来た珂是古（表－④）、摂津国の久波乎の話（表－⑥）では、具体的な氏族名は記されない。しかしこれもまた何らかの一族の始祖伝承であったとみられる。また播磨国の意此川の話の久等（表－②）は額田部連氏の始祖的人物なのであろう。

各国『風土記』にみえる荒ぶる神の鎮祭伝承一覧

国・郡・里・地名	比定地	神話（地名起源説話）の中身
①播磨・揖保・林田里 伊勢野	姫路市林田町上伊勢・下伊勢	この野では家が建つ毎に平穏に暮らせなかった。そこで**衣縫猪手と漢人刀良らの祖**が、ここに住もうとして社を山本に立てた。山の岑にいる伊和大神の子、伊勢都比古命と伊勢都比売命を敬い祭った。するとこれ以降、家々は平穏になり、遂に里を成すことが出来た。そこで伊勢野と名づけた。
②播磨・揖保・広山里 意此川	たつの市誉田町広山	品太（応神）天皇の時代、出雲御蔭大神が枚方里の神尾山に坐して、行く人を半死半生させた。その時、伯耆のコホテ、因幡のフクロ、出雲のツキヤの三人が申し出たのを受け、朝廷は**額田部連久等**らを遣わし禱らせた。久等は屋形を屋形田に作り、酒屋を佐々山に作って祭った。宴を開いて楽しみ、山の柏をとって腰にさし、この川を下って献上した。だから圧川と名付けた。
③播磨・揖保・枚方里 佐比岡	揖保郡太子町平方	神尾山にいる出雲大神が、ここを通る出雲国人の十人中五人を留め、五人中三人を留めた。そこで出雲国人が佐比をつくってこの岡（佐比岡）で祭っても、神はそれを受けなかった。その理由は、比古神が先に来て、比売神が後に来たのに、男神はここに鎮まらず去ったからである。だか

		ら女神が怒ったのである。その後、**河内国茨田郡枚方里の漢人**がこの山の辺に住まい敬い祭ると、やっと神は鎮まった。このような神がいるので、神尾山と名づけた。また佐比を作って祭った処を佐比岡と呼ぶ。
④肥前・基肄（き）・姫社（ひめこそ）郷	佐賀・福岡県境沿いの秋光川	郷の中を流れる山道川の西に荒ぶる神がいて、行路の人を半分ずつ殺していた。祟る由を卜うと、「**筑紫国宗像郡の人の珂是古**をして吾が社を祭らしめよ。もし願いが合えば荒き心を起こさず」といった。そこで珂是古を探し神を祭らせた。すなわち珂是古は、幡を捧げて祈禱して、「本当に私の祭祀を欲するなら、この幡は風にのって飛んでいき、私を願う神の辺りに落ちよ」といい、幡を放った。すると幡は御原郡の姫社社におち、次いでこの山道川の川辺におち、珂是古は神の居場所を知った。その夜、夢に臥機と絡垜が舞い遊びながら現れ、珂是古の体を押さえつけるのを見た。これにより神が女神であることを知り、社を立て祭った。それ以来、路行く人は殺されず、姫社と呼び、また郷名とした。
⑤肥前・佐嘉・佐嘉郡名	佐賀市嘉瀬川の上流付近	佐嘉川の川上に荒ぶる神がいた。往来の人の半分を生かし、半分を殺した。そこで**県主らの祖の大荒田**が占った。すると土蜘蛛の大山田女と狭山田女の二人が、「下田村の土で人形・馬形を作り、この神を祭れば必ず和らぐ」といった。大荒田はこの言葉とおりに神を祭ると、神はこの祭りを受け、遂に和らいだ。そこで大荒田は、「これらの婦らは実に賢女である。そこで賢女を以て国の名にしたいと思う」といった。故に賢女郡といい、今、佐嘉郡というのは訛っているのである。
⑥摂津国（逸文）・下樋山	（不明）	昔、大神がいた。天津鰐といった。鷲の姿になりこの山の下に留まって、十人通ったら半分殺し、半分生かした。**久波乎**という者がこの山に来て、下樋（暗渠）を使って神のもとに行き、また下樋の内側を通って天津鰐を祭った。これにより下樋山という（本朝神社考、巻六）。
⑦筑後国（逸文）・尽（つく）しの坂	福岡県三国坂	昔、筑前・筑後両国の境の上に麁猛ぶる神がいて、往来の人の半ばを生かし、半ばを殺していた。よって人の命の尽くしの神といった。筑紫君と肥君が占いにより、**筑紫君の祖の甕依姫**を祝として祭らせた。これ以降、路行きの人が神に害せられることはなくなった（釈日本紀、巻五）。

（※）表I-②と③は「神尾山」という同一地点の神をめぐる別々の伝承である。同じ山上の神を、別の地域の人びとが祭祀対象としたとみられる。

◎口頭の祭祀儀礼

つまり荒ぶる神の鎮祭伝承は、単に昔の出来事が示されているのではなく、それぞれの始祖の語りを通じて、その末裔氏族の「今」の事実を説く目的をもっていた。ここでは神を鎮めたという始祖の過去の功績を語ることにより、その末裔氏族が荒ぶる神の祭りを引き継いでいることの縁起（起源）と正統性が示されているわけである。おそらくこれは文字資料としてではなく、神祭りの時、祭主一族が地元民に語った口頭伝承としてつたえられたと想定される。口承性との関連で注目されるのは、本伝承のほとんどで、半死半生の文言がみえる点である。これは一定の具体性と反復性を備えた定型句であり、聞き手に対し、話の内容を印象付けようとする口承の名残とみてよい。具体的な数値の提示は、話の信憑性を高める効果をもった。また行き交う人を皆殺しではなく、半分ずつ殺すという内容は、聞き手に対し荒ぶる神の不気味さを実感させる役割をはたした。

つまり各地の荒ぶる神の祭りでは、それを主導する一族の始祖の話を口頭で聞かせる儀礼があり、それは祭りのなかで大きな役割をはたしていたことを示す。とすれば伝承の後半部では、具体的にどのような語りでもって、祭りをつかさどることの縁起と正統性が示されているのか。

◎始祖の手柄を顕彰する話

後半部では口承的な言葉は見あたらない。しかし話の内容は淡々とは語られず、神の鎮祭に至る始祖の動きが具体的に示されている。たとえば河内国からきた漢人は、出雲の人が把握できなかった神の怒りの原因、すなわち比売神が比古神に逃げられたことへの怨みによることを見抜き、何とか荒ぶる神を鎮め祭るに至る（表－③）。また摂津国の久波乎は「下樋」（暗渠）という新技術を駆使して「天津鰐」のもとに行き、神を祭り上げたという（表－⑥）。

遠方の筑紫国宗像郡からやって来た珂是古は、風に乗せて幡を投げることを通じて筑後・肥前での荒ぶる神の居場所を見抜いた。さらに彼は「夢見」を通じて神の素性、すなわち男女の性別の違いをつかむことにより、神の鎮祭に成功したという（表－④）。このうち幡投げの行事は、実際の祭りでもおこなわれ、本伝承はその起源説話にもなっていると考えられる。

一方、播磨国伊勢野の衣縫猪手と漢人刀良らの祖、枚方里の漢人と広山里の額田部連久等、肥前国の大荒田らは、「社を山本に建てた祭り」「山上に酒屋などを作った祭り」「人形と馬形を用いた祭り」など、旧来とは異なる祭式で神の怒りを鎮めたと語られている（表－①②③⑤）。

このようにみると、本伝承の後半は怖ろしい神の怒りを鎮めた始祖の手柄を顕彰する話として捉えられる。顕彰のタイプは二つあり、一つは各始祖が神の素性や怒りの原因を見抜く特別な能力や才能をもち、それを現場で発揮したこと、もう一つは始祖が新規の祭式により鎮祭に導いた点である。いずれにせよ始祖たちは神に対し武力を行使する存在ではなかった。

これらの語りを通じてめざされた点は、祭りをつかさどる氏族が、始祖の非凡な知識と能力を引き継ぐ血筋の一族であること、つまり祭主の地位に相応しい家柄であることを示す点であろう。本伝承の語りの最大の目的の一つはこの点にあったとみられる。

◎荒ぶる神を祭り続けることの意味

こうした祭りを続けたとしても、河川氾濫・激流・驟雨（しゅうう）など、荒々しい自然の脅威が実際に収まったとは思えない。しかし従来説かれるように、日本の在来信仰の世界では、災厄や害悪をもたらす神や精霊（せいれい）が繰り返し祭られることにより、一転して祭る者の守り神に変化するという思想があった。各地の荒ぶる神は、丁重に祭り続けられることを通じて、災厄をもたらす神から、往来者と地域に平和をもたらす守護神に転換したと認識されていたのであろう。

◎伝承比定地のもう一つの側面

とすれば本伝承にみえる氏族たちは、なぜ自らの始祖の伝承を地元民に語り聞かせる必要があったのか。その決定的な理由は、各始祖の多くが、渡来系や遠方からの移住者として書かれるように、その母体となる氏族集団が、それぞれの地域の「外来者（よそもの）」であったことが大きいと思われる。しかもそれは自発的な移住でなく、倭王権による計画的、人為的な派遣にもとづいていたのではないか。その時期は六世紀前半に遡ると考えられる。

すでに述べたように、本伝承の比定地は、主要な幹線陸路と大河川とが交叉する地点や峠（坂）など、荒々しい自然現象が頻発するところであった。しかし他方でこうした場所は、平時には一転して河川交通と陸上交通を接合する物流上の拠点にもなり、また軍事上の戦略的要地になり得る土地であった。たとえば表②③の播磨国の神尾山（かみおやま）の周辺地域について、考古資料や中世史料をみると、ここがかなりの経済的要地であった痕跡が残り、また後世その近辺には仏教寺院が創建されるとともに、中世の戦乱期には軍事的な係争地になった歴史を確認できる。

◎王権による土地掌握と地域開発

つまり衣縫・漢人・額田部連・県主などの氏族は、そうした重要な土地の掌握・管理と地域開発の役割を担わされて、計画的に配置されたとみられる。彼らは現地入りに際し、まず外来の移住者として、それぞれの地元神（＝荒ぶる神）への直接的な祭祀権を確立させる必要があった。そこで各氏の始祖的な人物は、神の素性や怒りの原因を見破り、従来とは異なる祭祀を始めるとともに、堤防施設の建設、渡渉場（としょうば）の整備など、実際に地域開発的な事業を試みたのではないか。そのような一連の行為が、荒ぶる神の怒りを収めた始祖の手柄話のなかに反映されているのであろう。荒ぶる神の祭祀権の確立は、いわば地域掌握の象徴的行為であった。

神尾山の比定地（笹山）から南西方向をみる
（周辺地図についてはP.93の図1参照）

◇記紀の伝承と『風土記』の伝承

記紀の伝承をみると、地方の荒ぶる神は、一貫して王権・王族による征討や圧殺の対象になっている。従来それは地方の独立的な神や民間信仰を専制的に服従化させようとする、六世紀後半以降の王権の理念に対応すると指摘されている。これに対して『風土記』の荒ぶる神の鎮祭伝承では、神々は征討の対象として描かれていない。むしろ神との共存をはかるスタンスが基本であった。しかしそうであるにしても、派遣された氏族によりその直接的な祭祀権は掌握されていた。また丁重な祭りを通じて、荒ぶる神は自らの守護神に転化したと考えられていた。これもまた右とは異なる王権による地方神の服従策の一つといえるであろう。

『常陸』の行方郡条には、荒ぶる神の鎮祭伝承と似通った、「夜刀神」の祟りを鎮めた箭括氏麻多智の伝承がみえる。夜刀神に当地の開発を妨害された麻多智は、やがて境界の標識としての「梲」を立て、神との共存の姿勢を示し、「吾は神の祝として永代に敬い祭らむ」と宣言する。祝とは神職のことを示す。そのうえで水田一〇町以上の開発に成功したという。それは六世紀前半の継体朝の出来事とされている。

これによると、特定氏族を派遣して地方神の直接的な祭祀権を掌握させようとする施策は、少なくとも六世紀前半の継体天皇の時代にまで遡り、それは王権内で地方神への専制的な統制理念が成立した後も、なお続いたのではないか。いずれにせよ荒ぶる神の鎮祭伝承は、ミヤケの確立・整備策などと並ぶ、王権による地域編成策の一断面を示す史料といえるだろう。

市川流域の軍事集団、播磨佐伯直氏

高橋明裕

◇佐伯部についての二つの史料

『播磨国風土記』神前郡条はこの地に古代の佐伯部という集団・氏族が存在したことを伝えている。それによれば、多駝里条に登場する「佐伯部の始祖、阿我乃古」が「品太天皇」（応仁天皇）の供をして当地に赴いた際、この地を直截的に天皇に請い申した（「直に請ふ」）ことによって「多駝」の地名となったという地名起源伝承となっている。

もう一つの史料は平安時代の氏族志である『新撰姓氏録』（以下、『姓氏録』）で、播磨の佐伯氏のことが左京皇別の項に記載されている。播磨佐伯直氏の始祖は景行天皇の皇子・稲背入彦命とされ、成務天皇の時代にその子・御諸別命が播磨を与えられ「針間別」を名のった。称号「別」は天皇・皇族からの別れであることを示す称号と見られる。その子・伊許自別は、応神天皇一行が針間国神崎郡瓦村の東の岡の上に差しかかった際、青菜が岡辺川を流れ下ってきたので上流に人あることを知ったという。そこには蝦夷の後裔が棲みついていて、彼らはヤマトタケルによって針間・安芸・阿波・讃岐・伊予に移配された俘囚（服属した東北の蝦夷が移配されたもの）の子孫だという。これによって伊許自別はヤマトタケルに服属した蝦夷の後裔からなる佐伯部集団を統率する「君（きみ）」となり、つまり部民を統率する伴造（とものみやつこ）＝「針間別佐伯直（さえきのあたえ）」に任命されたという。

神崎郡の佐伯部系図

景行天皇 ―― 稲背入彦 ―― 御諸別（成務朝「針間別」） ―― 伊許自別（阿良都）（応仁朝「針間別佐伯直」＝佐伯直）

伊許自別の名は、七、八世紀の国造一族の系譜と任命記事を伝えていると考えられる「国造（こくぞう）本紀（ほんき）」に針間国造の祖として登場する。

◇播磨国造と播磨佐伯直氏

「国造本紀」は針間国造の祖を成務天皇の皇子・稲背入彦命の孫、伊許自別命と伝え、系譜的一致をみる。つまり、倭王権配下の伴造氏族である播磨佐伯直氏ははじめ市川流域の神前郡に本拠を置いていたが、市川下流の餝磨郡に進出し、針間国造・播磨国造と呼ばれる氏族的実体をもつようになったらしいのである。

これに対して、賀茂郡に所在した既多寺で天平六年（七三四）に地域有力者らによって書写された大智度論に「針間国造」「針間直」「山直」「佐伯直」などの名が見え、針間（播磨）国造・針間（播磨）直という地縁的集団の存在がうかがえる。賀茂郡の居住者が発願の中心と考えるなら、これは「国造本紀」の針間鴨国造とみることが可能といえる。また、播磨を「中分」して「給」されたのは「針間別」氏であって、これが針間（播磨）国造（後に播磨直）となるのであり、佐伯直は播磨国造から分立した氏族である、との理解もある。

この問題は、部の設置と地域の管理担当者（＝地方伴造）の設定にあたり、地方伴造が地域有力集団である国造一族から析出された態勢、つまり国造が領域支配を行っていたと想定するのかどうか、という国造制・伴造制の理解に関わっている。神前郡の佐伯部の事例は、地域における氏族・部集団の初期的態様から地域有力集団、地域支配体制の成立を風土記という古代の地域史料を使って具体的に考察できる事例といえるのである。

◇播磨の佐伯直阿俄能胡の活躍

風土記に登場する阿我乃古の名は『日本書紀』仁徳四〇年二月条にも「播磨佐伯直阿俄能胡」として見える。同条は隼別皇子・雌鳥皇女を吉備品遅部雄鮒と播磨佐伯直阿俄能胡が菟田に追撃し、伊勢蒋代野(こもしろの)で殺害した際に、雄鮒と阿俄能胡は皇女が身に着けていた珠を奪って隠匿したことが後に露見し、阿俄能胡が贖罪のために「玉代(たまて)」の地を献上したというものである。当条は贖罪説話となっているが吉備品遅部と播磨佐伯直の両者が軍事集団であることをよく示している。「玉代（玉手）」の地は大和にもあるが、播磨佐伯直阿俄能胡が前述のように市川中流域の神前郡に当初進出していたことを考慮すれば、播磨に所在地を求めることができよう。指摘によれば姫路市内に「玉手」の地名が存在し、この地は『播磨』餝磨郡伊和里に位置し、餝磨ミヤケの枢要地にあたる。「玉代」の土地献上にまつわる贖罪説話のベールをはがして考えれば、播磨佐伯直集団は軍事集団として王権によって播磨に派遣され、市川流域沿いに神前郡から餝磨郡に進出して、餝磨ミヤケを管理したことにより播磨国造を称するようになったと考えられるのではないだろうか。餝磨ミヤケの設置を六世紀とすると、播磨佐伯直集団は前段の五～六世紀ごろにこの地に定着したと見ることができる。

◇播磨佐伯直氏と神前郡多駝里

播磨佐伯直氏の祖先、伊許自別が佐伯部を配下に従える機縁となったという「瓦村の東の崗」とはどこであろうか。神前郡内で多駝里（現・姫路市山田町多田）の南にある神前郡蔭山(かげやま)里の冑岡(かぶとおか)（同豊富町御蔭）が想定される。神前郡の高所から遠望すると、冑岡は市川沿岸にあって神前郡と餝磨郡を隔てるランドマークとなっている。『播磨』餝磨郡安相(あさぐ)里条で品太天皇が但

神前郡より餝磨郡を望む（神崎町の日光寺より。手前のため池は長池、奥の小丘が冑丘）

馬から巡行した際に「陰山前（かげやまのさき）」を通過したというのは市川沿いに神前郡から餝磨郡に入ったことを示すもので、冑岡は両郡境の象徴的な景観であった。

多駝里の地である市川左岸の河岸段丘一帯にはいくつか古墳が存在する。豊富町御蔭の円墳七基などからなる横山古墳群では、この地域で最も古い四世紀の前方後円墳である横山七号墳がある。山田町多田と北山田にまたがる位置にある清盛塚古墳は、竪穴式石槨、楯形の周濠と左くびれ部に方形の造出をもつ五世紀代の前方後円墳で注目される。北山田には六世紀中葉の横穴式石室を備える御大師山古墳があり、山田町多田には横穴式石室を持つ諏訪の岩穴古墳がある。これらの山田町の北山田・多田の古墳群は市川左岸の河岸段丘上、とくに市川支流平田川流域に分布している。「崗辺川」を現・岡辺川とすると距離が離れているようである。「崗辺川」を現・平田川と見ると現状は青丘近くを流れ注いでいる。これらの五世紀から六世紀にかけての古墳のなかには、蝦夷・俘囚を率いて倭王権から派遣され、神前郡に進出した佐伯阿我乃古のような人物を被葬者とする古墳が含まれているのではないだろうか。

『播磨国風土記』からみる大宰・総領制

中村　聡

◇『播磨国風土記』にみえる総領

『播磨国風土記』揖保郡広山里条には、握村と呼ばれていた場所が、石川王が総領であったときに広山里と改められたとある。石川王は『日本書紀』天武八年（六七九）三月には吉備大宰のまま死亡し、埋葬されたとある。『播磨』では総領と記されている石川王が『紀』では大宰と記されており、このふたつが同じものを指すのか否か、どのような職掌を持っていたのか。この二点を『播磨』をてがかりに考えてみたい。

◇総領の事例からみえる職掌

日本古代の地方行政区画が、国―郡―里であったことはよく知られている。この行政区画は、大化二年（六四六）に出された改新の詔第二条に最初にみえるが、ただちにすべてが実施されたわけではない。国（以下国造の国と区別するため令制国と表記）は領域を区画するものであり、その成立は、天武一二～一四年（六八三～六八五）の国境画定事業まで待たねばならない。

郡の成立の方が早く改新の詔が出されると間もなく成立すると考えられてきた。ただ、郡という表記は、大宝律令の施行された大宝元年（七〇一）以降であることが藤原宮から出土した木簡により明らかとなった。それ以前は評と表記されており、評も郡も読みは「コホリ」である。「コホリ」は、朝鮮語のコフリに起源があり、朝鮮三国では軍管区組織として採用されていた。とすると、改新の詔の出された孝徳朝に始まる評は朝鮮の制度同様行政と軍事が未分化の組織であった可能性が高い。大宝令制で軍事組織は評から軍団に分離されているので、この段階で行政組織としての郡が生まれたといえる。『常陸国風土記』にみえる総領はこのような評の分置に関わっている。また、『紀』天武一四年（六八五）一一月には、周芳(すほう)総令所が、筑紫に「箭竹二千連(やのしのふたちむら)」（矢に用いる竹）を送っている。さらに、唐・新羅連合軍に大敗した白村江の戦い（六六三年）の後、西日本各地に設置される朝鮮式山城の維持・管理に総領が関わったとする見方もある。これらから総領は軍事と関わる職掌を持っていたことが考えられる。

『播磨』では、隣国吉備の総領である石川王が握村から広山里へという新たな掌握単位の変更を行っているが、同様に、『紀』持統三年八月では伊予総領が隣国讃岐で捕えた白い燕を放してやるよう命令されている。これらの例から総領の職掌に後の令制国を超えた広範囲な地域の管掌を担っていることも判明する。

以上から総領の職掌として判明するのは、令制国の範囲を超える広範囲を管掌し、その職掌の重要な部分として軍事的なものがあったということになろう。

◇石川王が総領であった時期

『播磨』では、宍禾郡石作里条に伊和村から石作里への改称が庚午年（六七〇）のこととされることから、初めて里が置かれるのは庚午年と理解されているのがわかる。その後里名の変更がわかる例は、私里→少川里（餝磨郡）、皇子代里→越部里、漢部里→少宅里、大宮里→大家里（以上三例揖保郡）の四例であり、このうち少川里・少宅里の改称は庚寅年（六九〇）のことと記されている。

つまり、『播磨』では村が新たに里を単位として把握されるのは庚午年、里名が変更されるのは庚寅年のこととしているのである。これは、最初の戸籍である庚午年籍、その後の庚寅年籍の作成と関わり、戸籍の作成には一定の期間がかかることを考慮すると、庚午年・庚寅年にそれぞれ改称されたというよりは、最初に戸籍作成の過程で複

里名の変更地

数の「村」からなる里という単位が編成され、その後新たな編成原理により里名が変更になったと考えるべきだろう。

また、いわゆる壬申の乱の最中の『紀』天武元年（六七二）六月二六日には大海人皇子側と疑われ殺害された人物として「吉備国守当麻公広嶋」の名がみえ、二四日には石川王が鈴鹿の関で参陣したとある。ここから石川王は大海人皇子（のちの天武天皇）に近い人物で、それゆえ天武政権下で重要地であった吉備に派遣されたと考えられる。この二点から、『播磨』にみえる記事の実年代は天武初年のころであり、握村が広山里に代わるのも天武初年頃であろう。

◇大宰の役割

次に石川王が『播磨』では「総領」、『紀』では「大宰」と異なる表記となっている点である。『紀』で大宰と記されるのは、筑紫と吉備のみである。『紀』内では、総領と大宰は書き分けられおり、混同はされない。筑紫大宰は後の大宰府の前身と考えられるので、吉備大宰もこれと同様の機能を持った存在であろう。そこで、まず吉備大宰の役割について考えてみる。

倭政権が瀬戸内海の交通権を掌握するようになるのは、六世紀になり、筑紫君磐井の乱の鎮圧後、北九州に糟屋ミヤケ（ミヤケは屯倉・官家とも表記）（福岡県古賀市）、那津ミヤケ（福岡市博多駅南）が置かれ、また吉備に白猪ミヤケ（岡山県真庭市）、児島ミヤケ（岡山県児島半島周辺、当時は島嶼）が置かれるようになってからと考えられている。つまり倭政権にとって海上交通上最も重視すべき場所が筑紫と吉備であり、そのことが後に、筑紫と吉備に大宰が置かれた理由であろう。

敏達天皇一二年（五八三）には百済から帰国する際、僧日羅はこの児島ミヤケを経由して難波館に至っている。また『備中国風土記』逸文（『本朝文粋』二）によると、斉明七年（六六一）正月に滅亡した百済への救援軍を派遣しようとした時は、備中国下道郡邇磨郷（岡山県倉敷市真備町の上二万・下二万）に至り、同地で百済救援軍を徴兵したところ二万の兵士が集まったのでこの地を二万郷としたとする伝承が残る。当然この郷のみで二万人もの兵士が集まるわけはなく、あくまでもこれ自体は「邇磨郷」の地名起源説話にすぎない。この地が吉備地域で徴兵した兵士たちの集合地であったことが地名起源説話につながったと考えるべきである。このことからも、児島ミヤケおよび白猪ミヤケから発展した吉備大宰の権限の一つとして軍事に関わることが考えられ、壬申の乱が起こったときにも近江方が、筑紫・吉備で軍兵を徴発しているのである（『紀』天武元年六月）。

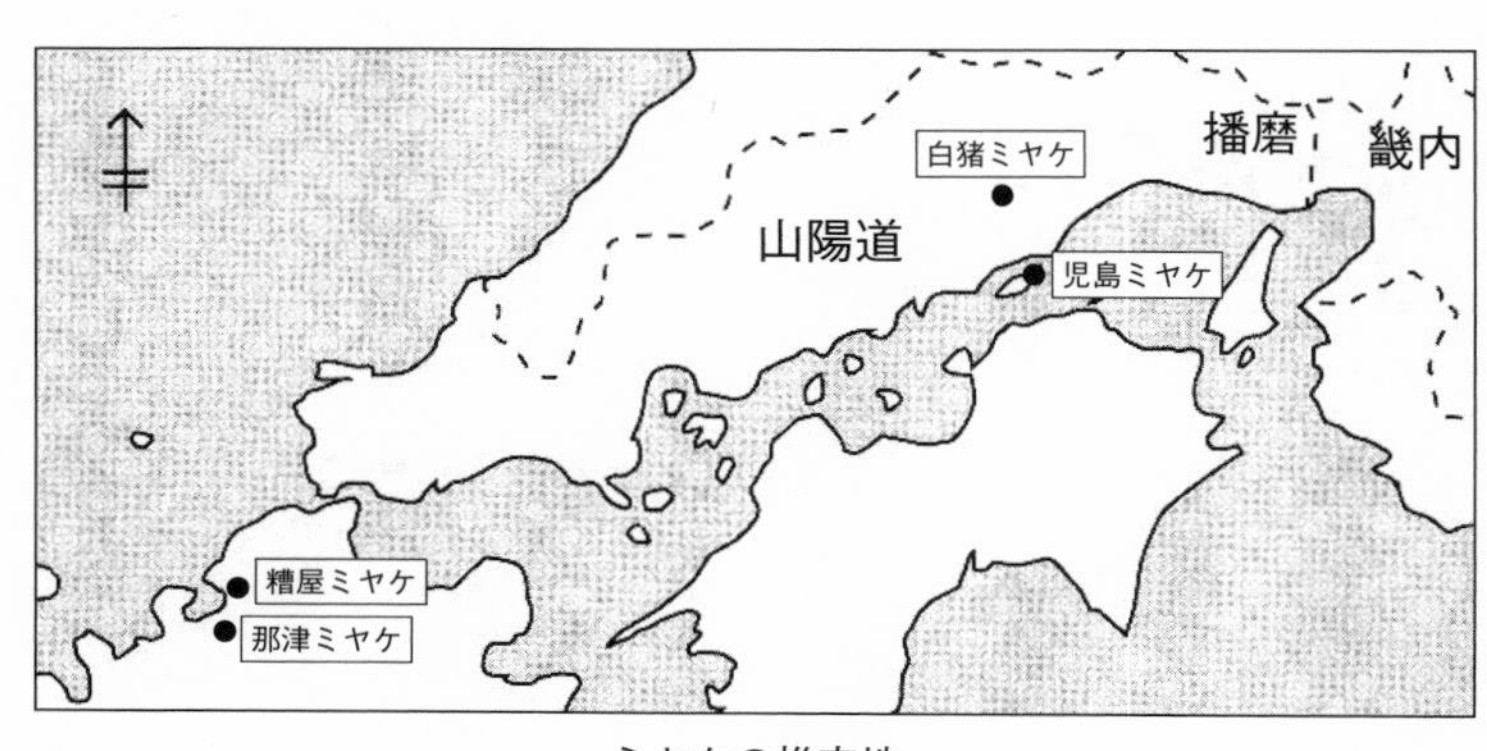

ミヤケの推定地

◇大宰と総領

天武八年に石川王が薨じた時には諸王二位が贈位（ぞうい）されているが、文武四年（七〇〇）吉備総領となった上毛野（かみつけの）朝臣小足（をたり）は直広参（ぢきくわうさん）と記され、大宝令制での大国の守（長官）相当ほどの官位となり、その地位が低下している。なお、上毛野朝臣小足が大宝三年（七〇三）に下総守（しもふさのかみ）に転出すると、同日に備前守が任命されており、吉備総領は備前守が兼任していたのであろう。

以上から百済の役後の対外的問題が未だ解決していない天武初年段階にあっては、瀬戸内の軍事権は吉備大宰（おそらく吉備国守が兼任）が掌握していたが、天武末年に令制国が成立し、国司による軍事権掌握を行いうる条件が整備される。その結果、吉備大宰による一元的掌握を行う必要がなくなり、その過渡的処置として周防、伊予、吉備による複数の総領体制がとられ、最終的に大宝令により総領体制も消滅し、外交と対外的軍事機能は大宰府に一元化される。つまり、七世紀末に大宰から総領へと名称が変化したと考えられるのである。

では、なぜ石川王が『紀』では「大宰」、『播磨』では「総領」と記されているのかという点だが、『播磨』が作成された八世紀初頭段階では直前の総領と、その前身となる大宰の役割の違いがすでに理解されていなかった可能性があるのではないだろうか。

第2章

播磨の道と地域間交流

播磨の道と「見せる」古墳
―根日女伝承―

中村　弘

◇『播磨国風土記』に記された墳墓

『播磨』には墳墓に関する記述が散見され、それらを表にまとめた。墓主（被葬者）をみると、大きくは人と動物に分かれる。人には、（一）地元出身の皇后①、（二）地方豪族（但馬国造）③、（三）地方豪族（山直・尾治連・土師氏）の祖②④⑦、（四）地方豪族（播磨の国造）の娘⑩、（五）地方豪族（尾治連）の婢（女性の召使や奴隷）⑤、があり、動物には馬⑥と犬⑨がある。こうした墳墓に関する伝承をみると、その多くは地方豪族やその祖である人物やその縁者が葬られており、その時代は記紀によると一一代（垂仁天皇）から二三代（顕宗天皇）の時期、すなわち考古学の年代に置き換えるとすれば、およそ古墳時代中頃を前後する時期をイメージしていたようである。奈良時代の当地域の人々は、目前にある前代の墳墓を、自らと関係する先祖伝承の舞台の一つとして取り込んだ。しかし、現在では『播磨』に記載された墳墓が現存する墳墓のどれにあたるのか、確定できるものは決して多くはない。というより全くないといっても過言ではない。それは、墳墓を特定できる細かな位置や規模、形状などの記載がなく、数

『播磨国風土記』に記された墳墓伝承と遺跡

番号	郡名	里名	墓名	被葬者	時期	内容	推定地	推定地の年代
①	賀古（かこ）・印南（いなみ）	–	褶墓（ひれはか）	印南別嬢（いなみのわきいらつめ）（景行天皇妃。丸部臣（わにべのおみ）の祖である比古汝茅（ひこなむち）と吉備比売の娘）	一二代 景行期	川に落ちた遺体が見つからず、匣と褶だけが見つかったので、遺体の代わりにこの二つを日岡に造った墓に葬った。	ひれ墓古墳	4世紀前葉
②		–	（墓）	息長命（おきながのみこと）（賀毛郡山直らの祖。妻は出雲臣比須良比売）		妻の出雲臣比須良比売は印南別嬢の奉仕者。墓は賀古駅の西にある。景行天皇を印南別嬢のもとへ導く役割を果たした。	聖陵山古墳	4世紀
③	餝磨（しかま）	安相（あさこ）	（墓）	阿胡尼命（あこね）（但馬国造）	一五代 応神期	妻が英保村の女。この村で亡くなったため、墓に葬られた。その後、遺体が運び去られた。	–	–
④		胎和（いわ）	長日子墓（ながひこ）	長日子（尾治連らの祖）	二一代 雄略期	よい婢と馬を持っていて、自分の死後に自分と同様に婢と馬にも墓を造らせた。	–	–
⑤			婢墓	長日子の婢			–	–
⑥			馬墓	長日子の馬			–	–
⑦	揖保（いひぼ）	日下部（くさかべ）	出雲墓屋	弩美宿禰（のみのすくね）（土師氏の祖）	一一代 垂仁期	出雲国と往来中、日下部野で亡くなったところ、多くの出雲国の人が来て、並んで手渡しで川の石を高所へ運び上げ、墓の山を造った。	野見宿禰塚	
⑧	神前（かむさき）	多駝（ただ）	（墓）	–	–	伊和大神と天日桙命が軍を動かして戦った。大神の軍が集まって稲をつき、その糠が集まり丘になり、箕でふるった糠を墓といい、また城牟礼山という。	–	–
⑨	託賀（たか）	都麻（つま）	犬墓	麻奈志漏（まなしろ）という名の応神天皇の猟犬	一五代 応神期	応神天皇の猟犬が猪猟の際に死んだので、墓を造って葬った。墓は伊夜丘の西にある。	–	–
⑩	賀毛（かも）	楢原（ならはら）	玉丘	根日女（播磨の国造の娘）	二三代 顕宗期	意奚・袁奚の両皇子が求婚したが、互いに譲り合う間に亡くなったため、朝日夕日に隠れない場所に墓を造り、骨を納め、玉で飾った。	玉丘古墳	4世紀後葉

多く存在する墳墓の中から特定することができないためである。
このような『播磨』に記された墳墓伝承の中から、推定地をもつものの一例として「玉丘」を取り上げてみよう。

◎「玉丘」とその伝承

『播磨』の賀毛郡楢原里条には「玉丘」と呼ばれる墳墓に関する記述がある。すなわち、意奚・袁奚（のちの仁賢・顕宗天皇）の二人の皇子が根日女という播磨の国造の娘に求婚し、根日女もそれに応じたが、互いに譲り合う間に根日女は年老いて亡くなってしまう。そこで、両皇子は、「朝日夕日が隠れることなく照らしつづける日当たりのよい地に墓を造り、その骨を納め、墓を玉で飾ろう」と話し、この墓を「玉丘」と名付けた、というものである。

この「玉丘」については、楢原里、玉野村の比定地や、現地名の「玉野」「玉丘」の存在から、加西市玉丘町に所在する玉丘古墳を指すと考えられている。玉丘古墳は墳長一〇九メートル、周濠と二基の陪塚をもつ前方後円墳で、古墳時代中期前葉に築造された。葺石があり、玉丘と呼ぶにふさわしい外観をもつ墳丘である。周辺では、玉丘古墳築造後も小山古墳（前方後円墳、七九メートル）や多くの帆立貝式古墳、円墳などが規模を縮小しながらも継続し、六世紀初めまでの一〇〇年以上にわたり約五〇基が築かれ、全体で玉丘古墳群を形成している。同古墳群に属する多くの古墳のうち、地元豪族の伝承を伝える舞台として玉丘古墳が選ばれたとするな

葺石のある大型古墳の復元例（神戸市五色塚古墳）

らば、それは古墳群最大の規模で目立つ存在であったためであろう。ただし、玉丘古墳が国造の娘「根日女」の墓として認識されていたとするならば、その父である国造の墓は別に存在すると考えられていたのであろうか。その当否はともかく、あくまで天皇が関わる伝承の舞台として、地域最大にして最古の玉丘古墳が選ばれたとしても不思議ではない。

さて、『播磨』の中に記された「玉丘」伝承の舞台は、意奚・袁奚の両皇子の時期、すなわち五世紀末をイメージされたものであり、四世紀後葉に築造された玉丘古墳とは一〇〇年近くの開きがある。さらに、伝承の中にある「その骨を納め」については、遺体をそのまま棺に入れて埋葬していた古墳時代の葬法ではなく、『播磨』が編纂された奈良時代を含む、飛鳥時代以降に取り入れられた火葬や改葬を思わせる表現である。そうであるなら、古墳の選地に関する唯一の史料として知られる「朝日夕日に照らされた、日当たりのよい場所」についても、風水（ふうすい）思想を意識した、後世の影響を受けて加飾されたものであり、むしろ、葺石によって銀色に光り輝いていたであろう玉丘古墳という人為的な景観に対して、『播磨』編纂当時の人々が受けたイメージが伝承に盛り込まれたものと考えられる。それほど、玉丘古墳は視覚的にも目立つ存在であったのである。

これについて坂江渉氏は「もともと地域内にあった目立つ古い墓を、采女（うねめ）として王権に差し出されるような有力豪族の女性の婚姻話と結びつけて語る地元伝承がその原型にあったのであろう」としている。

◇中期古墳の選地と道

玉丘古墳①の立地をみると、現在の加西市の中心地で広い平地にある北条町からは東に約四キロメートル離れている。同町には玉丘古墳と同時期の集落である小谷遺跡②が確認されており、古墳時代中期においても中心地であったことは疑いない。玉丘古墳はこの中心地付近ではなく、『播磨』で「玉野」と表現された台地北部の西端に立地している。この場所は、加古川の支流である万願寺川と、姫路から但馬へとつながる市川を結ぶ道沿いにあり、南北の丘陵に挟まれて狭くなった、万願寺川から北条・市川へと向かう道の入口にあたる。玉丘古墳は加古川・万願寺川から市川へと抜ける道を意識して築造された中期古墳であり、集落を意識して築

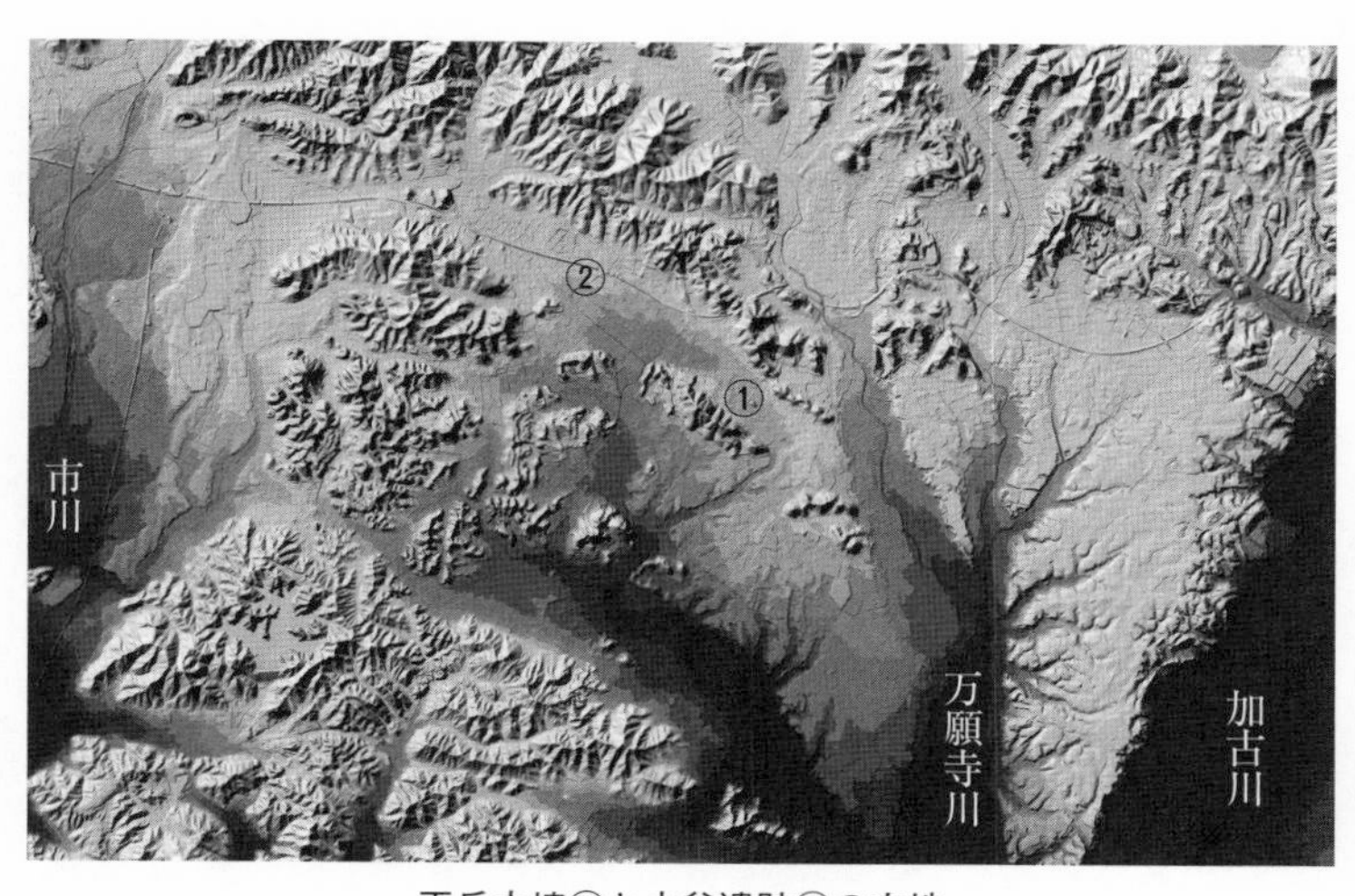

玉丘古墳①と小谷遺跡②の立地

造されたものではないことを表している。特に、玉丘古墳を含めた加西市中心地の低地周辺では顕著な前期古墳が少ないことから、古墳時代中期になって交通路としての当地域の重要性が高まった結果であると考えられる。それは玉丘古墳群が終焉する六世紀初めまで継続したのであろう。

兵庫県内の他の大型古墳をみると、玉丘古墳のように平野の中心地から離れ、山地に挟まれて狭くなった平野部入口に築かれた古墳がある。雲部車塚(くもべくるまづか)古墳（丹波篠山市）は玉丘古墳よりやや新しい古墳時代中期中葉の前方後円墳で、墳長一五八メートルを測り、周濠と二基の陪塚が現存する。竪穴式石槨(せっかく)に長持形石棺を内蔵した典型的な中期古墳で、武器類を中心とした豊富な副葬品が出土したことからも、被葬者と倭王権との強いつながりが推定できる。

玉丘古墳や雲部車塚古墳のように、兵庫県内の中期大型古墳の立地を見ると、内陸の道を意識して築造されたものが多く、古墳時代前期から継続せずに中期になって突如として地域に出現している。そして、その場所は地方間をつなぐ道というより、地方と倭国の中央とを直結する道に面しており、こうした道が古墳時代中期になって整備、重視されるようになった結果であると考えられる。そもそも、前方後円墳は大王墓だけでなく、中央豪族、地方豪族も同じ墳形、埋葬施設で築かれており、築造、埋葬儀礼を通じて中央と地方の共通性を視覚的に演出している。その上で規模と内容に差、序列をつけていることから、前方後円墳は単なる墳墓であるだけではなく、その築造には地域に対する倭王権の政治的な意図がうかがえる。こうした前方後円墳がもつ機能が後世の人々にも視覚的に影響を与え、人為的景観として伝承の舞台に取りあげられたのであろう。

『播磨』に記された「玉丘」といわれる玉丘古墳は、古墳時代中期に道を意識して築造された「見せる」古墳であり、人為的に形成された重要な景観構成要素となっていた。その影響で、後世になっても地域の人々によって天皇と地方豪族に関わる伝承の舞台となり、『播磨』に記録されることになった。地域に所在する前代の墳墓は、地域社会を構成する人々にとって自らの由来と先祖を雄弁に語ることができる素材として利用されていったのである。

印南野の歴史的環境と吉備

中村　弘

◇野としての「印南野」

『播磨国風土記』には、「印南野」という地名の直接的な記載はなく、賀古郡冒頭の「野」と、賀古郡鴨波里条にある「此の野」が印南野をさしていると考えられる程度である。しかし、地名としての「印南野」は奈良〜平安時代の都人にとっては非常に有名であったようで、『万葉集』に多くの歌が読まれているほか、歌枕の地名として知られ、『枕草子』の中では「野」としては嵯峨野に続き二番目に記載されているほどである。

さて、奈良時代の基本文献である『続日本紀』によると、「印南野」は「播磨国印南野」「賀古郡印南野」「印南野邑美頓宮」（印南野の邑美に設けられた仮宮）と記されている。邑美の場所は『播磨』では「明石郡大海里」、『倭名類聚抄』では邑美郷が明石郡として記されていることから、印南野の一部は明石郡に及んでいたことがわかる。すなわち、印南野とは、播磨国の明石、賀古、印南の三郡にまたがる、広い範囲として認識されていたらしい。この印南野の範囲はナビツマ伝承（印南別嬢と景行天皇の物語）の舞台と重なっており、『万葉集』などの歌の中には、地名としての「印南野」の意味のほか、この伝承の内容を重ねて詠まれたものもある。『播磨』に「野」と記された場所は、神が存在したり、天皇が狩りをしたりする場所、一部では粟や米を生産し、居住や宿泊、往来がある場所、さらに時にはそれが脅かされる場所、そして山と村との中間にあたり新たな開拓の対象地、といった特徴がある。「印南野」についても、こうした場所だったのであろう。

◇印南野の遺跡

印南野にある遺跡の中で、『播磨』と関係する古墳時代から奈良時代の遺跡を分布図に示した。図の中央で、東の明石川、西の加古川、北の美嚢（みのう）川に挟まれた三角形状の台地が現在の印南台地と呼ばれる場所である。古墳時代～奈良時代の遺跡は各河川の流域に広がる沖積地に集中して認められ、印南野台地上にはほとんど立地しない。また、台地の縁辺部には古墳が築かれ、縁辺部に刻み込まれた河川の谷には窯（かま）が築かれている。窯の存在は燃料である薪が供給できるほどの山林が近くに控えていたことを示しており、墓の存在は賀毛（かも）郡「玉野」のように村と山の中間にある「野」のイメージに近いと言えよう。なお、この台地の南辺をかすめるように通る直線は古代山陽道である。駅路（えきろ）は国家の意図で設置されたものであり、遺跡の立地と駅路とは直接結びつくことはない。駅路に沿って設置された駅家（うまや）は台地の東西両側の縁辺部に設置され、それぞれ東側、西側へ眺望が開けた立地を選択している。

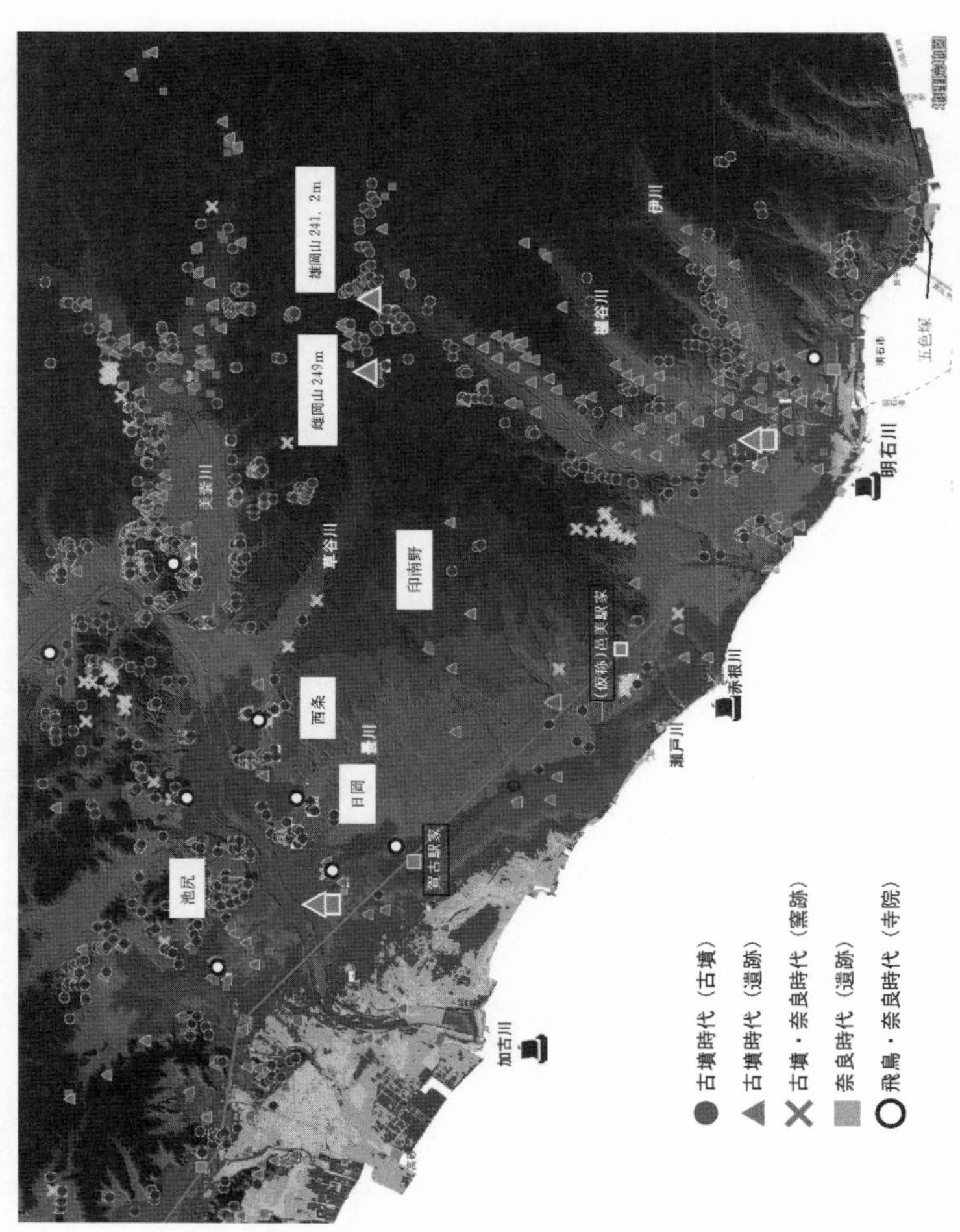

印南野の遺跡分布図（古墳〜奈良時代）

◇印南野周辺の大型古墳

大型古墳は倭王権と地域との関係を表象する記念物である。すなわち、巨大古墳の出現は、地域の生産力、権力の増大を示すだけではなく、倭王権との関係で築造を認められた結果であり、地域における大型古墳の動向を観察することは、倭王権と地方との関係の変化を知ることに通じる。この大型古墳の動向を次ページの表にまとめた。

印南野では、最古段階の前方後円墳は中・西播磨には及ばないものの、前期中頃にひれ墓古墳が築造されて以降、一〇〇メートル程度の比較的大型の前方後円墳が継続して築造され、日岡山古墳群を形成している。さらに、ここからは三角縁神獣鏡が出土しており、当地域が中央と安定した関係を保持していた証となる。さらに、他の播磨地域では前期段階にこのように大型墳が継続して築造されている例は認められず、印南野地域の特徴といえる。

その後、行者塚古墳を最初として西条古墳群が築造されるようになると、日岡山古墳群の大型古墳築造は終わる。このような大型古墳の築造場所が移動する現象は、大王墓でもうかがうことができる。すなわち、大和盆地東南部で箸墓古墳に始まる大型古墳は、その後大和盆地北部へと移動し、さらに河内へと移動していく。日岡山古墳群から西条古墳群へと墓地が移動するのは、大王墓が河内へと移動する時期に近く、印南野地域が倭王権内の変化に影響を受けた結果であろう。行者塚古墳と同じ頃、播磨では壇場山古墳（姫路市）、玉丘古墳（加西市）が築かれている。両墳ともそれ以前に規模の大きな古墳がなかった地域であり、大王の棺といわ

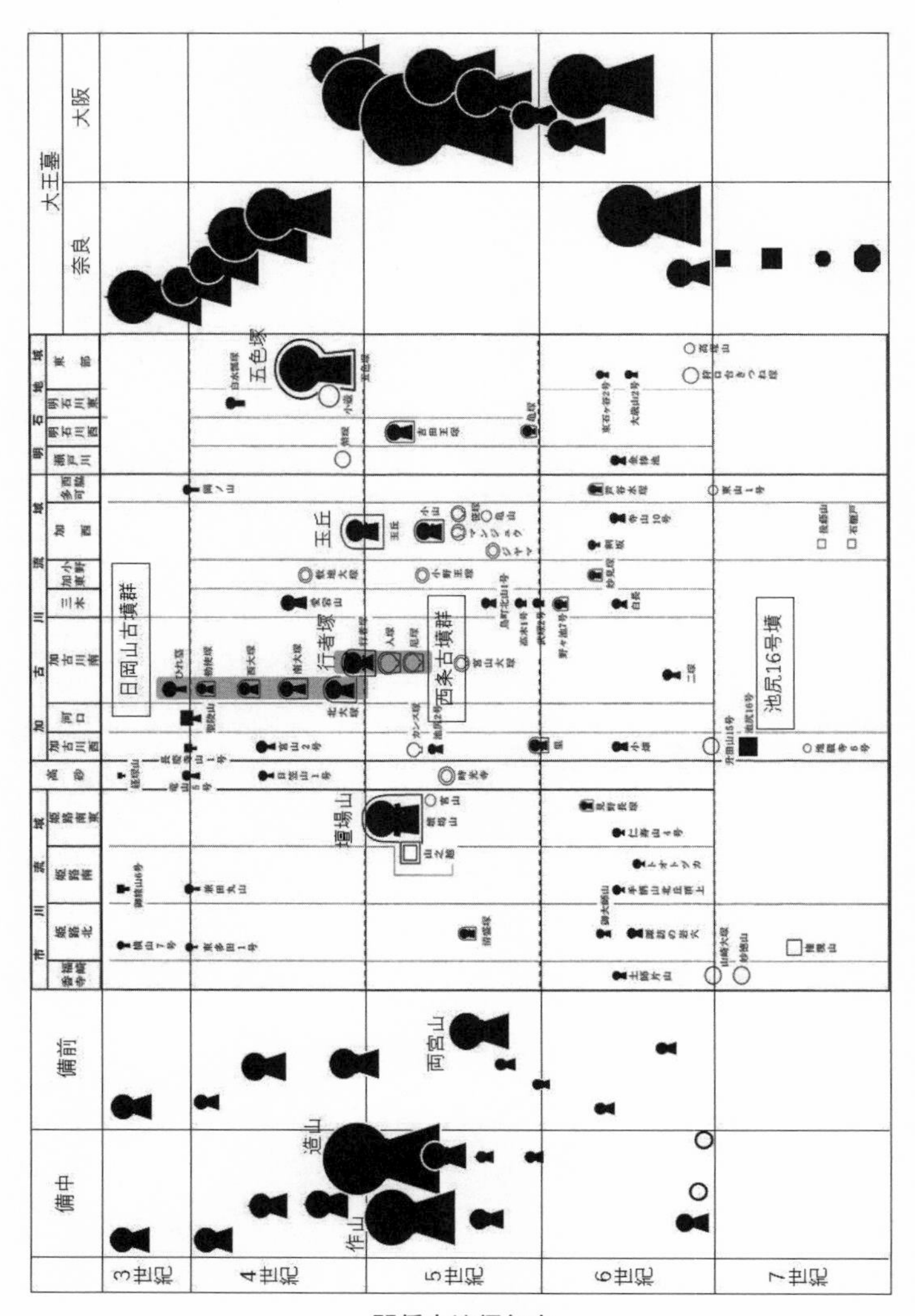

大王墓
奈良
大阪
五色塚
玉丘
日岡山古墳群
行者塚
西条古墳群
壇場山
池尻16号墳
備中
備前
造山
作山
両宮山
3世紀
4世紀
5世紀
6世紀
7世紀

関係古墳編年表

れる長持形石棺が採用されていることから、その出現の契機には倭王権の関与があったのであろう。そして日岡山古墳群になかった陪塚の存在は、階層化した組織をもった地域集団へと成長したことを示している。特に、壇場山古墳には、陪塚にも長持形石棺が使われていることから、その被葬者は印南野の西端に位置する竜山石（長持形石棺の石材）の産地（高砂市）を掌握し、倭王権の後ろ盾によって石材加工と運搬に関わっていたと考えられる。

造山古墳墳頂の石棺

◇印南野と吉備

『播磨』印南郡条には吉備に関する説話が記載されているが、考古学的に吉備との関係はどうであったのであろうか。行者塚古墳や壇場山古墳が築造された頃、吉備では大王陵にも匹敵する規模の造山古墳や大規模墳である作山古墳が築造されている。いずれも埋葬施設や副葬品は不明であるが、造山古墳の墳頂に置かれている石棺は、組合せ式である長持形石棺を模した九州阿蘇産の刳抜式石棺であり、竜山石は使われていない。その後、五世紀後半以降になると、ようやく印南野地域と備前・備中の両地域

石見型盾形埴輪（坂元遺跡）

で共通する資料が登場する。備前には竜山石製の長持形石棺や石見型盾形埴輪が、そして備中には七世紀以降、竜山石製家形石棺や石槨が認められるようになる。吉備の反乱伝承や児島屯倉など、両地域に共通する資料が登場する時期に注目したい。

印南野は畿内と西国をつなぐ位置にあり、古くから倭王権の関与がうかがえた。吉備とは五世紀後半以降になってから共通の資料が見られるようになるが、その現象の背景には、『日本書紀』雄略天皇条に記された吉備の反乱伝承と、その後の倭王権の吉備への関与が関係しているのかもしれない。そうであれば、印南野地域は西国に対する倭王権の中継地としての役割があり、それが原因となって『播磨』に吉備の伝承が記載されたのではないだろうか。

「大田」地名から古代の開発を考える

平石　充

◇揖保郡への入植

『播磨国風土記』には、他地域からの人々が入植したという伝承が記されている。揖保郡では林田川下流の左岸、現太子町周辺に当たる地名に、伝承がまとまって残る（図1）。①枚方里…河内国茨田郡枚方の漢人が来て居住。②佐岡…難波津天皇（仁徳天皇か）の時に、筑紫の田部を召し出して開墾。③大田里…韓国より渡来した呉勝が最初に紀伊国名草郡大田村、つづいて摂津国三島賀美郡大田村に移り、そののちこの地に来て最初に居住した大田を村名とした。④大家里は品太天皇（応神）の時に宮を作り、小治田河原天皇（推古ないし斉明か）が、大倭の千代の勝部を派遣、田を開墾（大法山・勝部岡）。⑤石海里…難波長柄豊前天皇（孝徳）の時、阿曇連多牟が、石海（島根県西部の石見）人夫を召して田を作った、以上の五例である。

この時開発された水田の中心は、鷺森浩幸氏が述べるように推古一四年（六〇六）に法隆寺に施入された播磨国水田一〇〇町（『日本書紀』同年是歳条）で、天平一九年（七四七）の『法隆寺伽藍縁起并流記資財帳』では揖保郡の水田二一八町余りと記録され、平安時代には法隆寺

図1　揖保郡大田里（鵤荘）周辺図

領鵤荘（いかるが）となる（図1中央）。

また、下流側の④⑤が、『播磨』の時代に近い七世紀の伝承であることも注目される。水田に水を引くために作られる堰（せき）は、川が平野部にでた最上流部から下流に向かって順に作られ、取水地点から離れた下流域ほど用水に対する利用権は弱い。この地域の林田川最上流の堰は赤井であり、ここから取水される用水が枚方里・鵤荘域を灌漑している。赤井の原形は中世には成立していたとされるが、下流の荒川井の用水路が奈良時代には確認できるので（福田片岡遺跡)、さらに遡ることも十分考えられる。この地域では枚方里が最初に開発され、大宅・石海里と順次開発が及んだ歴史があり、『播磨』はそれを反映しているのであろう。

また、『播磨』からこれらの地域の土地の肥え具合をみると、揖保郡でも広山里から下流の大田里までが「中上」で石海里が「上中」と、他の地域より肥えている。『播磨』が記された頃には、この地域が揖保郡で最も豊かな穀倉地帯であった。

◎呉勝の移住と大田村

では、このような開発のはじまりの時期はいつ頃になるのであろうか。五例のうち④品太天皇(応神)が『紀』の年代観によれば最も古いが、天皇代を記さない①③のほうが地域社会の伝承をそのまま伝えている可能性がある。ここでは、③の渡来人居住地に注目したい。

まず、紀伊国大田村は和歌山市太田にあたり、平安時代には名草郡に牟佐村主という氏族いた。牟佐村主は呉の孫権の後裔とされているので、まさに③にみえる呉勝の一族である。また、太田の東には紀伊で最も有力な神社である日前・国懸神社がある。この神社はかつて「名草溝口神」と呼ばれ、名草郡の平野全体に分水される宮井用水とセットで紀伊国造紀直によって営まれた、水田開発にかかわる神社でもあったとされる。

つづいて、摂津国三島賀美郡大田村は、高槻市太田周辺に当たる。この場所も『紀』安閑天皇元年(五三四)閏十二月条にみえる三嶋竹村屯倉の推定地で、四〇町あまりの水田が営まれ、奈良時代には天皇の食膳の米を生産する官田となった。

そしてこの両地域には、集中して渡来系遺物の出土する集落遺跡があり、いずれも渡来人の居住が想定されている。和歌山市太田付近では音浦(おとうら)遺跡・鳴神(なるかみ)遺跡から古墳時代中期の多量の韓式系土器・初期須恵器などが出土している。両遺跡では宮井用水の前身となる水路も検出され、古墳時代前期後半には岩盤に掘削されるようになり、さらに中期後半になると、以前には水田が作れなかった微高地に水田が広がることが想定されている。

次に、高槻市太田の西側にはこれも古墳時代中期前半の韓式系土器・初期須恵器などが出土する安威(あい)遺跡があり、古墳時代中期に水路が開削され水田が開発されている。この頃の集落については、簡易な建物しかないことから開発目的の短期的な集落ではなかったかとの指摘もある。

『播磨』の記述では、呉勝は二度転居して播磨の大田里に移ったので、大田里に関していえば、彼らの入植の時期は古墳時代中期（五世紀）より後になる。入植者たちの墓とみられる丁(よろ)古墳群の群集墳の時期を念頭に置けば、六世紀前半以降になるのかもしれない。ただし、最初の入植地である紀伊大田村の起源を考えれば、その根源は五世紀にあると見るべきであろう。なお、播磨と紀伊との関係は、大伴氏の存在などからもうかがえる（第5章「紀伊の大伴氏と鶴林寺」参照）。

◇古代社会における「大田」

「大田」の地名は『播磨』以外にも見える。播磨国では託賀郡に中郷三宅里があり、大規模な群集墳が六世紀後半~七世紀前半にかけて多可町妙見山の麓に築かれ、集落も急増することから、菱田哲郎氏はここに移民を伴うミヤケがあったとする。同地にあたる多可町曽我井・沢田遺跡からは、ミヤケの設置にあたった氏族に関連する「宗我西」や「中家」(中郷のヤケの意味)とともに「大田」の墨書土器が発見されている(図2)。

また、最初に示した⑤大倭の千代の勝部は、現在の奈良県田原本町千代付近とされるが、ここには奈良時代に意保御田と呼ばれる水田があり、これも天皇の食膳の米を作った官田の一部とみられる。意保は太(大)なので、⑤は大和の「大田」から播磨に勝部が派遣された事例なのである。なお同地の東側には平安時代には興福寺領荘園大田荘があり、これが桜井市太田で、倭王権の発祥の地とされている纒向遺跡の中心部でもある。

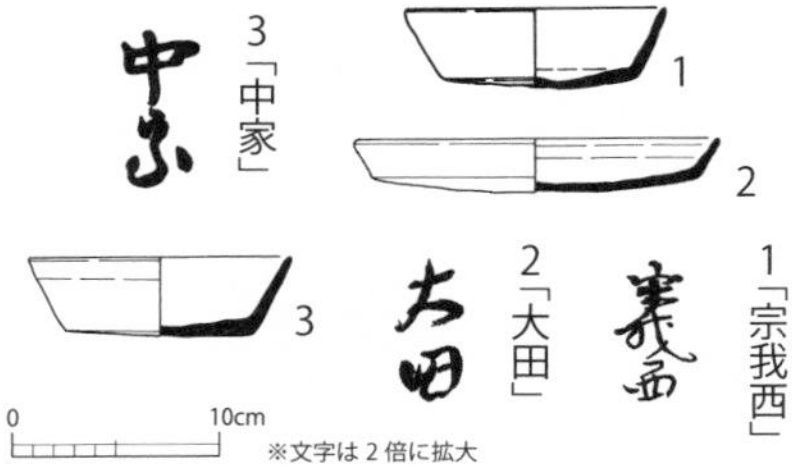

1「宗我西」　2「大田」　3「中家」

0　10cm　※文字は2倍に拡大

図2　曽我井・沢田遺跡の墨書土器

島根県東部の出雲では、中世の杵築(出雲)大社領に大田郷がみえる。この郷は千家村・北島村・求院村(出雲市斐川町に地名が残る)からなり、千家・北島は出雲国造出雲臣が中世に苗字を名乗るときの苗字の地である。この地は天平五年(七三三)の『出雲国風土記』によれば、出雲国の熊野大社・杵築大社に奉仕するために置かれた出雲神戸郷であり、その神職を兼ねる出雲国造にとって、奈良時代から重要な拠点であった。そして住民には多くの鳥取部が認められる。鳥取部は求院の地名にも残る白鳥（鵠）を倭王権のために飼育した人びとで、その起源は五世紀に養鳥人とよばれた集団にある。この地域と王権との関係は五世紀代に遡るとみてよいだろう。

これら古代にさかのぼる大田には特徴がある。まず、多くの事例で他地域の人々の入植が認められ、用水の開削を伴うような大規模な水田開発も想定される。後に中世荘園に発展するような大きな水田、それまで地域社会の力だけでは営むことのできなかった「大田」がはじめて誕生したのであろう。このインパクトは大きく、それが地名として記憶されたのである。

このような人の移動を伴う大開発の背景には地域の権力を越えた、倭王権の関与も想定される。大和の太田周辺には大泉など「大」の付く地名があり、この地の神社が大神神社と呼ばれるように、「大」という文字が王権との関係性を示す美称であるとの考え方もある。そして、「大田」のなかには五世紀頃に遡りうるものがあるとみられる。

「大田」はありふれた地名のようにおもえるが、他地域の人々を動員した大規模な水田開発に対する古代人の畏敬の念や、地域社会と倭王権との関係性が見え隠れする、重要な地名なのである。

志深ミヤケと湯山街道

坂江　渉

◇「しじみ」という地名

現在の神戸電鉄粟生線に志染（しじみ）駅という駅がある。「しじみ」という地名は少し珍しいが、古代史研究者の間ではよく知られた地名である。八世紀にできた『古事記』『日本書紀』『播磨国風土記』のいずれの伝承にも登場している。それらでは「志自牟」「縮見」などと表記される場合もあるが、以下、『播磨』の記述にもとづき、志深と書いて論をすすめる。

◇ミヤケが置かれたところ

右の三つの史料の伝承では、若干のズレもみられるが、当地には王権直轄地のミヤケ（屯倉・三宅）が置かれ、忍海造細目（おしぬみのみやつこほそめ）が管理者だったこと、政治的迫害から逃げ隠れ、召使いとして働いていたオケ・ヲケ兄弟の二皇子がここで発見されること、またその後二人が顕宗（けんそう）、仁賢（にんけん）天皇として即位するなどのストーリーが展開している（第6章「オケ・ヲケ物語の実態」参照）。

このうち二皇子の発見から即位に至る物語は実話ではなく、聞き手を想定した、古代の演劇芸能にもとづく作り話だとみる見解もある。一方、当地と王権との強い結びつきや、ミヤケがあったことは史実だとされ、五世紀代以来、ここには大和の葛城や吉備勢力とつながる、鍛冶集団を統率する渡来系の有力豪族、韓鍛冶首（からかぬちのおびと）が住んでいたらしい。前述の忍海造細目の「忍海」は、大和国の葛城付近の地名だからである。またミヤケそのものは、六世紀半ば以降、制度的に整備されたとみられるが、その比定地としては、井戸状の石組みや溝状の遺構、墨書（ぼくしょ）土器・唐草文軒平瓦が出土した、三木市内の「志染中中谷遺跡（しじみなかなかたに）」が有力視されている。

◇山間部のミヤケという理解

しかし従来ここにミヤケが置かれた理由については、あまり深く考えられてこなかった。一般に古代のミヤケの多くは、交通の要衝地に置かれたと推定されている。ところが志深ミヤケについては、前述のように、オケ・ヲケの二皇子が、流浪の末、ここに隠れ棲んだと伝えられること、また大量の山林資源を必要とする鍛

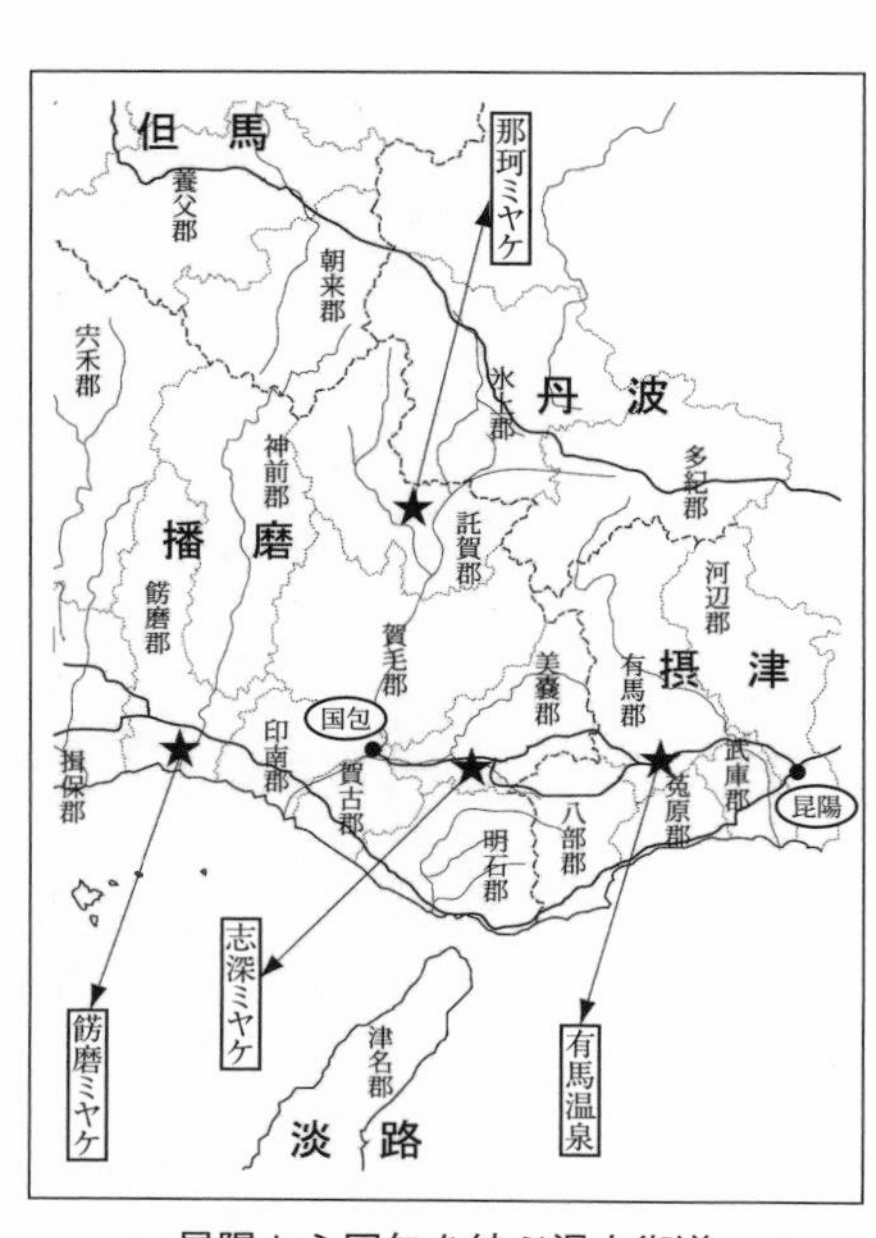

昆陽から国包を結ぶ湯山街道

治集団が居住していた点などにより、交通の便の悪い、山間部のミヤケとして理解されてきた。

しかし中・近世の歴史をみると、志深とその周辺地域は、外部に閉ざされた山間部の土地ではなかった。ここには摂津・伊丹の昆陽を東の起点として、西の播磨・賀古郡の国包に至る内陸部の幹線道、湯山（湯乃山）街道が通っていた（前頁図参照）。これは六甲山系の南側を東西方向に走る山陽道（西国街道）と対をなす、北側の基幹交通路である。さらに湯山街道は武庫川と加古川という大河川水系の道などを通じて、日本海側と瀬戸内海側の地域ともつながっていた。つまり志深ミヤケは、湯山街道と南北間の水陸交通路の結節点に位置するわけである。

◎西摂・東播の国境地帯のまとまり

中世史研究の成果によると、平安後期以降の西摂・東播の国境地帯は、こうした交通網を媒介にして、一つの地域的なまとまりを形成していた。平氏政権や北条得宗家などの中央権力は、この地域をつねに一体的に掌握していたという。また南北朝の動乱期、この地域はしばしば戦略上の係争地になった。とくに志深の地は、この方面での戦いの雌雄を決する丹生山攻めの戦いで、赤松方（北朝方）の「志染の軍陣」（＝吉田住吉山遺跡）が築かれた場所であった。

こうして後世史料に眼をやると、ミヤケの置かれた志深付近が、政治的、軍事的な要衝地の一つだった事実がみえてくる。とすればこのような状況が、古代のどの時代にまで遡るか、換言すれば、湯山街道の前身の道が、いつ頃どのように整備されたかが問題となってくる。

◇蘇我氏による大陸向け交通網の整備

前述のように、志染の地はまず五世紀代、南側の明石川流域〜志染丘陵の細目（ほそめ）川沿いのルートから進出した葛城集団によって掌握された。ついで六世紀代には、滅亡した葛城集団の権益（けんえき）を引き継いだ蘇我氏が、ミヤケの制度的構築をめざしたようである。

蘇我氏は六世紀半ば以降の稲目（いなめ）と馬子（うまこ）の時代、倭王権の中枢部において、朝鮮半島の緊迫した対外情勢に対応すべく、大陸への水陸交通路の整備、とくに西日本各地に交通の拠点的施設であるミヤケの設置と、それにともなう地域開発を試みたことで知られている。たとえば兵庫県内では、加古川水系上流部の播磨国託賀郡の那珂（なか）（現在の多可町中区）で、大規模なミヤケ開発策を推進したことが分かっている。ここでのミヤケの設置は、さらに北上して丹波から但馬を経て、最終的には、朝鮮半島に対峙する隠岐島に向かう交通路の開発策の一環をなすとみられる。志深ミヤケの制度的構築も、蘇我氏主導の対外政策と関わる可能性が高い。

◇有馬温泉（塩の湯）の開発

この点で注目できるのは、志深ミヤケの東側、現在の有馬温泉の発見をめぐる『摂津国風土記』逸文（いつぶん）の伝承である。それによるとここは「嶋（しま）の大臣（おおおみ）の時」に見いだされたと書かれている（『釈日本紀』巻一四）。嶋の大臣は蘇我馬子をさすが、その戦略的観点からみて、彼はこの時有馬温泉の湯治場の開発だけでなく、その西の延長線上にある、播磨国の志深ミヤケへの道を掌握するため、当地をその中継点として位置づけようとしていたのではないか。

◎蘇我系の舶載大刀の出土

また志深ミヤケの比定地近くの三木市志染町窟屋の「窟屋1号墳」（六世紀後半築造の円墳）において、金銅製の装飾付環頭大刀の柄頭が見つかった事実も留意される（カバー写真、二三一頁参照）。装飾付の環頭大刀は六世紀後葉〜七世紀初頭に盛行し、それは朝鮮半島の高句麗からの舶来品といわれる。それを管理していたのは蘇我氏であったと理解されている。もちろん窟屋1号墳の被葬者が、志深ミヤケに関わる一族だったことを示す直接の根拠はない。しかし場所的な問題からみて、その可能性は高いであろう。

つまり後世の湯山街道に相当するルートの掌握と、その拠点的な地域開発（有馬温泉と志深ミヤケ）にあたったのは蘇我一族であり、その時期は、六世紀末から七世紀初頭頃であったと推定できる。古代の六甲山系沿いの道というと、これまで南側の山陽道のみに眼を向けがちであるが、その北側を走る幹線道路、すなわち湯山街道の役割についても留意すべきであろう。

窟屋1号墳全景（兵庫県立考古博物館提供）

「舟引原」伝承と荒ぶる神

森内秀造

◇賀古郡鴨波里

賀古郡は現明石市二見町・加古郡稲美町・同播磨町・加古川市東部および高砂市荒井町・高砂町を含めた地域をおよその郡域とする。『播磨国風土記』には賀古郡内の望理・長田・駅家・鴨波の四つの里名が記され、それぞれの地名由来に関する説明がおこなわれている。このうちの鴨波里には次の記述があり、古代の交通路に関わる伝承記事として注目される。

「鴨波の里　昔、大部造等が始祖、古理売、此の野を耕して、多に粟を種きき。故、粟々の里という。此の里に舟引原あり。昔、神前の村に荒ぶる神ありて、毎に行く人の舟を半ば留めき。ここに、往来の舟、悉に印南の大津江に留まりて、川頭に上り、賀意理多の谷より引き出でて、赤石の郡の林の潮に通わし出だしき。故、舟引原という。事は上の解と同じ。」

平城宮および平城京跡から「幡磨国加古郡　禾々里／□戸首名俵」、「播磨国賀古郡淡葉郷須□〔保カ〕里曽祢部石村御調御贄「大鮹六斤太」」と記された二種の荷札木簡が出土している。禾々里は鴨波里の別表記、また、淡葉郷は里から郷への改称（七一五年）後の郷名表記である。

鴨波（淡葉）は後者の木簡に税物としての蛸（たこ）の名が見えることから海岸部を含む地域であったことが推測される。ただ、「鴨波里」の所在地については諸説あり、この問題については最後に考えることにしたい。

◇印南の大津江

加古川をはさんで、近年まで西側に印南郡、東側に賀古（加古）郡が置かれていた。この両郡の地形的特徴といえば、加古川の河口域に広がる広い平野がイメージされる。しかし、現在の平野部のほとんどが加古川の氾濫原（はんらんげん）にあたり、かつては無数の流路が網の目のように走っていた。このため、この河口には鹿児水門（かこのみなと）（『日本書紀』応神紀条）、水児船瀬（かこのふねせ）（『続日本紀』）と呼ばれる港湾施設が設けられていた。大津江も港を示す呼称であり、現在でもこの地域には中津（なかつ）・粟津（あわづ）・平津（ひらつ）といった津に関係する地名が残されている。

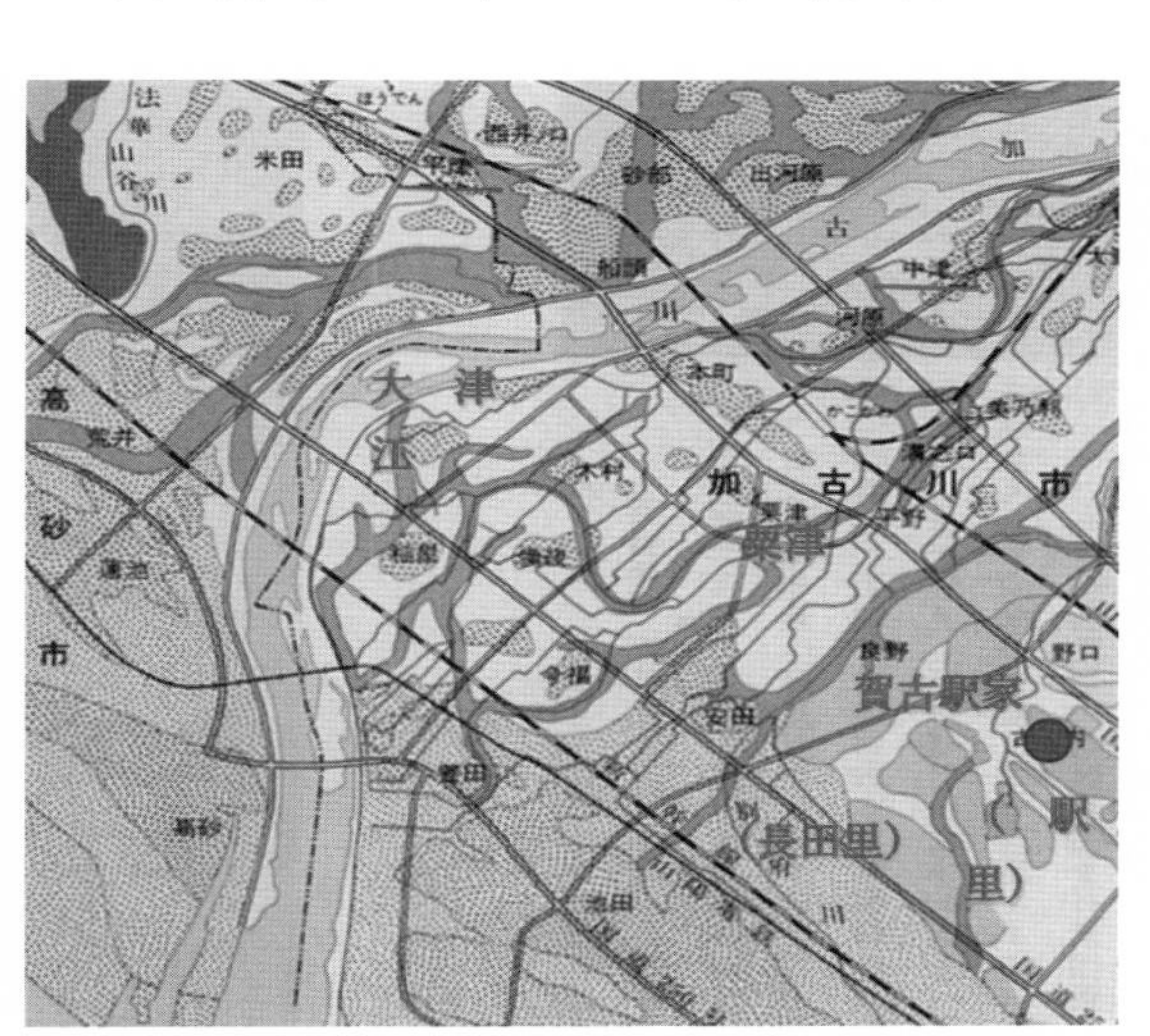

図1　加古川の旧流路と関連地名（『加古川市史』第1巻）

◇舟引原

これまでの研究では、舟引原の地名の由来は「舟を陸上に引き上げて曳き運ぶ」と解釈されてきた。しかし、舟引（船引・船曳）とは、岸から人力または馬力を用いて綱を引いて上流に上ることをいう。『加古川市史』によれば、加古川では近年まで実際に舟引が行われており、『播磨』では「大津江に留まりて川頭に上る」としか記述されていないが、モーターのない時代に舟引の助力なしで流れのある加古川を遡ることはまず不可能である。また、たとえ加古川本流のような速い流れではなくとも賀意理多の谷を上流に上るには舟引を必要とする。したがって舟引原の地名由来は、陸上で舟を曳いていくことではなく、文字通り舟を綱で引いて川をさかのぼらせる行為に基づくと考える。すなわち、『播磨』編纂時段階で、聴取した伝聞・伝承が舟引原の地名由来を取り違えていた可能性は十分あると考える。

◇賀意理多の谷と加古川明石迂回ルート

賀意理多の谷とは具体的にどこを指すか。この賀意理多の谷を巡っては曇川にあてる説と草谷川にあてる説の二つがある。曇川説は、天満大池の南の「船引」という字名が根拠の一つとなっている。しかし、曇川そのものは稲美町の萬流池を水源としており、現在のように一定の水量を保っているのは、淡河川・山田川疎水事業および東播用水事業を通しての水利ネットワーク化によるもので、古代において舟の通行が可能なほどの水量を有していたかどうかは疑わしい。また、何よりも、曇川は平坦な段丘面を流れており、視覚的には賀意理多の谷の呼称が示すような谷地形ではない。事実、草谷川流域には草谷・野谷・広谷といった谷のつく地名が見られるが、曇川流域には谷のつく地名はない。谷という地形的観点からみれば、草谷川説の方が理にかなっており、ここでは草谷川説を前提にして話を進める。

草谷川とは雌岡山の北側の谷に源を発する自然形成河川で、川をさかのぼると神戸市西区神出町に至る。「賀意理多の谷より引き出でて」とあるように、神出町で舟を引き上げ、現在の国道一七五号などが走る平坦な段丘面を利用すれば、同市平野町で明石川べりに到達し、そのまま川を下って、「林潮」（現在の林崎魚港）に着くことができる。

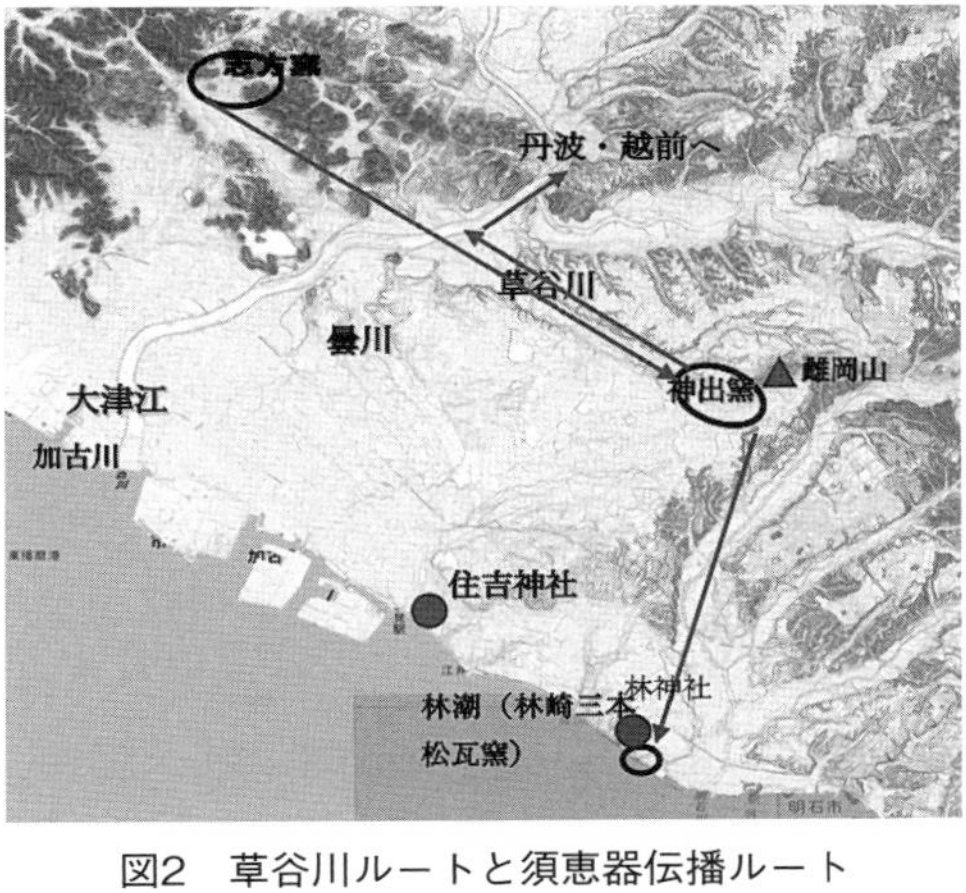

図2　草谷川ルートと須恵器伝播ルート

ところで、草谷川ルートは、古代の須恵器の技術伝播ルートでもある。すなわち、加古川市志方町で八世紀以来、盛んに行われた須恵器生産は一〇世紀前後に、草谷川を抜けて神戸市神出町に伝播し、製品は明石川河口の林崎付近で積み出しされる。そして、一二世紀前後には平安京での瓦需要の増加に対応して神出窯の工人が招集されて林崎で造瓦センター（林崎三本松瓦窯）が設けられる。また、後には、神出窯の技術は伝播とは逆のコースをとって草谷川から加古川に出て、丹波を経て越前・能登方面にも伝播する。こうした焼物の技術の伝播ルートは『播磨』草谷川ルートと重なり、同ルート存在の裏付けともなる。

◇神前の村の荒ぶる神と海上交通

神前の村の遺称地はないが、神前の名称から式内社林神社（明石市林崎）か海上交通の守護の住吉神社（明石市魚住町）の海岸部が該当しよう。「荒ぶる神」とは交通での障害を指すが、ここでは地元で恐れられている「林のイヤニチ」と推測する。「林のイヤニチ」とは林崎の沖合で起きる三角波の現象で、特に冬場に多く発生する。近年の鷲尾圭司氏の研究では上げ潮時に淡路島の北西に生じる半時計回りの大きな渦が引き潮時になってもまき続けたまま海峡部にはいってくるのが主因とされている。同氏作成の潮流図をみると、西の魚住・大久保方面から来る潮流は淡路島に引き寄せられて渦に巻き込まれる様子がわかり、三角波だけではなく、このような潮流の複雑な動きも「荒ぶる

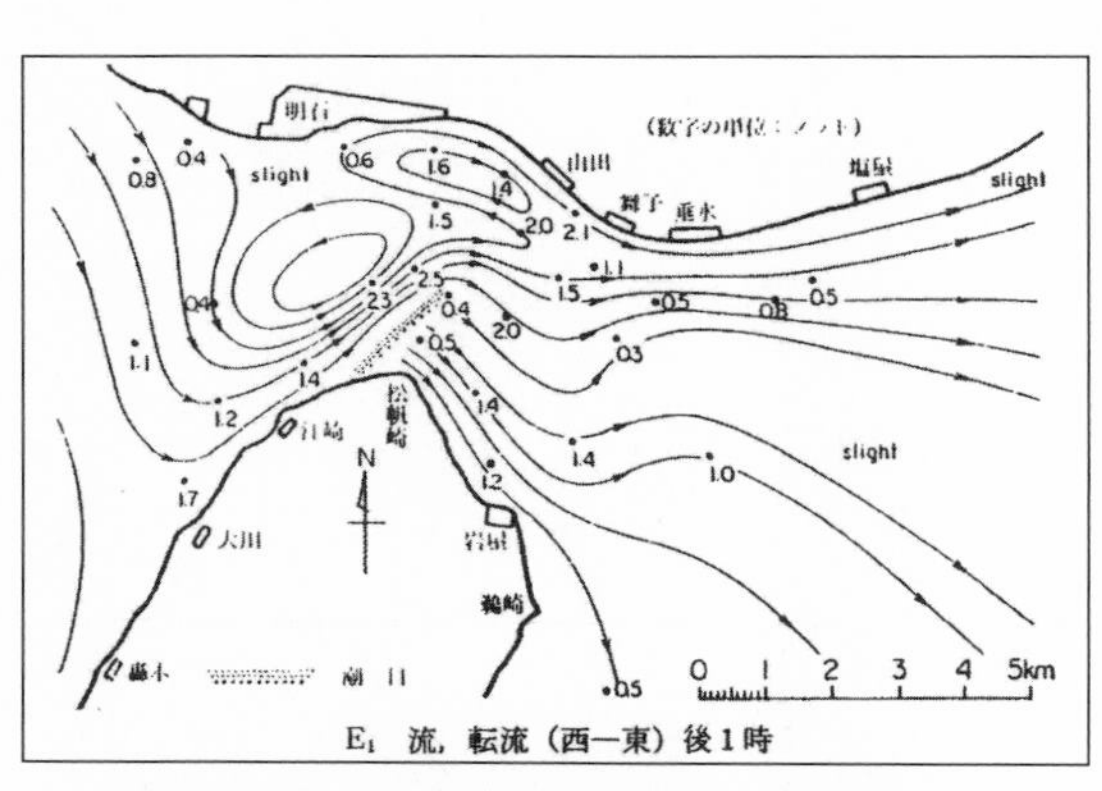

図3　西流から東流に転流するときの潮の動き
（鷲尾圭司1994年より）

神」として恐れられたと思われる。

◇舟引原と鴨波里の所在地

『播磨』に記された鴨波里の記事によって加古川から稲美町を経由して明石に至る古代の迂回ルートの存在が知られる。それでは、鴨波里の所在地はどこに求めたらいいのであろうか。賀古郡を構成する四つの里のうち鴨波を除く三つの里の里域はほぼ確定しているが、鴨波里の里域を巡っては、稲美町の内陸部から明石市魚住町の海岸までの地域にあてる説、加古川市加古川町の粟津にあてる説などがあり、確定していない。いずれにせよ、舟引原をどこに求めるかによって導き出される里域が異なることになる。

舟引の本来的な意味からすると舟引原の所在地は賀意理多の谷（ここでは草谷川とする）か、加古川本流沿いのどちらかとなる。舟引原に関する由来記述からは賀意理多の谷を舟引原の所在地と読み取るのが自然ではあるが、先に述べたように、『播磨』編纂時において、真偽の不確かな伝聞に基づいて舟引の本来の由来伝承を取り違えたとするならば、賀意理多の谷の地に必ずしもこだわる必要はなく、加古川本流沿いの地と考えることもできる。むしろ、税物の蛸を記した淡葉郷の木簡などから鴨波里が海岸部を含むと考えれば、舟引原を加古川本流沿いとした方が地理的な整合性が取れる。そうなれば、粟津の地名を遺称地と見なして鴨波里を加古川東岸の加古川町粟津付近から海岸部の高砂市高砂町を含めた地域に求めることも可能である。

東播と西摂

―播摂国境地帯の古代史―

高橋明裕

◇湯乃山街道とH型交通路

現存する『播磨国風土記』は明石郡条を欠いており、逸文を除いて播磨摂津国境地帯（以下、東播・西摂、あるいは播摂国境と表記する）の明石郡側からの記載を『播磨』に求めることはできない。大阪湾岸の海上交通については多く史料が存在し、播摂国境を越えるルートについては山陽道がまず思い浮かぶが、それ以外のルートも存在する。陸上交通を中心に播摂国境地帯の地域的特性、この地域をめぐる内陸部の交通路がもたらした歴史的特性について探ってみよう。

のちに重要な官道となる山陽道に対して、湯乃山街道（湯ノ山街道、湯山街道とも）に代表される六甲山地北麓を東西に通る内陸交通路も東播・西摂の歴史において注目される。摂津国の昆陽（こや）を発して生瀬（なまぜ）で武庫川を渡り、太多田川沿いに船坂（ふなさか）を通って有馬の湯まで上る。藤原定家もこのルートで有馬へ湯治に行っている（『明月記』）。有馬から西へは淡河ルートと山田ルートに分かれて播磨国美嚢（みなぎ）郡御坂（みさか）に至る。古代の志深（しじみ）ミヤケの所在地を通って加古川の国包（くにかね）に至るのが湯乃山街道である。

有馬の湯から有馬川を下り、山口に出るルートもある。南北朝時代の史料だが、京都祇園社の元執行・顕詮が有馬温泉から姫路の広峰社に向かったルートは山口、八多、道場、宅原、上津、吉川（「ヨコフ」）というルートで加古川を横切っていくものであった（『祇園社家記録』）。これは武庫川の支流である有馬川・有野川・長尾川沿いの行程である。長尾川南岸の宅原遺跡から「評」墨書土器が出土していることから、古代の有馬郡の中心地の一つが宅原であった。顕詮は播摂国境を赤松峠越えで移動していた。長尾川の源流部にある長尾神社は赤松峠に近く、一方、美嚢川は神戸市北区大沢を発している。長尾川－美嚢川沿いのルートは赤松峠から吉川に入ることにより武庫川水系と加古川水系を内陸部で結節している。

国包の渡し跡（加古川南岸から北岸を望む）

このように加古川水系と武庫川水系は丹波を発して南北に貫流しながら、播摂国境地域を流れるそれぞれの支流によって東西の内陸路を形成している。この東西の内陸路と南北の河川谷筋のルートが播摂国境地帯を結びつけており、またこの南北ルートを北上すれば丹波に抜けることができ、平安京にまで及ぶ。この地域の歴史を理解するうえで、この南北・東西のルートを中世史家の市沢哲氏は「H型交通路」と名づけ、源平合戦、南北朝内乱における平氏の福原京、山田荘の地勢学的位置について、印南野台地の重要性を踏まえて理解すべきことを説く。中央権力、中央政治史との関連で古代の播摂国境地帯の地域支配を分析する視点が有効であろう。

◎武庫川と猪名川の最上流域

中世史の史料から注目されるH型交通路は加古川水系と武庫川水系を内陸部で結節するルートであるが、武庫川水系と猪名川水系ももう一つのH型交通路として重要な内陸ルートを形成している。古代の様相を知る手がかりとして『延喜式』巻九・一〇の神名帳の社名を見てみると、摂津国有馬郡には湯泉(ゆ)神社、公智(くち)神社、有間(ありま)神社の三社が載る。これらは先に述べた有馬郡内の武庫川支流沿いに鎮座している神社であり、地域の交通を反映したものであろう。このルートに関連して『摂津』逸文には、孝徳天皇が「塩の湯」(有馬温泉)に行幸した際に、行宮(あんぐう)の材木を採取した山が「功ある山」として「功地山(久牟知(くむち)山)」と名付けられたという地名起源がある。久牟知山は有馬川沿いの西宮市山口町に所在したらしく、現在、下山口に公智神社が所在する。

播磨国美嚢郡の御坂神社は湯乃山街道の要衝に鎮座している。摂津国側の播摂国境地域の神社を内陸部に絞って挙げると、川辺郡が高売布神社、鴨神社、多太神社、小戸神社、売布神社、能勢郡には岐尼神社、久佐々神社、野間神社が載る。久佐佐の地は猪名川上流の大路次川（後述する「久佐佐川」）の流域にあり、『紀』雄略一七年条によれば「摂津国の来狭狭村」がみえ、山城の宇治・伏見、そして伊勢国、丹波、但馬、因幡と並んで諸国に存在した土師氏配下の部民が特に抽出されて、朝廷の膳に供する器を製造する贄土師部という生産者集団に設定されたという。各地に散在する葬送（「凶事」）に関わる土師部集団のうち、特定の集団が選定された理由として、山城の伏見・宇治と伊勢国とのつながりについては秦氏の族長が伏見と伊勢を往還していたという記事（欽明天皇即位前紀）が想起される。猪名川最上流域の久佐佐の地を介して丹波とつながり、但馬、因幡方面とも関わりを持っていた可能性が考えられないであろうか。

川辺郡の多太神社、小戸神社などは猪名川流域だが、高売布神社の比定地は武庫川支流羽束川流域であり、その源流は丹波の後川である。羽束川は摂津丹波国境を源流として歌枕「羽束山」とも呼ばれた香下山付近を流れ、同じく支流の波豆川、山田川流域を含めて武庫川支流は摂津国有馬郡と川辺郡の郡境域を南北に貫流しつつ東西を結ぶ交通路（現在の県道川西三田線）を形成しているのである。

猪名川流域に関わる濃厚な伝承を載せる史料にいわゆる『住吉大社神代記』（「住吉大社解」）がある。天平三年（七三一）に最初に書かれたとあるが平安前期の述作である可能性が指摘されている。しかし、記紀にはない独自の所伝が載る。そのなかに猪名川流域の地理的記述がなされており、猪名川・木津川上流の東は久佐佐川、西は美度奴川と呼ばれ、「宇禰野」（畝野）で合流して、豊嶋郡の「城辺山」（池田市木部か）の側を流れ、西岸の川辺郡の「為奈山（別名坂根山）」の北界は「羽束国」に接するという。「坂根山」はJR川西池田駅北方の丘陵に所在する栄根寺廃寺、大型掘立柱建物跡が出土した栄根遺跡が出土した地であろう。美度奴川は篠山街道沿いを流れる猪名川最上流部の六瀬川であり、久佐佐川（一庫大路次川）流域には先に述べた久佐々神社がある。このような記述から猪名川最上流部と有馬地方との連絡部である波豆川流域が「羽束国」とされる地理認識がうかがえる。武庫川水系と猪名川水系のH型交通路が貫通する地域にほかならない。

◎播磨・摂津・丹波の国境地帯

『住吉大社神代記』にはほかに播磨の賀茂郡椅鹿山に杣山を領していたと主張する船木連氏の祖先の記述（「船木等本記」）の所伝もあり、その船木氏たちの祖先は明石川の流域に居住し、住吉大社の封戸となったと伝える。『播磨』賀毛郡条に端鹿里が見え、同郡河内里条には住吉大神の巡行伝承が伝えられる。

猪名川流域と武庫川流域が上流域で東西に結ばれるとともに、先に挙げた贄土師部の分布の広がりをも考慮すれば、明石川流域・加古川流域にまで広がる摂津、播磨、丹波地域の国境をまたがる古代史の展開がうかがえるのである。

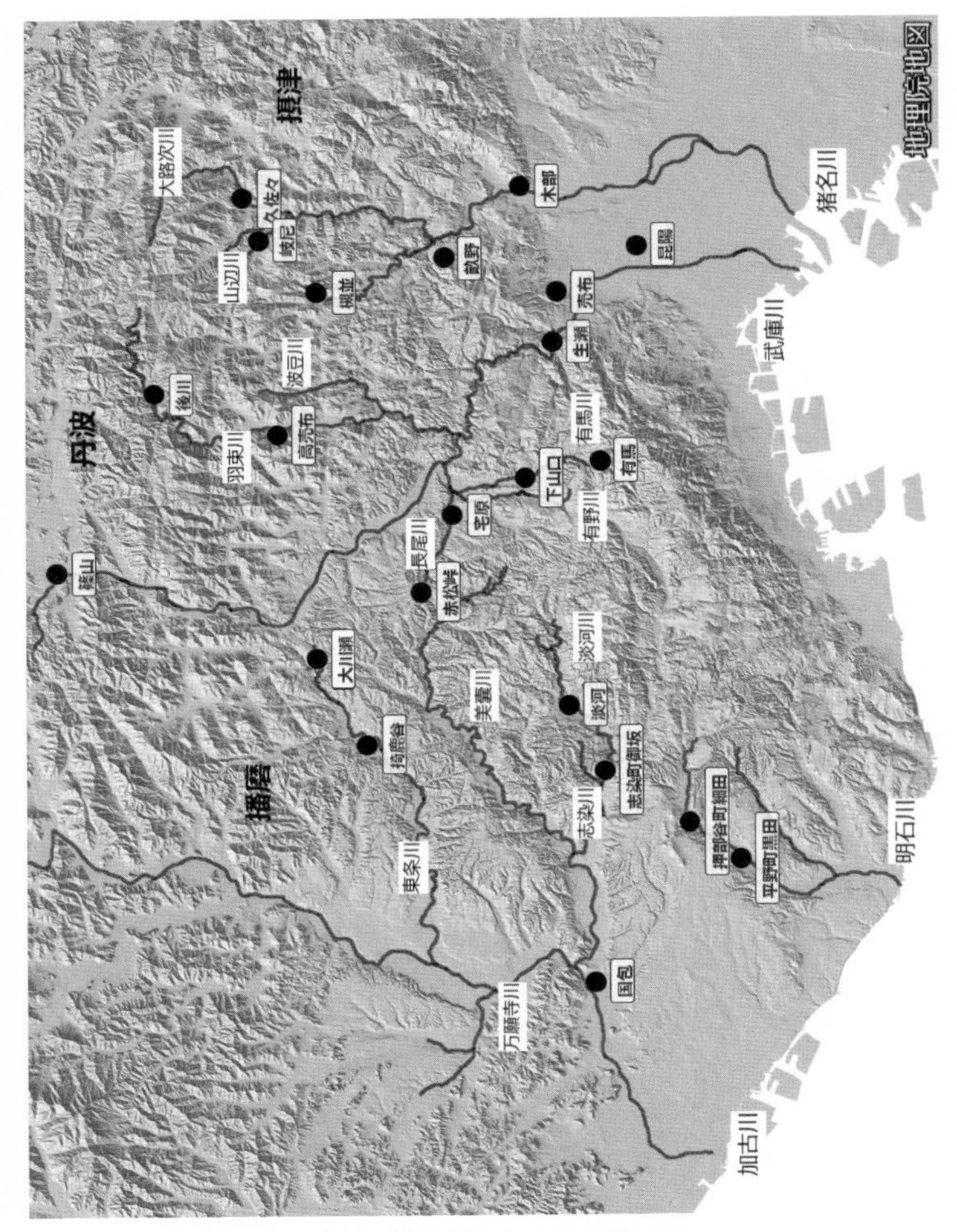

武庫川・猪名川と加古川の流域図

播磨の古代官道と駅家

山下史朗

◇播磨の古代官道

古代の兵庫県域には、主要官道の山陽道、山陰道、南海道と、美作道と呼ばれる支路が通っていた。これらは駅路と呼ばれ、なかでも七道唯一の大路である山陽道は、木下良、吉本昌弘、足利健亮ら歴史地理学者によりルートが推定され、このうち、須磨~明石間については、海岸ルート、多井畑厄神~塩屋ルート、白川~伊川谷ルートの三説があって定説がないが、明石川以西については、条里地割に道代と呼ばれる余剰帯があってルートが特定されている。中でも明石市和坂から段丘上に上ると、高砂市阿弥陀町魚橋まで約二二キロの間はほぼ直線に通され、山陽道の直線路としては最長となっているほか、明石市二見町福里遺跡や上郡町落地八反坪遺跡などで、幅一〇メートルを超える道路跡が見つかるなど、国家の威信をかけた道路痕跡が随所に認められる。また山陽道の成立が七世紀に遡り、条里地割も道路を基準にしたことも特筆できる。

一方、美作道は七一三年に美作国が設置されて以降本格整備されたと考えられており、おおむねルートは推定されているが、山陽道ほど明確な痕跡を残していない。本来山陰道に属する因幡、伯耆、出雲・石見諸国と都との往来にも、険しい山陰道を避けて美作道を使用することが多く、利用頻度は高かったようだ。

◇播磨の駅家

官道の往来には馬を利用した。外国使節や、駅鈴を支給された国司などの貴族や通信使節だけが利用できた。馬の乗り継ぎや休憩、宿泊施設として駅家が置かれた。『播磨国風土記』には公的施設に関する記述がほとんどないが、駅家に関しては賀古、邑智と、逸文に明石の三駅の名が見える。九二七年にまとめられた『延喜式』によると、播磨国内には明石、賀古、草上、邑智、布勢、高田、野磨、越部、中川の九駅が置かれていた。こ

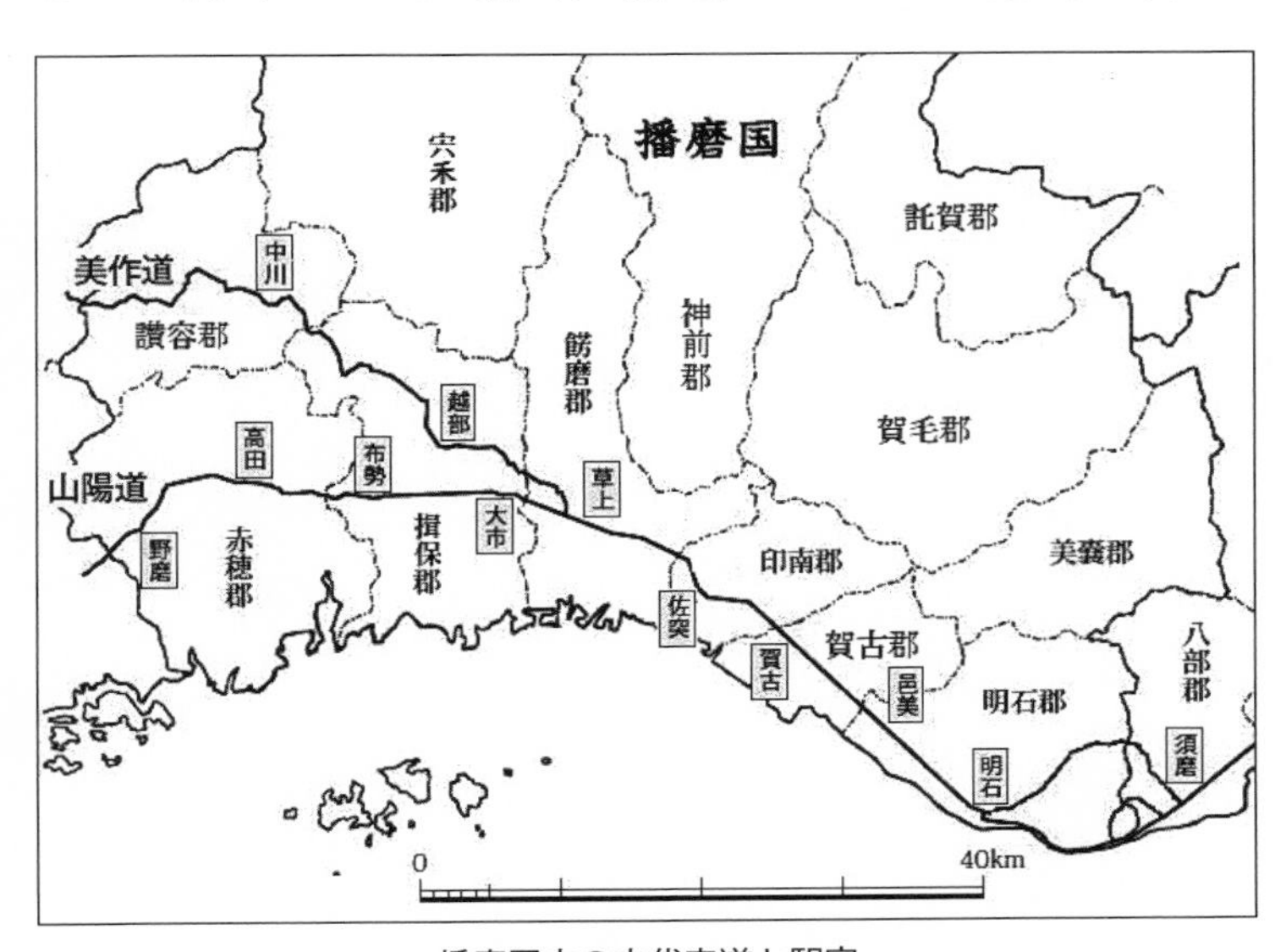

播磨国内の古代官道と駅家

のうち越部と中川は美作道の駅である。また、明石と賀古の間、賀古と草上の間にもかつて邑美、佐突の駅があったこともわかっており、これらは平安時代に廃止されたと考えられている。摂津国の駅家間の距離が令の規定どおり三〇里（約一六キロ）であるのに対し、播磨国では約八～一〇キロと半分になっていて、利用頻度が高かったため倍の数を整備したと考えられるが、逆に真っ先に廃止対象となったのだろう。ただし、廃止されたのは施設だけで、駅家に所属する馬とそれを支える駅戸・駅田は、両隣の駅に半分ずつ移管されたようで、馬の頭数は大路である山陽道の基準が二〇頭（当初は二五頭）のところ、明石駅、草上駅には三〇頭、賀古駅には四〇頭の馬が置かれていた。頭数だけでみると、賀古駅家は日本最大の駅家だったのである。

◇駅家の構造

播磨の駅家研究は、今里幾次と高橋美久二により精力的に取り組まれ、一九七〇年代には駅家遺跡の存在が浮かび上がっていた。八二年からの兵庫県教育委員会による発掘調査で、たつの市小犬丸遺跡が初めて駅家遺跡に特定でき、九〇年代には龍野市教育委員会（当時）により築地で囲まれた駅館院内部が発掘調査されるなど、駅家の構造にメスが入れられた。この結果、瓦葺築地塀で囲まれた約八〇メートル四方の区画内に、二間×五間程度の瓦葺礎石立建物七棟以上が配置され、大量の瓦に伴って白土や赤色塗料が付いた瓦などが出土している。中心建物は二間×七間の建物二棟を並べ大空間を作る双堂であったと推定されている。また一九九〇年に上郡町教育委員会が実施した落地八反坪遺跡の発掘調査では、古代山陽道跡と、道路に面して約三〇×二三メートルの柵で囲まれた内側に二間×四間の掘立柱建物三棟をコの字形に配置し、道路側に門を置いた七世紀代の遺構が見つかり、初期の駅家と推定されるに至った。

さらに二〇〇三年の飯坂遺跡の発掘調査では、駅館の中央に双堂と考えられる正殿など六棟の建物跡や、山陽道に面する西側では唐居敷（からいじき）と呼ばれる頑丈な石製基礎を持つ八脚門跡が見つかっている。また裏山斜面まで続く築地塀跡は南北九四メートル×東西六八メートルの長方形に巡らされ、正方形の小犬丸遺跡とは異なるが、面積は約六四〇〇平方メートルと共通しており、定められた基準があったようだ。『続日本紀』七二九年四月の条に「山陽道諸国の駅家を造るため駅起稲五万束をあてる」とあり、七四〇年頃に瓦葺き、赤塗り柱、白壁造の建物に大改造されたと考えられている。『日本後紀』八〇七年の条に「本備蕃客瓦葺粉壁」と記載があることから、唐・新羅の使節を迎えるために美しく整備したと推定されている。ただ、『播磨』編纂時には、瓦葺き以前の駅家だっただろう。

◇県立考古博物館による調査研究

二〇〇七年に開館した兵庫県立考古博物館では駅家の実態を明らかにするための調査研究を開始した。最初に着手したのは賀古駅家推定地の加古川市古大内（ふるおうち）遺跡だった。ここでは駅家の北東側を山陽道が通過し、駅館の東面に向けて道路が取りついていることが確認できた。また、推定地内にある神社の境内で落地遺跡と同じ形式の唐居敷二点を発見している。

次いで実施した邑美駅家推定地の明石市長坂寺(ちょうはんじ)遺跡の調査では、削平されてはいたものの南面には溝に挟まれた築地の痕跡が、西面には門があったと考えられる溝の切れ目がみつかり、約八〇メートル方形の駅館院が推定された。また、邑智駅家推定地の姫路市向山(むかいやま)遺跡では、礎石跡とともに、これまでの推定地とは異なる場所で道路遺構がみつかり、他の駅家と同様、道路とほぼ接することも確認された。高田駅家は長く上郡町神明寺(じみょうじ)遺跡に比定されていたが、当該地には塔心礎が残っており、寺院である可能性が高かった。東に一・二キロ離れた同町辻ヶ内遺跡で二〇二〇年に実施した調査で、瓦葺築地に囲まれた区画が確認され、こちらが高田駅家であることが明らかとなった。

◇駅家遺跡の立地

これらの調査で播磨国内の古代山陽道の駅家九箇所のうちの六箇所の所在場所が確定した。これらの立地を見ると、「邑美」と「賀古」は舌状に張出す台地先端部にあって、山陽道が斜面を登った脇にある。段丘が発達した東播磨ならではの立地といえるだろう。一方、西播磨でも「高田」が尾根から伸びた高台にあって東播磨の駅家と似た立地にあるが、「邑智」「布勢」「野磨」では、背後を山に囲まれた小高い扇状地上に立地する特徴がある。全体に共通するのは、山陽道にほぼ接すること、水が確保できること、周辺の谷間に馬の飼育に適した牧のような場所があることがあげられる。

◇判明していない駅家の場所はどこか

播磨国内の駅家で確定できないのは、山陽道の「明石」「佐土」「草上」の三駅と美作道の「越部」「中川」の二駅で、後者はおそらく瓦が使用されていないため場所を特定することが難しい。一方、山陽道の佐土駅は姫路市北宿(きたじゅく)遺跡が有力視されている。北宿遺跡は平野の真ん中にあって、一見、他の駅家と立地が異なるが、詳細に観察すると、南北を縄文時代に海だった低湿地に挟まれた微高地の先端部に立地しており、比高差は少ないものの「賀古」「邑美」と共通する立地条件にあって、山陽道の南側に接していたことがわかる。そうすると菅原道真が漢詩を詠んだ明石駅家の駅楼(えきろう)は現在の上の丸あたりの明石海峡を望む絶景の場所にあったと考えたい。

残る草上駅はどこにあったのだろうか。これまでに播磨国府推定地の本町遺跡説、辻井廃寺周辺説、今宿丁田(いまじゅくちょうだ)遺跡説などがあげられているが、辻井廃寺周辺と考えた場合は推定美作道には近いが、山陽道から大きく離れてしまう。また、今宿丁田遺跡は山陽道沿いにはあるが、西に寄りすぎており、推定美作道からも離れてしまうため不適当である。このように考えると、国府西側にあたる姫路城中曲輪南西部の船場川沿いあたりが最も相応しく、未発見の遺跡が埋もれているのではないだろうか。

第3章

大阪湾岸と淡路島の海人

淡路島の海人と鉄器生産

伊藤宏幸

◇『風土記』の中の鉄

古代の淡路島は、島全体が一つの国として治められていた。旧国毎に編纂されたであろう『風土記』は、淡路国でも作成されたと考えられる。残念ながら『淡路国風土記』は現存しておらず、文献から島の古代社会を知る手立ては、『古事記』や『日本書紀』に頼らざるを得ない。一方、海を隔てて隣接する播磨国では、写本として残された『播磨国風土記』が知られている。

その中には、鉄に関するいくつかの記述がみられる。讃容郡の条には、「鹿庭山（かにはやま）」周囲の十二の谷から鉄を産するとされるほか、宍禾郡の条においても柏野里の敷草村と御方里の金内川に鉄を産する記事がみられる。特に前者には、孝徳天皇の時代に発見者である別部犬（わけべのいぬ）の孫らによって鉄が貢進されはじめたとする具体的な記述がみえる。「鹿庭山」に比定される大撫山（おおなでやま）周辺に所在する金屋中土居遺跡や坂（さこ）遺跡、カジ屋遺跡、永谷B・C遺跡、西下野製鉄遺跡（佐用郡佐用町）などで実施された考古学的調査では、八世紀の製鉄に関わる遺構や遺物が確認されるなど、『播磨』に記された産鉄記事を裏付ける成果がみられている。

こうした製鉄がはじまる以前の日本列島では、列島外から手に入れた鉄素材を加工する技術が弥生時代に定着し、つづく古墳時代には『播磨』にも記録が残る渡来人がもたらした技術によって、その内容は大きな変化をとげる。古墳時代の播磨地域でも、鉄を加工する鍛冶作業に伴って産出される鉄滓（てっさい）や鞴（ふいご）の羽口（はぐち）とともに韓式（かんしき）系土器などの渡来系遺物が出土した上脇（かみわき）遺跡（神戸市西区）など、渡来人と鉄との関係が想定できる遺跡が発見されている。これらの遺跡と『播磨』に記された渡来人とを直接結びつけることは難しいが、今後、それを可能にする遺跡の発見に期待がかかるところである。

◎弥生時代の鍛冶のムラ　—五斗長垣内遺跡—

近年、淡路島において弥生時代に鉄器生産をおこなった遺跡の発見が相次いでいる。その内のひとつ、五斗長垣内（ごっさかいと）遺跡（淡路市）は、二〇〇七・八年の発掘調査で弥生時代後期の鍛冶工房建物一二棟が発見された。これは、二三棟発見された建物跡の半数以上を占める比率であり、「ムラの鍛冶屋」ならぬ「鍛冶屋のムラ」といっ

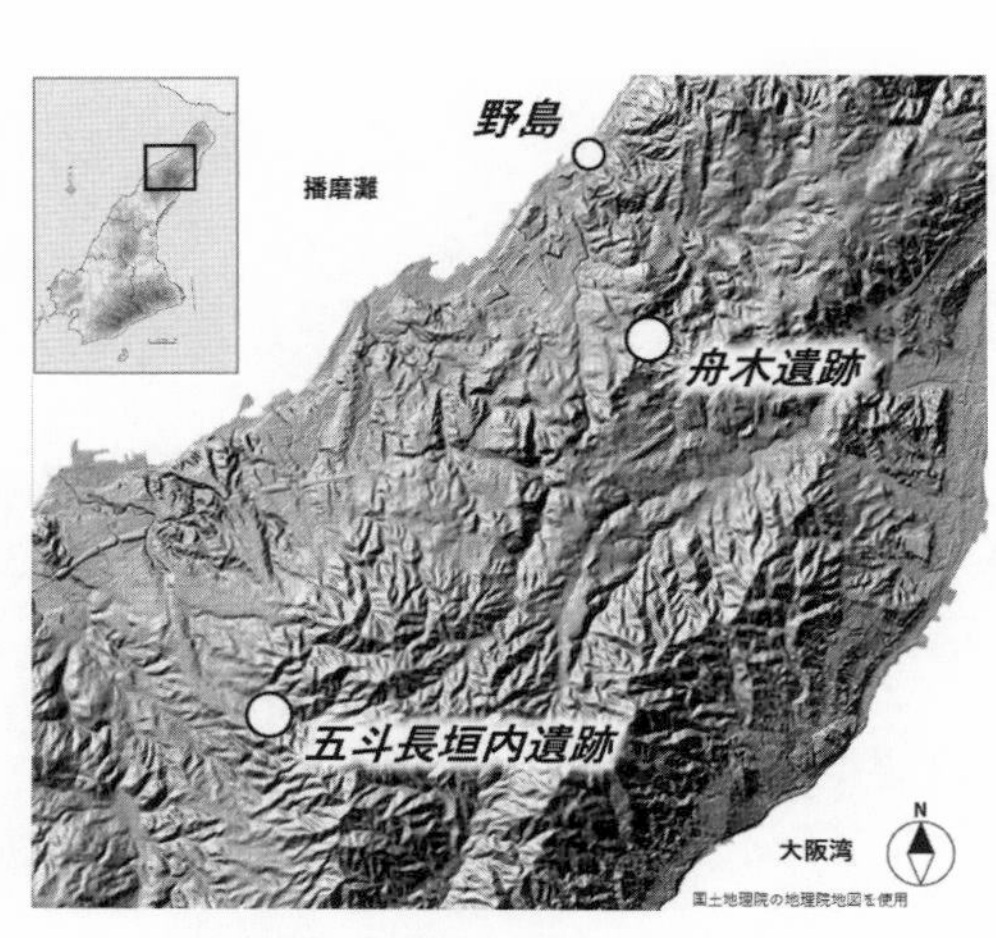

五斗長垣内遺跡と舟木遺跡の位置

た様相を呈している。鉄器生産を行った工房は、直径が一〇メートルにも及ぶ大型竪穴建物を中心に営まれている。鉄器生産のために建てられた巨大な建物からは、鉄器に対する並々ならぬ力の注ぎようがみて取れる。

そこで行われた鉄器生産は、建物の床面に燃料となる炭を盛った簡素な構造の炉や石製の工具を用い、炉で熱した板状や棒状の素材を切断し、折り曲げて形を整え、刃を研いで仕上げるという比較的単純な作業であったと考えられる。しかしながら、生産された鉄器は、それまで使用していた石の道具に比べ格段に威力を増したものであった。矢じりは貫通力が増し、強力な狩猟具や武器になった。また、鑿（のみ）や錐（きり）、鉇（やりがんな）などの木工具は、石の工具ではかなわなかった細かな細工を可能にし、地域の特産となる品物を生み出すことにもつながった。鳥取県の青谷上寺地（あおやかみじち）遺跡で発見されて

五斗長垣内遺跡の大型鍛冶工房建物跡

いる多様な鉄製木工具と、それを用いて生産された精巧な木製品はそれを物語っている。五斗長垣内遺跡で生産された数々の鉄器は、矢じりのほか小型の工具類が多数をしめる。その中に農具が一点もみられない鉄器組成は、生産された鉄器の主たる用途が農耕以外の生産活動に向けられていたことを示しているのではなかろうか。

このような鉄器生産技術は、朝鮮半島などの先進地域で行われていたものが伝わったと考えられている。鍛冶工房から発見された朝鮮半島製の板状鉄斧(いたじょうてっぷ)がそれを示している。本格的な製鉄技術の定着をみない日本列島においては、生産に用いる鉄素材も朝鮮半島など外の世界に頼らざるを得なかった。周囲を海に囲まれた淡路島の鉄器生産は、その海を介してもたらされたものと考えられる。

◎海のネットワークと鍛冶工房　―舟木遺跡―

五斗長垣内遺跡の北東約六キロメートルに位置する舟木(ふなき)遺跡も、五斗長垣内遺跡と同じように、標高一五〇～二〇〇メートルの山の上に位置する弥生時代後期にはじまる集落遺跡である。この遺跡は約四〇ヘクタールにもおよぶ広大な面積を有しているほか、終焉の時期が卑弥呼の時代とも称される弥生時代終末期（庄内式期(しょうないしきき)）まで継続し、周辺の遺跡が姿を消した後も存続する。また、中国の華南地域で製作された青銅鏡片などの希少な遺物も発見されるなど、周辺の遺跡にはみられない数々の特徴を有している。

ここでも鍛冶工房建物が発見されている。発掘調査で明らかになった鍛冶遺構や鍛冶工具のあり方、矢じりをはじめとする小型の鉄器が多い点は、五斗長垣内遺跡と同様の技術を用いた鉄器生産が行われていたことを示している。しかし、細い針状の鉄器が数多く含まれることは、五斗長垣内遺跡と異なる。これらが何に使用されたのか定かではないが、細かな細工を要する生産活動に用いる鉄器が生産されていたことは確かなようである。

また、鉄製のヤスや釣針といった漁具を含む点も大きな特徴である。これらに認められる製作技術には、製作地が限られる高度な技術が駆使されている。このほか、九州系の製作技法が認められる鉇なども出土しており、これらはともに他地域からもたらされた鉄器ではないかと考えられている。

なお、これら鉄製漁具に加えて、イイダコ壺や製塩土器なども多数出土している。これらの

舟木遺跡出土の鉄器

ことは、山の上に位置する集落ではありながらも海との深いつながりがあったことを示すものであり、鉄器生産技術や鉄素材入手の背景に海を介したネットワークを有する人々との深い関わりがあったものと考えられる。

◎古墳時代の鉄　―雨流遺跡と木戸原遺跡―

古墳時代の鉄器生産には、弥生時代には無かった高度な技術が導入されており、その成立には渡来人がもたらした知識や技術が不可欠であったと考えられる。五世紀の淡路島にもそういった技術がもたらされていた。

弥生時代の鍛冶工房ではみることができなかった雨流（うりゅう）遺跡（南あわじ市）で発見された大きな椀型鉄滓（わんがたてっさい）や鞴（ふいご）の羽口からは、高温に維持された鍛冶炉の中で、素材から不純物を取り除き、鉄の純度を高めるといった作業が行われていたことを知ることができる。この技術により、より多様な鉄器の生産が可能になったものと考えられる。また、木戸原（きどはら）遺跡（南あわじ市）では、鉄器生産の素材となる鉄鋌（てってい）や毛抜き型鉄製品など、希少な鉄器が出土している。鉄器生産に結びつく遺構は発見されていないが、滑石（かっせき）製品を伴う祭祀に使用された鉄として評価されている。

これらの遺跡には、いずれも韓式系土器などの遺物が伴っており、新たな鍛冶技術や希少な鉄器の伝来に渡来人の関与があったとみることもできる。さらに、製塩土器が伴うことも共通しており、海を生業の場とした人々との関係をみることができる遺跡でもある。

◇淡路島の海人と鉄器生産

古墳時代にもたらされた鉄器生産の背景には、新たな鍛冶技術を携えて渡来した人々の存在があった。雨流遺跡や木戸原遺跡で発見されている鍛冶遺構や鉄製品と渡来系遺物の存在は、淡路島にも新たな鉄器文化を伝えた渡来人がいたことを示している。『紀』には、その時代の淡路島に、「淡路」「御原(みはら)」「野島」など、今も島に残る地名を冠した海人(あま)の存在が記されている。これらの遺跡に共通する製塩土器は、渡来人と鉄器文化の伝来に海を生業の場とした人々の関与を想像させる遺物でもあり、そこには『紀』に記された海人の姿が重なってみえる。

それ以前、弥生時代にも鉄器生産は行われていた。五斗長垣内遺跡や舟木遺跡にみる鉄器生産は、先進地域で用いられている技術やそこで生産される素材を入手し、加工することで様々な利器を生産するものであった。海路が地域間を結ぶ主要な手段であった社会の中では、鉄器を生産する技術やその素材を入手する上で、海を介したネットワークを有する人々の力が重要となる。舟木遺跡で発見されている多様な漁具と鉄器の関係は、鉄器生産を維持する上で海を生業の場とする人々の存在が欠かせなかったことを物語るものであり、それは古墳時代の海人につながる人々であったのかもしれない。

いずれにしても、淡路島における鉄の歴史の理解には、海を生業の場とした人々との関係を知ることが重要である。歴史に大きな影響をもたらした鉄とそれに関与した可能性のある海人。『淡路国風土記』には、淡路島を舞台に活躍した海人の姿が描かれていたのかもしれない。

淤宇宿禰伝承と淡路の海人

池淵俊一

◇淤宇宿禰伝承に関する考古学的知見

『播磨国風土記』には、出雲に関する記述が多数登場する。たとえば出雲出身の野見宿禰はヤマトと出雲の往来の途中、揖保郡立野で亡くなり、そこに墓が作られたと記されている。また、同じく揖保郡枚方里の伝承では出雲の人々の往来を妨害する出雲の大神が登場する。このような説話は、播磨が出雲と大和を結ぶ交通路として重要な位置を占めていたことを物語る。

一方、『日本書紀』仁徳即位前紀には、出雲と倭王権との交通関係を窺う興味深い伝承が記されている。倭屯田・屯倉の所有を明らかにするため、大鷦鷯命（仁徳）の命を受けた出雲臣の祖である淤宇宿禰が、倭直の祖である吾子籠を召還するために淡路の海人を水手として韓国に渡ったとの伝承である。過去の研究では、この伝承を歴史的事実を反映するものとして肯定的に取り上げられることはあまりなかった。しかし近年の発掘調査から、少なくとも五世紀に淤宇宿禰のモデルとなる出雲東部の首長層が倭王権と深く関わり、朝鮮半島と交渉を行っていたことは歴史的事実であったことが明らかにされつつある。とくに出雲国府跡の発掘調査で見つかった五世紀代の首長居館と多数の韓半島系土器の存在は、朝鮮半島を往還した淤宇宿禰の姿を彷彿させる。

この伝承で重要な役回りを演じているのが、淤宇宿禰が韓国へ渡る際に水手として登場する淡路の海人と、倭屯田・屯倉の由来を知っていたとされる倭直吾子籠である。以下、この伝承の背景について幾つかの考古資料から探ってみたい。

◇考古学からみた淡路の海人集団の実像

『紀』に記された淡路の海人集団を考える上で重要な遺跡が木戸原(きどはら)遺跡と雨流(うりゅう)遺跡である。両遺跡の特徴として、まず第一に韓半島系土器の存在があげられる。これらの土器は煮炊具を含む点から、実際に渡来人がここに一時的に居住していたことを物語る。有名な天日槍(あめのひぼこ)伝承では、淡路の出浅邑(いでさのむら)が播磨国宍粟邑(しさはのむら)とともに天日槍の一時的な居住地として王権から指定されている。実際に木戸原遺跡では韓半島系土器を出土する大型竪穴建物が見つかっており、渡来人の一時的な逗留施設であった可能性も指摘さ

図1　淡路の海人関連地図

れている。こうした韓半島系土器の存在は、倭と韓半島との交通で重要な役割を担っていた淡路の海人の性格を端的に物語る。

また、韓半島系土器以外の土器も異彩を放っている。とくに両遺跡からは宇田型甕と呼ばれる東海地方の甕が出土している。五世紀の西日本では東海系土器の出土は稀であり、こうした海人集団と東海との強い結びつきは、仁徳紀の吾子籠が遠江で船を造った伝承を想起させ、興味深い。

さらに両遺跡からは、表面を黒色や赤色に仕上げ、須恵器の器形を模倣した土師器がまとまって出土している。こうした須恵器模倣土師器は畿内ではほとんど類例がなく、とくに表面を黒色に仕上げた土器は北部九州から集中して出土することから、そこからもたらされた可能性がある。いずれにせよ淡路の海人の広範な対外交渉を物語る資料と言える。

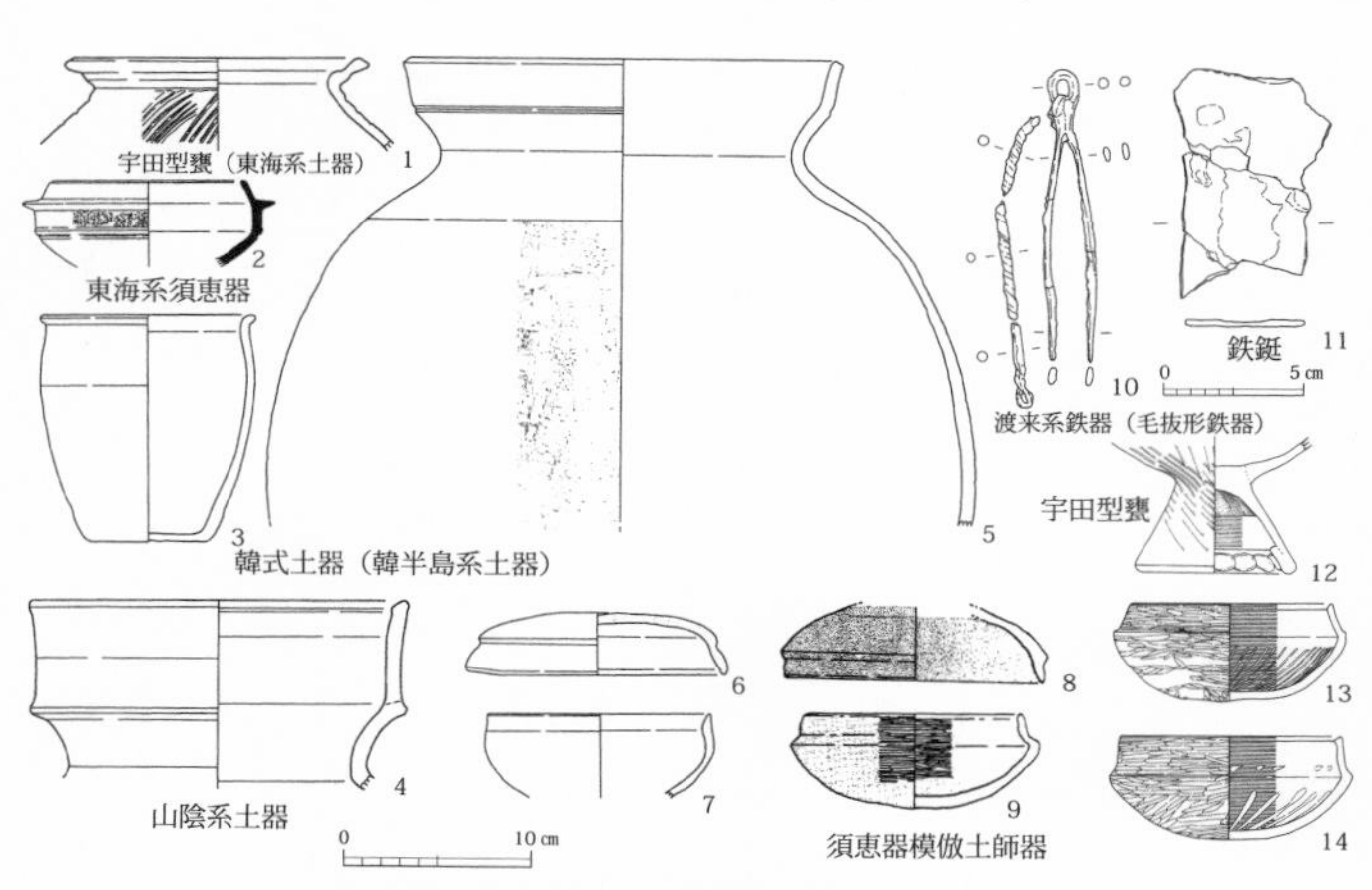

図2　木戸原・雨流遺跡の出土遺物と関連資料
（1～7、10・11木戸原遺跡、12～14雨流遺跡、8・9佐賀県浦田遺跡）

土器以外では、木戸原遺跡から出土した鉄素材である鉄鋌（てってい）が注目される。これらの鉄鋌が出土した遺構からは滑石製模造品などが出土し、火を焚いた痕跡もあることから、祭祀に使用されたものと考えられる。同様な祭祀遺構は愛媛県出作（しゅっさく）遺跡や京都府千歳下（ちとせしも）遺跡のように海浜部から多く見つかっており、海上交通に関する祭祀遺構と考えられている。このように、海人集団は当時の貴重な物資であった鉄の流通に深く関わっていたのであり、さらに雨流遺跡では鍛冶炉も多数検出されていることから、鍛冶技術の伝播にも何らかの役割をはたしていた可能性が高い。そのルーツは五斗長垣内（ごっさかいと）遺跡などの事例から弥生時代後期まで遡るのだろう。

このような多様な地域との広範な対外交渉を物語る考古資料は、『紀』に記された淡路の海人の活躍を雄弁に物語るものであり、特に韓式（かんしき）土器などの渡来系遺物の存在は、淤宇宿禰が淡路の海人を水手として韓国へ渡ったとの記述とも見事に符合しているのである。

◇考古資料からみた淡路と出雲

淤宇宿禰伝承にみられる、出雲と淡路との交流を示す資料として注目されるのが、両遺跡から出土した、玉作りの素材である松江市花仙山（かせんざん）産碧玉（へきぎょく）の存在である。木戸原遺跡では小量ながら住居内から花仙山産碧玉の剥片が出土している。これらはここで本格的な玉作りを行ったものではなく、祭祀に伴う儀礼的な玉作りが行われたものと考えられ、出雲との交流を示す資料として評価できる。さらに、雨流遺跡からは五世紀末に属する花仙山産碧玉の素材が出土している。当時の大和では曽我遺跡で王権が深く関与する大規模な玉生産が行われており、そこでは花仙山産碧玉が多量に用いられていた。雨流遺跡の花仙山産の碧玉は、出雲から大和へ花仙山産碧玉が供給される中継地点が淡路にあったことを示している。

また、出雲の玉作り工房では、五世紀から玉作り用の砥石として紅簾石片岩が多用されはじめる。この紅簾片岩の原産地は特定できていないが、紀ノ川流域の三波川変成帯からもたらされたものと考えられ、地理的条件からみて淡路海人がその流通に関与していた可能性は高い。このように、五世紀の淡路は出雲と大和を結ぶ海上交通上の拠点であったのである。

◎海人と王宮

倭直吾子籠は、仁徳即位前紀のほか、『紀』履中即位前紀の住吉仲王の反乱伝承にも登場する。吾子籠は住吉側に加担し、阿曇連に編成された淡路野島海人と深い関係が語られている点は、倭直と海人集団との深い関係を物語る。一方の履中は、難波から石上振神宮へ逃走し難を逃れる。履中が難を避けた石上振神宮比定地付近に所在する天理市布留遺跡では、祭祀や手工業生産に関する多種多様な遺物や、履中紀の石上溝に比定される五世紀代の大規模な灌漑用水路などが見つかっており、付近に王宮的な倭王権の政治拠点が実在していた可能性が高い。

注目されるのは、この布留遺跡から多くの海人に関する遺物が出土している点である。とくに製塩土器は、大和では突出した出土量を誇る。そのほか、多数の韓半島系土器や木戸原・雨流遺跡で多数出土した須恵器模倣土師器、東海系土器が出土している。こうした海人関係の遺物群は、五世紀の王宮膝下で大阪湾岸の海人集団が王権に直接仕奉していた様相を物語る。

さらに注目すべきは、布留遺跡からは花仙山産碧玉の玉作り遺物が出土している点である。これらは先の海人系遺物の存在からみて、大阪湾沿岸の海人集団によってこの地にもたらされたのではなかろうか。このように、五世紀の王権中枢と出雲との交通には、大阪湾沿岸の海人集団が重要な役割をはたしていたのである。

以上、淤宇宿禰・倭直吾子籠伝承の背景について考古学的資料から検討を加え、御原海人（みはらのあま）をはじめとする淡路の海人集団が王権の対外交渉に重要な役割をはたしていたこと、倭王権が淡路海人集団を通じて出雲の首長層との間に交通関係があったことを述べた。木戸原遺跡と雨流遺跡の遺構・遺物は、記紀に記された淡路の海人の実像とともに、出雲と淡路や倭王権との間にあった、知られざる交流の一端を我々に垣間見せてくれる。

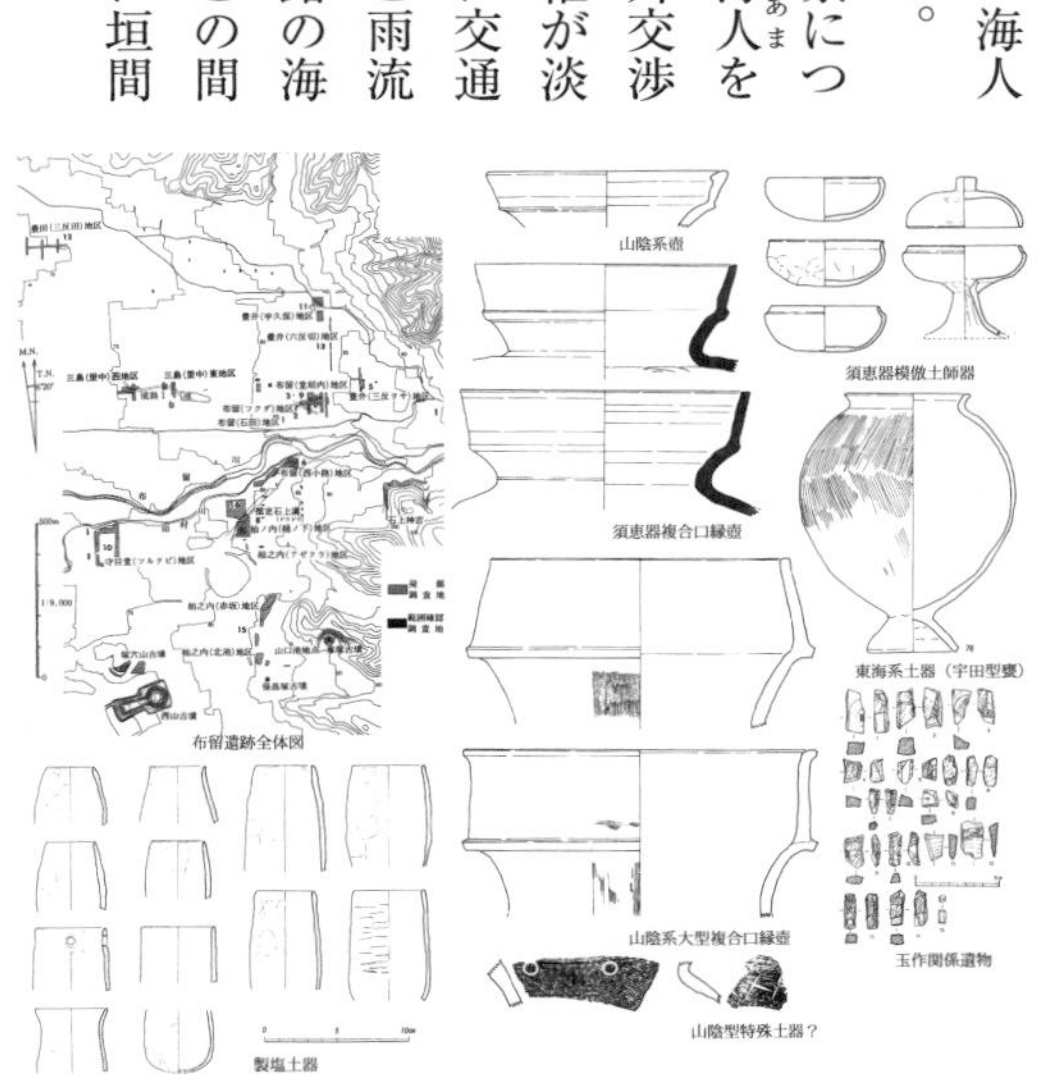

図３　奈良県布留遺跡出土の海人・出雲関連遺物

阿波のワナサとミマツヒコ
―広域移動する海人集団―

古市　晃

◇志深里のワナサのシジミ

播磨国美嚢(みなぎ)郡の志深(しじみ)里の由来について、『播磨国風土記』は、イザホワケ命がこの地に到来した際、食膳に上ってきたシジミ貝を見て、これはかつて阿波国のワナサ（和那散）でみずから食した貝であると述べ、それによってこの地をシジミと呼ぶようになった、という伝承を記す（美嚢郡志深里条）。イザホワケ命とは、履中天皇（大兄去来穂別命(おおえのいざほわけのみこと)）をさす。

履中天皇の志深巡行は『古事記』や『日本書紀』では確認できないし、山間の地である美嚢郡で阿波のシジミ貝の話が語られるのも唐突な印象を受ける。しかしこのような伝承が志深の地に残された背景として、五世紀にさかのぼる阿波と播磨、さらには日本海側の出雲と隠岐を結ぶ海人の人々の広域の移動を考えることができる。

◇ワナサの分布

阿波のワナサとは、阿波国那賀郡（平安末期以降は海部郡）和射(わなさ)郷であり、太平洋に面する現在の徳島県海陽町宍喰浦那佐に比定される（図1）。徳島県最南端に近いワナサの地名が志深の地で言及されるのはなぜであろうか。

そのことと深く関わるのが、ワナサにおける海人の存在である。「阿波国風土記」逸文は、ワナサの海人（海部）が波をナと呼ぶことを記す。那佐湾は太平洋に突き出した半島が外洋の荒波を遮る良港であり、海人の伝承が残るにふさわしい地勢である（写真）。

『紀』には、阿波国那賀邑（那賀郡）の海人、男狭磯（おさし）の伝承が記され

宍喰浦那佐

図1　ワナサの比定地

那佐湾（徳島県海陽町）の現状（西から東を臨む）

ている。允恭天皇の淡路遊猟の際、島の神の求めで赤石（明石）の海底の真珠を引き上げたもののの、無理な潜水がたたって息絶えた男狭磯を葬った墓が今も残る、とするのが伝承の要旨である（同一四年九月条）。

明石海峡を臨む淡路島北端の岩屋には、石の寝屋（いしのねや）古墳群があり、そのいずれかを男狭磯の墓とする言い伝えがある。古墳の造営年代は六世紀後半とされ、五世紀前半とされる允恭天皇の治世とは合わない。ただ少なくとも、この伝承は阿波の那賀郡の海人集団が淡路島に何らかの関係を持っていたことを前提として成り立つものであろう。

淡路島もまた海人が集住する地である。その一つ、倭直（やまとのあたい）氏は、奈良時代には大和国を拠点とするが、記紀にその祖が大阪湾岸を舞台に活躍する伝承が複数伝えられるように、本来は大阪湾岸を拠点とする海人集団であった。倭直氏は淡路島だけでなく、明石郡にも存在し、海人集団と明石の関係は密接であった。

こうした関係をふまえるならば、阿波のワナサの伝承が明石海峡を越えて播磨に到達することにも、一定の合理性がある。さらに、ワナサの海人の移動が志深にとどまるものではなかった可能性がある。ワナサの名は、出雲国にも伝わっているからである。『出雲国風土記』は、大原郡海潮（うしお）郷の船岡山について、阿波枳閇委奈佐比古（あわきへわなさひこ）命が引いてきた舟がこの山になり、別には和名佐山という山があったことも記す（意宇郡来待川）。アハキへとは、阿波から到来したことを示す。海潮郷には、阿波のワナサから到来した神が伝えられていることになる。ワナサの海人集団は、播磨の志深を経て、遠く出雲にまでその足跡を残していたのである。

ワナサの名は、このほかに丹後国にも伝えられる「丹後国風土記」逸文は、丹後の丹波郡の比治山で天女の衣装を得た老夫婦を、和名佐の老父・老婦と記す。丹後は播磨と関係が深く、父の市辺押磐王を殺害されたオケ・ヲケの二王子（顕宗天皇・仁賢天皇）を志深に逃れさせた日下部連使主は、当初丹後（元の史料には丹波国と表記）余社郡に逃げ、次いで播磨へ逃れたことが記される。余社郡の水江の浦嶼子の伝承では、嶼子を日下部首の先祖と記す。ワナサの海人もまた、志深と丹後の間を往来した可能性が高い。

◎ミマツヒコ伝承の広がり

阿波の海人集団が播磨を経由して出雲や丹後など遠方に移動するという見通しは、一見、荒唐無稽に思われる。しかし阿波の海人集団の広域の移動を示す事例は、和名佐にとどまらない。『播磨』は、餝磨郡の由来として、大三間津日子命が屋形を作ってこの地に住んだ際、大シカが鳴いたことでシカマと名づけたという起源譚を記す。餝磨にミマの地名はみえず、大三間津日子命は外来の神格と考えざるを得ない。ミマツヒコの伝承は餝磨のほか、讃容郡にも一例存在するが、讃容にもまたミマの地名は見出せない。

ミマツヒコの名については、第五代孝昭天皇の名（観松彦香殖稲）でもあるが実在せず、むしろ、阿波にミマツヒコに関する史料が残されていることが注意を引く。名方郡には式内御間津比古神社がある。那賀郡を拠点とする長国造があり、観松彦色止命の九世の孫、韓背足尼を国造と定めたとされる(「国造本紀」)。イロドは同母兄弟を指す語で、観松彦色止とはミマツヒコの同母の弟をさす。那賀郡が海人の拠点であることは先にみたが、名方郡にも海直氏、阿曇部氏などの海人集団、また海神を祭る式内天石門豊玉比売神社、同和多都美豊玉比売神社が存在するなど、海人集団の分布を確認できる。

このようにしてみると、餝磨・讃容のミマツヒコ伝承は、阿波の海人集団がその地に到来したことにより残されたといえる。ミマツヒコの名はもう一例、隠岐国にみえる。隠岐の国造、意岐国造の祖として、観松彦色呂止命の五世の孫、十挨彦命の名が記されたものである(「国造本紀」)。隠岐には海部郡があり、平城宮・京出土の隠岐国関係の木簡には阿曇氏や阿曇部など、海人集団の氏姓が多くみえる。さらに『出雲国風土記』に隠岐への渡航拠点と記される千酌駅家は、都久豆美命の生地とされるが、その親神とされるのがイザナキ神である。イザナキ神は本来、淡路の海人集団によって信仰された神格であり、ミマツヒコの伝承が隠岐へ到達する経路は合理的に理解できる。

ワナサとミマツヒコの伝承はいずれも阿波の海人集団の勢力を反映し、彼らが播磨を経由して出雲や隠岐、丹後など日本海側へ進出したことを物語る(図2)。こうした広域の移動がなぜ必要とされたのであろうか。これは海人集団の性格と深くかかわる問題であろう。古代の海人集団の活動で、何よりも重視されたのは朝鮮半島に渡航するための外洋航海であった。地域の開発に不可欠な鉄資源や高度な技術は、海人集団なしに入手することはできない。『紀』には、淡路の海人が朝鮮半島に渡る伝承がみえるが、海人の外洋航海能力は淡路に限定されるものではない。阿波の海人もまた、外洋航海を担う存在であった。彼らの日本海側への移動は、倭王を中心とする中央の政治権力によって、日本海側の諸地域を軍事的に動員できる体制を整備する一環であった可能性が高い。これまでの海人集団の研究では、吉備や紀伊など、地域の大きな勢力が海人集団を従える動きが指摘されてきたが、このように中央と直接結びつく事例もあることが確認できる。播磨や丹後など、海人の拠点に巨大前方後円墳が相次いで造営されるのが四世紀中頃のこととする考古学の研究成果にしたがうならば、阿波の海人集団の日本海側への移動もまた、この頃から五世紀にかけてのことであった可能性が高いだろう。

図２　ミマツヒコとワナサ（ヒコ）の分布

国生みの神話と島造りの神話
―海水攪拌の神事―

坂江　渉

◇異なる二つのタイプの神話

『古事記』『日本書紀』神代巻の冒頭には、淡路島ゆかりのイザナギとイザナミの神による国生み神話がみえる。これまでの研究成果によると、この話は大きく二つに分かれ、後半は国生みの神話だが、前半はいわば島造りの神話だとみるのが有力である。この見方にしたがい、ここでは両者を区別し、とくに島造りの神話のなかに反映される海の祭りのあり方を考えたい。

まず国生みの神話の本質をいえば、「大八島国（おおやしまぐに）」など、男女二神の性的和合（わごう）による大王の支配領域の誕生説話として理解できる。ここには大王の国土支配を呪術的、血縁系譜的に正統化しようとする政治的意図をうかがえる。またこの神話は難波（なにわ）の浜辺の大王就任儀礼、八十島祭（やそしまさい）の縁起譚でもあったといわれる。いずれにせよ国生み神話は天皇制神話的な側面が強い。

これに対して島造りの神話は、淡路島の海人（あま）たちの民間伝承的な要素が残存している。とくに天の浮橋（うきはし）に立ったイザナギとイザナミの神が、「天の沼矛（あめのぬほこ）」を下方に降ろして海水を掻（か）き混ぜると、「塩こをろこをろに画（か）き鳴して、引き上げる時、その矛の末（さき）より垂れ落ちる塩、累（かさ）なり積りて島」（『記』国生みの段）に成り、それがオノコロ島であるという箇所が注目される。

この叙述は男女二神の生理的な婚姻、出産をモチーフとする国生みの神話とは明らかに異なる。国引き・国作り・梯立など、各国『風土記』にみえる地元神による土地創造神話の一つといえる。一方は「生む」もの、他方は「成る」ものである。とすれば「成る」タイプの神話の背景には、淡路島の海人たちのどんな信仰や祭祀儀礼があったのか。

◇製塩作業の反映説

これについて従来、淡路島の海人の「塩焼き」作業が発想源であるとされてきた。オノコロ島神話の原形は、海人がおこなう製塩過程が伝承化され、それがイザナギ・イザナミ信仰に結びついたという。たとえば製塩土器のなかで海水が沸騰する泡立ちは、海人たちが活躍する鳴門海峡の渦潮であり、沸騰を静める石の棒は、「塩こをろこをろに画き鳴した」沼矛であり、土器のなかで凝固していく結晶塩はオノコロ島をさすなどと説かれる。塩作り作業の反映説は、今も多くの考古学者の支持を得ているようである。

しかし神話では、塩の滴りが固まって出来たのは、あくまで「島」（州）とされている。釜（土器）のなかのような、小さな世界の話ではない。もっと広い空間、すなわち海上での何らかの祭祀儀礼が、神話の原形をなすのではないか。その中心をなす神事は、イザナギとイザナミの神が最初におこなったという、矛による海水の攪拌であろう。

◇『播磨国風土記』の天日槍命伝承

この点で想起されるのは、『播磨』の揖保郡粒丘条の天日槍命（以下、アメノヒボコと表記する）の伝承である。アメノヒボコは一般に但馬の出石に根拠地をおく、渡来人系集団が奉斎する神だと考えられている。しかし横田健一氏は、この神をめぐる記紀の神宝献上譚、神統譜、移住説話、さらには『播磨』の地元神との国占め争い伝承などを総合的に分析した。その結果、ヒボコを奉ずる但馬の一族は、海洋系の氏族だったといい、彼らは日本海側の但馬から西播磨、さらに淡路にかけて南北方向に盤踞したと推測している。興味深い指摘である。

『播磨』の粒丘条の説話にも、このアメノヒボコと地元の葦原志挙乎命との間の、国占め争いの話がみえる。そこには、「天日槍、乞ひて曰く、汝は国主たり。吾が宿る所を得むと欲すと。志挙、すなわち海中を許す。その時、客の神、剣を以て海水を攪きて宿る。主の神、客の神の盛りなる行を畏れ、先に国を占めむと欲して、巡り上りて粒丘に到りて湌す。ここに口より粒落ちる。故に粒丘と号く」とある。

これによるとアメノヒボコは、地元の国主であるに葦原志挙乎命に向かい、宿る所を欲しいと願い出た。葦原志挙乎命は「海中」での宿りを許した。するとアメノヒボコは、剣で海水を攪拌して宿る所を得た。それをみた葦原志挙乎命はその神威と霊力の強さに畏れをなし、相手より先に国占めをするため、粒丘で「飯」を食したが、それが口から落ちたと伝えられている。

剣と矛の違いはあるが、ここでも海上で武具を掻き混ぜる行為が話の中心をなしている。オノコロ島の形成説話とほぼ同じモチーフの神話断片である。ヒボコを奉ずる海洋系氏族は、本来淡路島の海人との結びつきが強く、それが宗教面にあらわれた可能性が高い。彼らは剣や矛などの武具を霊力のある祭具として重んじ、またそれで海水を掻き混ぜると、「宿る」ことも可能な、何らかのモノの形成を促すと信じる海洋祭祀があったことをうかがわす。

とすれば、アメノヒボコが剣の霊力で得たという「宿る」ところは何をさすか。『播磨』には、「志挙、すなわち海中を許す」と書かれるので、それは海の中や海底と捉えられてきた。しかし各国『風土記』では、「海中」が必ずしも海の中ではなく、海上、海面をさす用例がみられる。たとえば『播磨』の印南(いなみ)郡条には、「郡の南の海中に小嶋あり。名を南毗都麻(なびつま)と曰ふ」とあり、『肥前』の松浦(まつら)郡値嘉(ちか)郷条では、景行(けいこう)天皇が巡幸して行宮(あんぐう)で西の海を見た時、「海中に嶋あり。烟気多(けぶりさわ)に覆ふ」とみえる。

◇武具による海水の攪拌と砂州の出現

これにもとづくとアマノヒボコが、剣による海水攪拌の霊力で宿った所は、海底ではなく、海上、海面に現れるもの、すなわち「島」が想定されているとみるべきである。しかしそれは島嶼(とうしょ)や岩礁(がんしょう)のようなものではない。今まで無かったものが、剣の攪拌の霊力で出現したという神話内容からみて、それは沿岸部の干潟やラグーンで、潮の満ち干(みひ)に応じて見え隠れする砂州状の島ではなかったか。というのも播磨灘(はりまなだ)の沿岸部は、現在も潮干狩りの名所があるように、干潟や砂州群が多いところだからである（次頁の写真参照）。

もちろん砂州や砂嘴など浜辺の砂の造形物は、剣による海水の攪拌、さらには潮水の凝固によって出来るものではない。河川からの流砂（土砂の排出）と沿岸部の特異な潮の流れ、および潮の干満などの自然現象によって形成されるものである。しかし古代びとは、一日ごとに姿を変え、浮き沈みを繰り返す砂州状の島々を、神や精霊が「宿る」神秘的な場所とみたらしい。

『延喜式』巻九の神名帳には、安房国安房郡の「后神天比理乃咩命神社」（大社）の元の名として「洲神」と書かれている。当時、「海の砂州に宿る神」の考えがあったことを示す神名である。古代における砂州は多くの場合、生命力に満ち溢れるものとして崇敬されていた。

◎矛による海水攪拌の神事

これを踏まえて淡路島の島造りの神話に戻ると、矛による海水攪拌で成ったというオノコロ島は、島内の干潟などで見え隠れする、砂嘴や砂州状の島をさすと考えられる。現在の地形からみて、かつての干潟の祭場の候補地として、由良の成ヶ島や慶野松原などを挙げられる。

つまり淡路島の海人、さらに西播磨へ進出していたアメノヒボコを奉ずる海洋系氏族らにとって、矛や剣などの武具は、海水をそれで攪拌させることにより、一定の霊力を発揮する祭具であった。それを満潮の時、海水に入れて掻き混ぜる行為は、多くの砂州状の島々の形成を促し、それが徐々に陸地化し、やがては自分たちの故郷の土地（島）の創造につながると信じる考えがあったのではないか。またそれにもとづく祭儀も存在した。

おそらく淡路島の海人たちは、大潮の日の満潮時、小舟などで干潟に繰り出した。まずは船上から武具を海水に入れて、それを攪拌する所作の神事をおこなう。その後、干潮時の砂州の出現を待ったのであろう。そして出現した砂州上に柱や棹(さお)などを立て、男女間の神遊び（歌垣）もおこなわれたのではないか。『記』にみえる島造りの神話は、これら神事の存在を踏まえており、もともとはその縁起を明かすため、海人たちによって語られていたであろう。

大潮の日の新舞子浜の砂州（たつの市御津町）

洲本市由良の成ヶ島の砂嘴（左は紀淡海峡）

明石海峡付近の海人の生業と習俗

―槁根津日子伝承―

坂江　渉

◇『古事記』の槁根津日子伝承

　古代の大阪湾岸、なかでも現在の神戸・阪神間～明石海峡～播磨灘の沿岸部には、海人（海部）と呼ばれる海の民が点在していた。またその対岸の淡路島にも海人がいたことが知られる。ここでは『古事記』の中巻にみえる倭直の祖、槁根津日子の伝承、および『播磨国風土記』明石郡条の逸文を用いて、明石海峡付近の海人の生業・習俗の特質について考える。

◇古代の海人

「あま」というと、ＮＨＫドラマ「あまちゃん」にでてきた海に潜って貝類を採る「海女」の姿を思い浮かべる。しかし古代の史料には、むしろ男性のあま（＝海士）がたくさん登場する。彼らは大王（天皇）に近侍したり、王宮へ新鮮な飲み水や魚介類を調達・貢納したり、さらに王権の船の大陸との行き来など、外交や対外戦争をささえる任務につく場合があった。

　このうち現在の明石川の河口部に拠点をおく海人の集団は、とくに優れた舟運力と軍事力をもっていたらしい。当時この付近には、何本かの砂州や砂嘴が東西方向に伸びる、汽水域の干潟が広がっていた。たくさんの木造の舟が舫いしたり、停泊したりするのに好都合の場所であった。『万葉集』の歌で明石浦や明石潟などと呼ばれるのが当地である。この地域との関連で注目されるのが、先に述べた椙根津日子の伝承である。

◇速吸門の水先案内

椙根津日子の話は、『記』の中巻のカムヤマトイハレビコ（後の神武天皇。以下イハレビコと略す）の、いわゆる東征説話のなかに登場する。それによると日向の高千穂宮で「東征」を決意したイハレビコと兄の五瀬命は、豊前・筑紫・安芸・吉備などを経て、舟で速吸門を通過しようとした。その時、ウミガメの背中に乗って釣りをしつつ、「打ち羽」を挙って近づく人に遭遇した。それが倭国造らの祖、

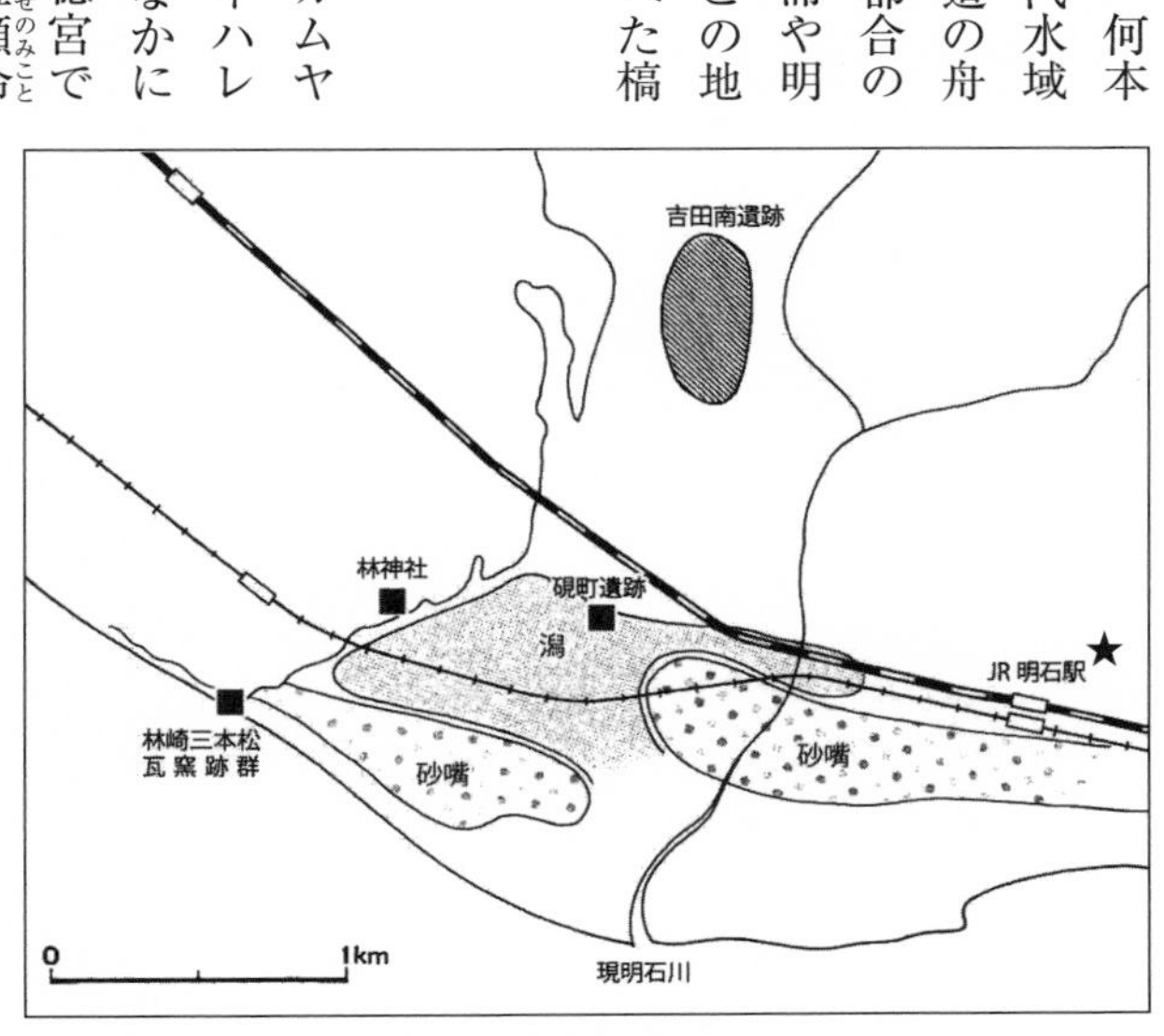

明石潟の復元図
（★は明石駅家の比定地の一つ。『明石の港津』2020年による）

すなわち倭直の祖の槁根津日子であったという。
彼は国つ神（くにつかみ）を名乗り、速吸門の水先案内に仕えることを誓う。渡された「槁機（さお）」で一行の舟に引き入れられ、その功により槁根津日子という名を賜ったとみえる。速吸門を現在の明石海峡とみるのが有力であるが、説話の前後の地名配置からみて、筆者もそれを支持したい。

◎海人系有力氏族としての倭直

イハレビコの東征説話は、天皇による国土支配の起源を示そうとする話である。したがって槁根津日子は実在の人物ではない。また水先案内の功により、この時初めて名を賜ったというのも虚構であろう。しかし話の内容のすべてが、『記』の編者による作り話ではない。そのなかには、槁根津日子を始祖にいだく倭直の生業・習俗のあり方や、彼らの口頭伝承の一部が、部分的に取り込まれていたとみられる。

近年の研究にもとづくと、倭直の前身をなす集団は五世紀頃から、海上交通ネットワークを通じて、大阪湾岸や淡路・阿波の海部らと結びつき、彼らを軍事的に統率していたといわれる。よってイハレビコの舟への奉仕譚は史実ではないが、倭直の前身集団は、王権の船が危険な明石海峡の海域を通る際、その水先案内人をつとめる機会があったと想定される。その前提には、有力な海人系集団としての彼らが、明石海峡を含む瀬戸内海各地の潮流・水路・地形・風向きのあり方など、海の難所をめぐる諸情報に通じていた実態があった。このような事実が、『記』

の槁根津日子の伝承のなかに反映されたとみられる。

◎海人にとっての「棹」

この伝承のなかでとくに注目されるのは、槁根津日子という名である。「日子」は男子の美称の「彦」であり、「津」は「の」をあらわす格助詞である。また「根」は根元に由来し、親愛をあらわす接尾語だといわれる。そうすると槁根津日子とは「サオの男子」「サオもつ立派な男性」という意味になる。つまり「棹（さお）」によって象徴されるのがこの名である。

古代の棹は、海人の労働・生業と切り離せない道具であった。『万葉集』には海人や操船者が、海の浅瀬や河瀬などで、棹を船上から刺して舟を前進・停留させたり、あるいは砂州などに突き立て、方向転換をはかる情景がしばしば詠まれている。また干潟状のミナトで舟と舟とを綱で繋ぎ留めるための支柱（舫杭（もやいぐい））として用いられた。さらに魚介類を捕獲する時、網漁具の一部として使用されることもあった。

つまり棹は海人や漁民たちの生業・生活にとってかなり重要なものであった。『記』の伝承では槁根津日子の名は、水先案内の恩賞として、イハレビコから賜ったように記されていた。しかしこれは後付けの話であり、この名称は本来倭直の側で作られ、その後、代々語り継がれてきたものであった。彼らにとってこの名前には、舟の動きを操り、また漁のあり方を巧みにさばく男という、海の生活者のリーダーにふさわしい意味が込められているのであろう。

◇「打ち羽挙り来る」

伝承においてつぎに注意したいのは、「打ち羽挙り来る」という槁根津日子の出現した時の所作についてである。本居宣長の『古事記伝』（一七九八年完成）の注釈以来、これは鳥の羽を振るように、左右の袖を振り挙げて、イハレビコを歓迎するさまなどと解されてきた。

しかし打ち羽の「打ち」は、羽にかかる接頭語であり、打ち羽とは鳥の羽そのものをさす。そうすると「打ち羽挙り来る」は、文字通り、鳥が羽ばたいて飛ぶような勢いと速さで近づいて来たと理解すべきではないか。槁根津日子はこの時、ウミガメの背に乗っていたというから、なおさらこれは躍動感やスピード感を際立たせる表現といえる。ここではウミガメの背に乗る彼が、事実上、鳥に見立てられているのであろう。

◇「速鳥」伝承

この鳥の描写との関連で注目されるのは、明石海峡付近の海人が操る舟の船脚が速く、彼らの間では、そうした舟を鳥に見立てる考え方があった点である。これを明確に示すのは、『播磨』明石郡条の逸文の「速鳥」伝承である（『釈日本紀』八）。

伝承の舞台は、まさに速吸門に臨む「明石駅家」付近である（一四八頁の図参照）。それによると駅家の「駒手御井」のそばには、仁徳天皇の時代、淡路島や大和国をその蔭で覆い隠す、巨大な楠が生えていた。これを伐って舟を造った。するとその速さは、まるで鳥が飛ぶようであり、一楫で七つの浪を越えた。だから速鳥と名づけたという。朝夕この舟に乗って、貢納用の井水を運んでいたが、ある朝、間に合わなかった。そこで歌を作って停止した。その内容は、「住吉の大倉に向かって飛んでこそ、速鳥と呼べるのに、どうした速鳥」と書かれている。

伝承のなかにその運輸主体は明記されていない。しかしそれは明石浦を根拠地とする海人集団、すなわち倭直の一族であった可能性が強い。彼らは律令制より前の時代、大王に貢納する井水を舟で運輸する任に編成されることがあったのであろう。その際、彼らの生業の売り物は、鳥が飛ぶような速さで舟を操り、大王への貢納物を迅速に運び入れることであった。

◇生業と技術力の卓越性

つまり当地の海人にとって、鳥は船脚の速さを象徴する生き物であった。このような生業の実態と認識があったからこそ、速鳥と呼ばれる舟の話が作られた。またそれは槁根津日子の「打ち羽挙り来る」という伝承にもつながったと思われる。その前提条件には、この地域の海人の生業と技術力の卓越性があった。

その一つは、彼らの操る船の速さがとくに優れていた事実である。もう一つは、水先案内の功で名を賜る話が示すように、槁根津日子を始祖とする集団が、潮流が速く、水路が複雑な海の難所の明石海峡などの海域情報に通じていた点である。『記』と『播磨』伝承にもとづき、当地の海人集団の生業・習俗のあり方と、それを支える技術基盤を以上のように理解したい。

「海の民」椎根津彦と倭王権

井上勝博

◇海人としての倭直

『播磨国風土記』にかつて収められていた「逸文」とされる伝承に、明石の国造とみられる豪族が登場する話がある。国造とは、倭王権とも結びついていた地域を代表する古代豪族である。『先代旧事本紀』（「国造本紀」）には、倭直と同祖である八代足尼の児の都弥自足尼を、明石国造とした、という記事がみえる。一方、摂津国の物忌直という氏族について、椎根津彦命の九世の子孫である矢代宿禰の末裔とする系譜がある（『新撰姓氏録』）が、この矢代宿禰は、明石国造の祖先である矢代足尻とみられる。

一方、『古事記』『日本書紀』の神武天皇東征物語には、倭直氏の始祖として、やはり椎根津彦が登場する。

こうしたことから、明石国造と倭直とは、同じく八代足尼（矢代宿禰）を祖とし、椎根津彦を始祖とする同族である、ともみられている。神武東征神話での椎根津彦も、最初に登場するのは明石海峡であり、そんなところにも、倭直と明石地域との親近性ひいては明石国造との親縁関係が暗示されている、といえるかもしれない。

神武東征物語に登場する椎根津彦は、船や亀に乗って海中を航行して漁をし、複雑な海流と海路とを熟知した海の民である。明石海峡近くに姿を現した椎根津彦は、「海導者」すなわち水先案内として大阪湾の海路を先導しつつ神武の船団を大和へと導き、大和平定を成就させる。その姿からは、明石〜西摂を主な拠点とし大阪湾沿岸を舞台に活動する、漁撈を事とし航海術に長けた海人の相貌が色濃く漂う。

明石国造にまつわる『播磨』の伝承も、神の憑依した国造が、神功皇后の軍船に呪術を施して船足を高め、新羅征討を勝利に導くという、海洋的性格が色濃いもので、これも、椎根津彦を祖とする海の豪族としての明石国造の属性を反映させたものといえる。

一方、倭直氏は、倭国造を輩出する母胎であり、倭大国魂神の祭祀をつかさどって大和神社（大和坐大国魂神社）の神職に代々任じられた、大和の伝統的氏族として知られている。その倭直が、海の民としての性格も色濃い、椎根津彦を始祖とするという。じつは、記紀の伝承には、倭直と淡路の海人との親近さを示すものや、造船や海運に携わる話、一族の朝鮮半島への渡海を織り込む説話もある。明石国造との同族関係にくわえ、明石〜西摂にかけて広がる倭直と海人氏族とみられる海直氏との同族・同系関係が、史料上でも指摘されている（『続日本紀』神護景雲六年（七六九）六月条）。それに応じて、倭直が奉祀する倭大国魂神や始祖椎根津彦を祀る神社が、西摂・淡路・阿波等に点在してもいる。

椎根津彦を始祖とし、明石国造と同族という倭直氏には、やはり、大阪湾沿岸地域と結びついた海人としての顔もあったようだ。

◎倭直の拠点としての大和盆地北西部

倭国造としての倭直がつかさどった大和神社は、現在は奈良県天理市新泉町にある。また、奉祀される倭大国魂神の祭祀の場は、そもそも三輪山の麓にある狭井(さい)神社であったともいわれている。これらから、倭国造としての倭直の拠点は、大和盆地中~南東部にあったとみられる。史料上も、倭直一族がこの辺りに有力豪族として勢力をはっていたことは認められる。

しかし一方、史料からは、添下郡をはじめとする大和北西部に倭直の一族が広く居住し、伝統的で有力な勢力として地域社会への影響力を保持していたことが、明らかである。じつは、神武東征伝承で、椎根津彦が導く神武大和入りの当初のルートも、大阪湾を東進し淀川を遡って生駒山を越え、大和盆地北西部になだれ込むというものだった。それが、急遽南方からの侵入ルートに切り替えられるのである。

東征譚では、「椎根津彦」の名は、神武によってはじめて授けられている。そこからしても、この物語は、海の民―水先案内として王権に仕えるウジとしての倭直氏の奉仕の根源を語る伝承としての側面をもつといえる。東征伝承での大和盆地北西部には、水先案内としての椎根津彦が神武ともども目指した、大和平定の足掛かりの地という位置づけのあったことを垣間みることができる。このことは、この地域が大和における倭直の拠点の一つであったことを反映するものと考えられる。さらには、その地域としての特性が、王権に仕える海の民──水先案内としての倭直氏の属性と関わるものだったことをも物語るものなのではないか。

◇大和盆地北西部と大阪湾沿岸との一体性

椎根津彦の行程は、盆地内部のこの地域が、明石海峡～大阪湾の海路、そして直接には淀川水系の水運を介して、大阪湾沿岸と一気通貫であったことを物語る。椎根津彦と神武は淀川を遡上し生駒越えで大和北西地域にアプローチしているが、『紀』の伝承には、難波から淀川を上り山背から木津川を遡って平城山越えで大和北部に入る経路もみえる。

東征伝承は、こうした大阪湾沿岸と大和盆地北西部との一体性が、椎根津彦の海人としての交通力があってこそ実現されえたことをも物語っている。王権へ貢納する鮮魚を携えて、難波と宇治の間を往来する「海人」を描く伝承（『紀』）もある。この話も、水運をもってすれば容易に大阪湾沿岸と結びつきうるこの地域の可能性が、海人集団の介在によって現実の地域的特性になりうることを示していると思う。このような伝承上の真実は、大和北西部～大阪湾沿岸にかけた倭直氏の同族・同系関係の広がり、という事実が端的に裏づけているだろう。

◎添下郡のイザナギ神社

添下郡のあたりは、北河内とヤマトとを南北で結ぶ後の「磐船街道」(国道一六八号に重なる)と東西で結ぶ「清滝街道」(国道一六三号が踏襲)とが、たがいに交錯しつつ大和盆地へと入り込むとば口を抱えている。そこから山田川沿いを東へと進めば、一〇キロメートル足らずで木津川に達する。磐船街道の北河内側の道筋は淀川縁辺の枚方市まで延び、清滝街道は四條畷市に出る。古代の枚方や隣接する樟葉あたりは、淀川舟運の要衝だったようで、渡河点としても知られていた樟葉には、後に駅も置かれている。また、四條畷付近は古代河内湖に臨む港湾地域であったらしい。

延喜式内社の添下郡の項に、イザナギ神社がみえる。淡路島を本拠とするイザナギは、大阪湾沿岸に根づく海人集団の信仰の対象として、代表的な神である。中世に書かれたらしい倭直氏の家伝にみえる椎根津彦の伝承も、イザナギを主役としたいわゆる「国生み神話」につながる一環としての内容を備えている。

大和国の式内社としてのイザナギ神社は、他にも、城上郡と葛下郡とに一社ずつみえる。しかし、『延喜式』の格付けによる「大社」は添下郡のそれだけで、他はいずれも小社である。式内社イザナギ神社三社のうちの大社が、たとえば古くからの大和の中心地である城上郡のそれではなく、添下郡にある。それはやはり、この地域と海人集団ひいては大阪湾沿岸との結びつきの強さとともに、彼らの交通力を背景として実現されえた、この地域の交通の要衝としての重要性を反映させたものなのではないだろうか。

こうしてみると、倭直氏は、かつて、淀川水系を介して大阪湾沿岸域へと展開する交通網を背景に、大和盆地北西部に拠りつつ倭の政権中枢の擁する交通力として活躍していたのではないか。倭直氏の始祖、伝承の椎根津彦が水先案内として王権に仕えたということの内実を、こう理解したい。

ウヂ名が成り立ってくるのは、六世紀に入ってのことといわれる。「倭直」のウヂ名は、大和神社をつかさどる、大和の伝統豪族としての属性を表したものといえる。そのウヂ名があらわれてくる六世紀には、倭直氏は、すでに大和の土着豪族としての性格を強めていたのだろう。王権に仕える海人倭直の活躍は、それ以前のことらしいのだが、それがいつの頃であったのかはまた別の話である。

第4章
地域 生活と播磨の神祭り

厳しい生活環境と古代の食糧事情

―米・麦・豆―

坂江　渉

◇『播磨国風土記』の食をめぐる叙述

『播磨国風土記』のなかには、食べ物をめぐる神話や伝承がたくさんみられる。その大半を占めるのは、神にご飯を献上する話、神がそれを食べる話、農作業や水利の伝承など、稲作に関わる説話である。

これは古代の播磨の人びとが、毎日主食として米を食べていたことの反映ではない。事実はその逆であり、当時の庶民がご飯を十分に食べられる機会は、春と秋に定期的に開かれる村の祭祀の際などに限られていた。人びとはそういう特別なハレの時にだけ、米とそれを醸造した酒をたらふく共同飲食できたのであった。『播磨』において米と稲作をめぐる説話が多いのは、過酷な自然・社会環境下で生きる人びととの、米に対する憧れと願望、あるいは信仰心のあらわれであった。とすれば古代の庶民たちは、日常的に何を食べて暮らしていたのか。以下、おもに『播磨』以外の古代史料を用いてそれを探ってみたい。

◎夏の飢饉をしのぐ食糧としての麦類

当時、米に代わる高熱量の食べ物があったわけではなく、農作物の収穫と自生植物の獲得時期に左右されながら、季節ごとに食べられるものは、何でも食べるというのが実情であろう。そのなかでまず穀物類に関していうと、粟や稗のほかに重視されたものが麦類だったようである。一〇世紀にできた日本最初の百科辞書、『倭名類聚抄』の巻一七には、麦の品種として、麦・大麦・小麦・麦奴・蕎麦・穬麦」の六種類が挙げられている。このうちとくに重んじられていたのは、大麦・小麦・蕎麦の三種類だったと考えられる。

麦は秋蒔きの冬作物で、収穫時期は初夏、現在の五月から六月頃である。この時期は食糧備蓄の端境期にあたり、かつ田植えの重労働により大量の米が消費される季節である。人びとが食糧難に陥り、もっとも飢える時期であった。九世紀の弘仁一〇年(八一九)六月の史料には、「去年登らず、百姓の食乏し。夏時に至りて必ず飢饉あり」と記されている(『類聚三代格』巻一九。以下『類三』と略す)。したがって麦はこの苦難な季節を乗り切るためのものとして、古代国家によって栽培が奨励された雑穀であった。

たとえば養老七年(七二三)八月の太政官符では、「畿内・七道諸国に大小の麦を耕種する事。(中略)右、麦の用たるは、人にありてもっとも切なり。乏を救ふの要、此に過ぐるはなし」(『類三』巻八)とある。天平神護二年(七六六)九月の太政官符にも、「麦は絶を継ぎ、乏を救ふ。穀のもっとも良し。宜しく天下の諸国をして、百姓を勧課し、大小の麦を種えさせるべし」(同、巻八）とみえる。さらには承和六年（八三九）七月には、蕎麦の利点として、播種後の収穫が早く、しかも「土の沃瘠を択ばず、生熟が繁茂する」ことが挙げられ、「飢えを療すため」、その積極的な栽培が命じられている（同、巻八）。このように夏に収穫される麦は、人びとの飢えをしのぐ「備荒作物」（＝飢饉に備える農作物）としての役割をはたしていた。

◎索餅にして食べる

そうした麦の食べ方について、朝廷内の調理・加工法に関わる史料だが、一〇世紀の『延喜式』巻三三の「造雑物法」条が一つの手がかりとなる。そこには七ヶ寺の盂蘭盆会の供養物である「索餅」の調理・加工法がみえる。「小麦粉一石五斗」に対し、「米粉六斗」と「塩五升」を混ぜ、「六百七十五藁の索餅を作れ」と書かれている。

索餅とは、当時麦縄とも呼ばれる食糧であった。その単位が「藁」（わら）であるので、縄状に練った加工品、すなわち現在の干しうどん状のものだと思われる。奈良時代前後の時期、収穫した小麦を製粉し、それを干しうどん状にして食べる習慣があったようである。

◎大豆と小豆

麦のほか、飢えをしのぐ備荒作物として期待された雑穀は、大小の豆および胡麻などであった。双方とも貴重な蛋白源や脂肪源となるもので、かつ保存のきく作物である。承和七年（八四〇）

五月、諸国に向けてふたたび雑穀栽培を奨励した太政官符では、黍・稷・稗・麦などとともに、大小豆と胡麻を播殖すべきことが命じられている。その際、古代国家は、これらの作物が「凶年を支え給ふもの」との位置づけをおこなっている（『類三』巻八）。

このうち豆については、いくつかの種類がみられ、大豆・小豆のほか、醤大豆・秣大豆・大角豆・白大豆などの名を確認できる。それぞれの詳細な産地は不明だが、『延喜式』巻二三の交易雑物条には、これらを税として納入すべき国名が載せられている。それによると近畿地方や西日本の国々から献上されるケースが多く、そのなかには播磨や丹波の国名が含まれていた。

播磨や丹波地方は、現在でも豆類がブランド品として盛んに栽培されている地域であるが、その始まりは、古代にまでさかのぼることを示す。ただし留意すべき点は、それらの作物が、当時の庶民にとっては、あくまで備荒作物としての役割を担っていたことであろう。

◇畑作物の収穫祭

豆類については、時代は遙かに降るが、一五世紀の大和・紀伊両国の荘園における盂蘭盆会用の供物に関する史料がある。そのなかで瓜・茄子・根芋などと並び、枝大豆やササケ（大角豆）などが書かれている。このうち枝大豆は、現在の夏のビールのお伴、枝豆をさすと思われる。

この史料を分析した中世史家の木村茂光氏は、盂蘭盆会の時に供えられる品物のほとんどが、畑作物である事実に着目した。従来、仏事として捉えられてきた盂蘭盆会が、もともとは畑作物に対する収穫祭としての側面をもつのではないかと提起する。盂蘭盆会の行事は、畑作物の収穫により、農繁期の重労働と飢えと疫病を乗り越えることができたことに感謝する、歓喜の祭りだったと説いている。これは豆や瓜・茄子・芋など、夏場に収穫される畑作物が果たす役割の再評価に迫る、たいへん興味深い見解といえるだろう。

このように古代から中世においては、現在、兵庫県内の各地で「在来作物」「ブランド野菜」として栽培されている畑作物の多くが、本来備荒作物としての役割を担っていた事実がみえてくる。

現在の近江産の黒枝豆

古代の婚姻・生殖と村の祭祀共同体

坂江　渉

◇神々の婚姻・出産をめぐる話

『播磨国風土記』には神話にもとづく地名起源説話が一二〇例以上ある。そのなかには神々の婚姻・出産をめぐる話が多くみられる。宍禾郡の安師川条では、伊和大神が地元の安師比売神に妻問い（求婚）したが、比売神がそれを拒絶した。それにより大神は怒りだし、川の源を塞ぎ、別の方向に流れを変えた。そのため安師川の水量は今でも少ないと説かれている。

揖保郡の佐比岡条によると、出雲大神という荒ぶる神が神尾山におり、その付近を往来する人の半分ずつを殺していた。河内国の枚方里から来た漢人氏がその理由を探りだすと、結局比古神に逃げられた比売神の

大神が塞き止めたという林田川の上流付近
（姫路市安富町関）

嫉妬による行為だと判明する話がある。また加古川上流の託賀郡では、伊和大神の子を妊娠した九州宗形の奥津嶋比売命が、当地で出産を迎えるという話が二例みられる（黒田里袁布山条、同支閇丘条）。

いずれの場合も人間的な神の姿が描かれているが、本来これは人間の側の意識のあらわれであろう。当時の人びとは男女間の婚姻や生殖に無関心ではなく、現代人と比べ物にならないほど強い関心を寄せていた。ここではその社会的な要因を探るとともに、地域の共同体が婚姻や生殖にはたした役割を考えてみたい。

◇戸籍にみえる夫婦の世代間の年齢格差

コンピューターの統計処理的方法を駆使した今津勝紀氏は、大宝二年（七〇二）の「御野国加毛郡半布里戸籍」（現在の岐阜県富加町）にみえる一二一組夫婦の世代間の年齢格差の違いに着目した。それによると二〇代の男性の場合、妻との年齢差は平均二・八七歳高いだけであった。ところが四〇台のそれは四・九六歳、さらに七〇代では平均一二・二九歳の開きがでてくる。

これは当時の夫婦関係が安定的でなく、配偶者との死別が頻繁に起き、生き残った男性は、高齢になっても、たえず生殖能力のある女性配偶者にこだわりつづけ、再婚・再々婚を繰り返していた結果とみると理解しやすいという。現在でも結婚相談所に寄せられるもっとも高いリクエストは、中高年の男性が、「子どもを作るため若い女性を紹介してほしい」ということらしい。

古代でも事情は同じだった。

◎家族や生活条件の脆弱性

今津説の特徴は、人為的な操作や擬制（ぎせい）が含まれる戸籍史料において、ある程度利用可能な性と年齢という属性情報に注目した点にある。このような方法をとったため、分析成果への信頼性は高まった。その結果、八世紀前後の夫婦関係や家族は決して永続的ではなく、つねに家族断片を生み出す不安定なものであった事実が共有されるようになった。またその前提には、飢饉と疫病が慢性化する、厳しい社会の現実があったことが明らかになった。

つまり古代の家族のあり方を固定的にみるのではなく、家族や生活条件の脆弱性に眼を向け、そのもとでどのような生存と社会維持のシステムがあったかを問うことの重要性がみえてきたわけである。とすれば子どもの出産につながる男女間の婚姻や再婚について、どんな社会意識があり、またそれに対して共同体はどう関わっていたのか。つぎにそれを考えてみよう。

◎多産社会と古代の妊婦

古代の戸籍史料にもとづくと、当時の一人の女性の生涯出産数は、最低でも五、六人、乳幼児の死亡率の高さを考慮すると、もう少し多い数になると推測されている。これは現代日本の合計特殊出生率（＝一人の女性が一五歳から四九歳の間に産む子供の数の平均値）の一・三六人と比べて相当高い数値である。古代は多死の社会であるとともに、多産の社会であった。おそらく日常的に村のあちこちで、多くの妊婦の姿がみられたことであろう。

『肥前国風土記』の養父郡条（現在の佐賀県鳥栖市あたり）には、この妊婦（産婦）について、つぎのような話がある。景行天皇が当地に巡行し、百姓たちがこぞって迎えた時、「御狗出でて吠えき。ここにひとりの産婦、御狗を臨み見るに、即ち吠え止む。因りて犬の声、止むの国と曰ふ。今は訛りて養父の郡と謂ふ」と。

明らかにダジャレによる地名起源説話だが、ここからは当時の妊婦には、犬が鳴き続けるのを抑えつけるような、不思議な力があると考えられていた様子を読み取れる。妊婦は生命力の源泉として特別視されていたのであろう。

◇女性の皆婚規範

こうした女性の出産のための最前提の条件である男女間の恋愛や婚姻について、『風土記』や記紀の断片的な歌謡資料にもとづくと、当時の地域社会には、適齢期以降の女性は生殖能力のある限り、すべからく婚姻ないしは再婚すべきであるという皆婚規範があったようである。

皆婚とは文化人類学や社会学などで使われる用語で、ある社会のすべての人、あるいはほとんどすべての人が、人生のどこかの時点で必ず婚姻する状態をさすという。英語で“Universal Marriage”といい、日本語では皆婚と訳されている。ただしここではあくまで規範であるから、女性の皆婚規範は、ほとんどすべての女性がどこかの時点で婚姻するのが当たり前とみるような認識である。つまり適齢期以降の女性の極度の貞操の堅さを良しとせず、積極的で早めの婚姻、および配偶者を亡くした女性の再婚（再々婚）を勧め、それによる妊娠・出産を促すような社会意識である。

◇歌垣で交わされた歌

ただし皆婚規範は単なる通念として潜在していたのではない。それが具体的、集団的に現れる呪術行事があった。村の祭りの厳粛な神事の後、酒食の共同飲食にともなっておこなわれる歌垣（うたがき）（嬥歌（かがひ））がそれである。歌垣では『万葉集』の相聞歌（そうもんか）のような個人的な叙情歌はうたわれなかった。男女双方がいきなり「共寝（ともね）」を呼びかけ、それを拒絶し合い、また新たな謎かけ歌が出された。それに見事に答えた男性が女性と共寝に至るなど、性的解放と直接連動した歌遊びの場であった。

しかし重要なことは、この歌垣には適齢期の若い世代や配偶者を亡くした男女のほか、既婚者・老人・老女なども歌の席に立っていたことである。彼らはしばしば自らの経験や見聞に事寄せて、婚姻と性をめぐる教訓歌やそれを促すような歌をうたっていた。歌の内容は、「花の命は短い」「求婚を拒む女性は不幸になる」「乙女らの空約束を信じるな」など、からかい半分の諧謔（かいぎゃく）的なものが大半であった。現在ではセクハラと見なされる歌である。

◇社会的課題としての婚姻と性

つまり古代の婚姻と性は、当事者間の個人的な事柄ではなく、飢饉や疫病による共同体の崩壊を防ぎ、村の人口を維持するため、村のメンバーが総掛かりで、支援、促進すべき社会的課題になっていた。このような歌垣が定期的におこなわれたからこそ、多死を上まわる多産が維持される側面があった。飢饉と疫病が慢性化する古代の地域社会において、村の祭祀共同体は重要な役割をはたしていた。

豊作と多産を祈る風穴の祭り

坂江　渉

◇コノハナサクヤ姫の神話

『播磨国風土記』の宍禾郡条には、現在の宍粟市一宮町閏賀に比定される雲箇里の地名起源説話がみえる。それによると雲箇の地名の由来は、「大神の妻、許乃波奈佐久夜比売命、その形、美麗しなり。故に宇留加と曰ふ」と書かれている。大神とは宍禾郡を中心として、播磨各地に信仰圏が広がっていた伊和大神をさす。その妻でここに鎮座するコノハナサクヤ姫の姿が、美麗しいので「宇留加」と名づけたと説明されている。うるかの地名を「うるわしい」に掛ける強引な地名起源説話である。

実際の地名は、濡れるや、水分の多さを意味する「湿ふ」の語と、場所をあらわす接尾語の「か」に由来するのであろう。この用法については今でも「在処」などという例がある。平成二一年（二〇〇九）八月、当地を襲った大水害が示すように、閏賀地区の揖保川寄りの地域は、古くから河川氾濫に見舞われる所だった。その事実が地名に刻印されているように思われる。ただし西側の山麓部の微高地では、弥生時代中頃の集落遺跡が見つかり（閏賀遺跡A地点、B地点）、

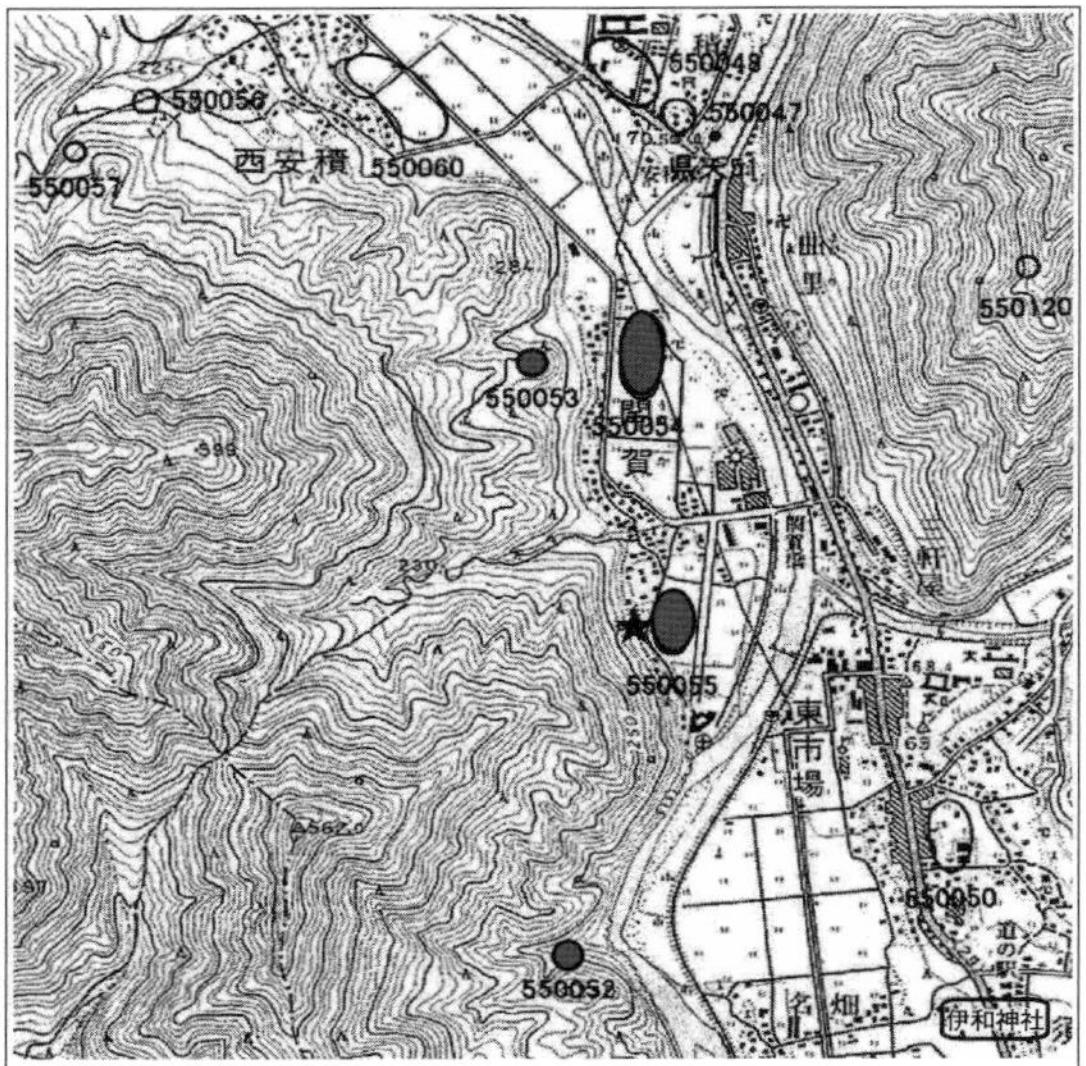

「兵庫県遺跡地図」42 安積より
550052　閏賀銅鐸出土地　53　秋姫祠遺跡
54　閏賀遺跡 A 地点　55　閏賀遺跡 B 地点

閏賀の風穴とその周辺地図（★が風穴）

また南側の谷筋では戦前に銅鐸も出土している。地域そのものは相当古くから開けたところであった（図参照）。

　このように『播磨』の伝承からは、コノハナサクヤ姫という女神が雲箇里で信仰され、またその夫の神は、揖保川を挟んだ南東対岸の伊和神社の祭神、伊和大神であるとみる地元意識があったことをうかがえる。

　中世の『播磨国内神名帳』には、宍粟郡の小社として「皇后明神（きさきみょうじん）」が挙げられている。また『伊和神社文書』の享徳三年（一四五四）の「一宮領幷神官社僧等拘持田畠注文案」には「妃社（きさきのやしろ）」の名がみえる。皇后明神や妃社とは、後述する閏賀地区の川崎稲荷神社をさすと思われる。後世においても、当地の神は伊和神社の神と夫婦であるという見方があったことが分かる。

◇古代の村の人口構成

『播磨』によると、宍禾郡内には雲箇里を含めて、合わせて九つの里があった。そのうち雲箇里のなかには、現在の波賀（はが）町の地名につながる波加（はか）村という村があったと書かれる。東大寺の正倉院に残る古代の戸籍によると、当時の一つの里の人口は一〇〇〇人程度であった。また里のもとには、一般に三つぐらいの村があったと考えられている。単純に平均すると、一つの村の人口はおよそ三五〇人であった。

これによると雲箇里の内部にも、波加村とともに、さらに二つ程度の村があり、そのなか一つには人口三五〇人ほどの雲箇村があった可能性が高い。雲箇の地名が里の行政地名に採用された理由は、この村から里長を出していたからであろう。

閏賀地区の現在の人口は、六九世帯、二〇七名である。古代の雲箇の村の人口は、これをかなり上回っていたことになる（約一・五倍）。しかも当時の人口構成は、典型的な富士山型の人口ピラミッドを成していた。村の総人口の五〇パーセント近くを占めたのは、一五歳未満の子どもの世代であった。ちなみに現在の閏賀地区の一五歳未満の世代はわずか一一名で、全体の〇・六パーセントに過ぎない（閏賀自治会調べ。二〇二一年四月段階）。

◇豊作と多産を期する祈り

近年の研究で明かされているように、古代の日本の生活環境は、連年飢饉がつづくとともに、疫病（感染症）が蔓延する過酷な状況にあった。男女の平均寿命は三〇歳前後で、とくに乳幼児（〇歳～五歳児）の死亡率は、五〇パーセント近くに達していたといわれる。また一五歳以上の大人の世代になったとしても、多くの人が頻繁に亡くなり、配偶者を失った男女、孤児、身寄りのない老人が発生する現実があった。したがって古代の人びとは、現在とは比べものにならないほど信仰熱心であった。定期的な祭りでは、神に対して厳粛な祈りが捧げられた。その際重んじられたのは、自分たちが生存していくための稲作の実りと疫病の退散、そして村の人口を維持するための「多産（たさん）」の祈りであったと思われる。

このうち多産の祈りに関連して、祭りの後半に入って共同飲食の宴が始まると、実際に配偶者や恋人を探すための呪術行事、歌垣（うたがき）がおこなわれた。歌垣では若い当時者による求婚の歌だけでなく、老人や既婚者など、村のメンバーが総掛かりで歌の席にたち、結婚適齢期の世代や配偶者を失った男女に対し、婚姻（再婚）を促す諧謔的な歌を掛け合った。そして男女同士が意気投合すれば、その場を立ち去って茂みなどに入り、即座に「共寝（ともね）」に至ったらしい。

◎川崎稲荷神社の風穴

古代においてこのような神祭りの場になったのは、常設神殿のある神社ではなく、巨岩（磐座（いわくら））、巨樹、滝、湧水地、神秘的な場所など、神が来臨するに相応しい清浄なところであった。雲箇村の祭場として注目されるのは、現在の閏賀地区の川崎稲荷神社の境内で、時折冷気（れいき）を噴き出すという「風穴（ふうけつ）」である。

というのも風穴や鍾乳洞などの洞窟は、古代では信仰の対象となることが多かったからである。一〇世紀にできた『延喜式』巻一〇の神名帳をみると、備中国英賀（あが）郡に「比売坂鍾乳穴神社（ひめさかかなちあな）」という式内社がある。現在も岡山県新見市豊永赤馬に「日売宮（ひめみや）さん」と略称される日咩坂鍾乳穴神社という立派な社殿の神社が存在する。しかし「鍾乳穴」という文字から分かるように、当社の本来の神体は、その西方のドリーネ（＝石灰岩台地の地表に生ずるすり鉢状の窪地）の地底約一〇〇メートルのところにある巨大な鍾乳洞であった。地元の人びとは、この鍾乳洞全体を神の坐（いま）す場所とみなし、定期的にその前に集まり、祭りをおこなっていたのであろう。

川崎稲荷神社境内の風穴

日咩坂鍾乳穴

◎女陰（生殖器）信仰

比売坂鍾乳穴神社について留意すべき点は、神社名にわざわざ「比売坂」を含み、今もここが「ヒメミヤ」と呼ばれている事実である。比売坂の比売は姫（高貴な女性）をさす。また「坂」は傾斜地の意のほか、境界や物事の区切り・切れ目となる素晴らしい所（美称のサ＋処を示すカ）という意味があった。つまりこの神社名からは、鍾乳洞の開口部を女神の女陰（にょいん）（生殖器）にみたて、それを豊穣や多産の象徴物として崇敬する信仰があったことを読みとれる。

当時の祭りに際しては、開口部に対して厳粛な祈りが捧げられるとともに、性交に関わる何らかの「神態（かみわざ）」が演じられた可能性もある。現代人からすると、卑猥な考えにもとづくようにみえるが、生殖と生産の繁栄が重要課題である古代びとにとって、それは当然なことであった。

◎豊穣と多産を祈る風穴の祭り

こうしてみると閏賀地区の風穴も、古代において豊穣と多産をもたらす女神の生殖器として崇敬を受け、その前で定期的な祭りが開かれていたと考えられる。『播磨』において雲箇里の神が、コノハナサクヤ姫という女神であると書かれるのも、この風穴への信仰が基盤になっていた可能性が高い。今でこそ稲荷信仰の神社となっているが、かつてはこのような祭場であったと推測しておきたい。

甕を用いた境界の祭祀

―託賀郡甕坂の説話―

坂江　渉

◇祭りの道具

古代の神祭りでは、それぞれの目的や方法に応じてさまざまな道具が用いられた。現存する各国『風土記』（逸文も含む）には、それを示唆する人形（ひとがた）・馬形・機織り器・幡（のぼり）・鏡・鈴・琴・杖・弓矢（丹塗矢（にぬりや））などの話が登場する。また『播磨国風土記』でも、琴・甕（かめ）（瓮）・褶（ひれ）（比礼）・筥（箱）・葛・杖・御冠などの話がみえる。ここで注目したいのは、その当時「みか」「もたい」とも呼ばれた甕の話を載せる「甕坂（みかさか）」の地名起源説話である。

◇境にまつわる甕の伝承

『播磨』の託賀（たか）郡法太（はふだ）里の甕坂条には、「一家（あるひと）云く、昔、丹波と播磨、国を堺ひし時、大甕（おおみか）をこの上に掘り埋め、もって国の境となす。故に甕坂と曰ふ」と書かれている。「一家云く」とあるように、これは前段にある、建石命（たけいわのみこと）という神が「御冠（みかげ）」を坂に置いたことに因むという地名説話の異説として紹介されている。それによると、かつて丹波・播磨両国が国境争いをした

託賀郡法太里の甕坂とその周辺地図
（河内里は賀毛郡。地理院地図による）

時、大きな甕を坂に掘り埋めて境の目印としたといい、それが地名のいわれだと説かれている。甕を境の目印にした主体は書かれないが、前段で建石命が登場しているので、やはり何らかの神による行為とみるべきであろう。

「甕坂」の地名は現存せず、現在の加西・西脇両市の境付近の「二ヶ坂（にかさか）」に比定するのが有力である。これが正しければ丹波・播磨の国境はかなり南部にずれることになるが、詳細は不明である。いずれにせよ託賀郡内のどこかの坂（峠）という境界領域で、甕を用いた祭祀があったことを示すであろう。坂を舞台とする甕の伝承は『播磨』だけでなく、

現在の二ヶ坂の鞍部と県道24号線（右の山裾）

『古事記』『日本書紀』や『筑後国風土記』逸文などにも見いだすことができる。ここではそれらを参照にしつつ、甕を用いた境界祭祀の内容を考えてみたい。

◎ワニ坂の「忌瓮」伝承

甕に関する伝承は、『記』の崇神天皇段に登場する。それによると山代国の建波迩安王の反乱鎮圧のため、丸迩臣の祖、ヒコクニブク（日子国夫玖）が派遣された時、彼は丸迩坂に「忌瓮」（＝神聖な甕）を居えて出発したという。また『紀』では、同じくヒコクニブク（彦国葺）が、忌瓮を「和珥の武鐰坂の上」に鎮め、その後、那羅山を越えて進軍したと書かれる（崇神天皇一〇年九月条）。

いずれも丸迩臣（和珥臣）の本拠地、ワニ坂で境界祭祀儀礼がおこなわれていたこと、またそれを前提としつつ、これらの伝承が作られたと考えられる。播磨国の託賀郡だけでなく、古代の各地において、坂に「甕」や「忌瓮」を据え置く、坂＝境界の神祭りがあったことを示す。

◎空洞の容器への招霊

ただしその際、据えられた甕や忌瓮については、神に神酒を捧げるための道具とみるのが有力である。しかしそうではなく、甕や忌瓮は坂の神霊を招き入れる祭具だったとみられる。古代の甕（瓮）・壺・筥・瓢箪など空洞の容器は、そのなかに神を憑依させる呪具・祭具として利用された。とくに丸底の甕は、地中に埋め据えられるのを特徴としたらしい。
この点について神道考古学者の佐野大和氏は、甕や壺などが境界を画するために特別な意味を与えられたという。しかもそれは単なる標識、目印としてではなく、境界を守る神や精霊を、甕や壺に依り憑かせ、災厄が外界から入り込むの攘い退けて、自分たちの世界の平和を守ると信じられていたと記す。継承されるべき見方であろう。この佐野説に加えて、さらに『万葉集』の有名な大伴坂上郎女の「斎瓮を忌ひ掘りすえ神を祭る」（巻三ー三七九）の歌にもとづくと、忌瓮などへの招霊時には、あたかも恋人を誘い出すかのような、口承をともなう神語りもおこなわれていたと考えられる。

姫路市西脇古墳群の周溝から出土した須恵器甕
（兵庫県立考古博物館提供）

こうして招き入れられた神は、佐野氏が強調するように、外部世界からの厄災と対峙する地域の守護神的性格をもつ。この点で、右のヒコクニブクの伝承で招霊されたという神は、式内社の「和迩坐赤坂比古神社」（添上郡）に鎮座する、丸迩臣の守護神そのものであったと理解される。ヒコクニブクはその直後に反乱鎮圧に向かい、しかも戦闘に勝利したと書かれている。したがって丸迩臣にとって、忌瓮を据えておこなう神事は、戦勝を祈る「境界の出陣儀礼」でもあったという見方も可能である。おそらくこの伝承は、自分たちの守護神の祭りの縁起譚として、本来丸迩臣の内部で伝えられていたものであろう。

また『記』の孝霊天皇段にも、吉備平定のため遣わされた大吉備津日子と若建吉備津日子が、「針間の氷河の前」で忌瓮を据えた話がみえる。これもまた右と似通った、境界の祭祀儀礼の存在を反映していた可能性が高い。

これに対して播磨国託賀郡の甕坂の伝承では、直接的な戦闘や出陣に関する叙述はみられない。しかし丹波との国境争いをきっかけにして「大甕」を据えたというのであるから、もともとは、そういう軍事的な意味合いをもっていたかもしれない。

◇疫病・災厄を封じる祭り

ただし『播磨』が編まれた奈良時代の頃には、そのような要素は薄れていたのではないか。むしろ重視されたのは、外部から疫病などの災厄が入ってくるのを防止することだったと思われる。近年の研究成果で明かされているように、八世紀前後の時代は、疫病（感染症）と飢饉が蔓延する厳しい状況下におかれ、多くの人びとが簡単に命を落とす現実があった。そのため各地の地域社会では、村のはずれや「坂」などの境界領域において、疫病や災厄が侵入するのを防ごうとする、地域守護の祭祀がおこなわれていたと思われる。後に「塞の神」の祭りといわれるものがこれである。甕坂の祭りもこれと同種ものになっていたのであろう。

◇甕と巫女的女性

各地の民俗事例にもとづくと、一般に「塞の神」の神事では、道端に男女一対の道祖神の石像などを設けるほか、男性器に模した「陽物(ようぶつ)」などを飾り立てるケースが少なくない。しかし甕坂では陽物ではなく、凹型の空洞の容器が用いられたことが興味深い。『万葉集』の先の歌にみられたように、「斎瓮」を忌ひ掘りすえ、神を直接誘い入れたのは、大伴坂上郎女という女性であった。

また『筑後国風土記』逸文の「尽くし坂」の地名起源説話によると、怖ろしい「荒ぶる神」を坂の上で最終的に鎮め祭ったのは、筑紫君らの始祖の女性、「甕依姫(みかよりひめ)」であったという。これらによると甕を用いる祭りや境界の祭祀では、近辺に住まう特定一族の巫女(みこ)的な女性が、「祝(はふり)」として活躍していたとみられる。甕などの空洞の容器は、そういう彼女たちを象徴するものだったのではないか。

本条の前段の説話で、自らの「御冠(みかげ)」(=頭髪に冠する装身具)を甕坂に置いたという建石命は、託賀郡内においては、かなり剛毅で荒々しい神として知られていたようである(『播磨』託賀郡都麻里都多岐条、法太里条)。甕坂の祭りでは、おそらくこの建石命が祭神として迎えられ、巫女的な女性を「祝」とする、地域守護の神事がおこなわれていたのであろう。

兵庫県の祭祀遺跡

―古墳時代・律令時代の馬形模造品―

大平　茂

◇『肥前国風土記』が語る土製の人形・馬形

全国各地に残された『古風土記』には、様々な呪術や祭祀の世界が展開している。とくに、『肥前国風土記』佐嘉郡条には郡名説話の一つとして、荒ぶる神を祀るために土製模造品の人形・馬形を供献した伝承が以下のごとく記されているのである。

佐嘉川の上流に荒ぶる神が居て、道行く人の半数を生かし半数は殺害した。そこで、県主の祖の大荒田が占うと、土蜘蛛の大山田女と狭山田女という者が居て、その二人が言うには「下田の村の土を取って人形・馬形を作り、荒ぶる神を祀るならば必ず和ぐ」と。この言葉に従って神を祀ると、神はこれを受け入れ鎮まった。大荒田は「この女子、実に賢女なり」。よって「賢女の郡（今は訛り佐嘉郡）」になったと言う。まさに、土製の人形と馬形が荒ぶる神（交通妨害の神）を和ませたようだ。

これを、瀧音能之氏は人名や地名に「田」を付けることから農耕的呪術を想定したが、重要なのは、荒ぶる神を鎮めるのに「下田の村の土」で作った形代（人形・馬形）を供献したこと。

つまり、その土地の魂を捧げたことにあると考えられる。また、木村繁子氏も土蜘蛛の二人の女性呪術者を、倭王権へ在地の祭祀権・支配権を委譲した首長と捉える。

さらに、記紀にみる神武東遷神話でも、神武（イワレヒコ）が大和を征服するにあたり夢のお告げに従って、天香久山の赤埴・白埴を採取し作った土器（八〇枚の平瓮と厳瓮）を天神・地祇に供えると、戦いに勝利することができたと記すのである。

◈考古遺物にみる土製馬形の用途

土製模造品とは、粘土を使用し器物や人・動物などを小型に模造（ミニチュア化）したもの。古墳時代の播磨地域出土の人形には、祭祀遺跡である加東市の河高上ノ池遺跡（人形六点・鏡二点・勾玉四点・盾一点・短甲一点・手捏土器一点、五世紀後半、写真1）や、集落遺跡からの神戸市寒鳳遺跡（人形五点、六世紀前半）例がある。また、馬形では赤穂市東有年沖田遺跡と三木市田井野遺跡で、竪穴住居跡から各一点（六世紀後半と七世紀初頭）が発見さ

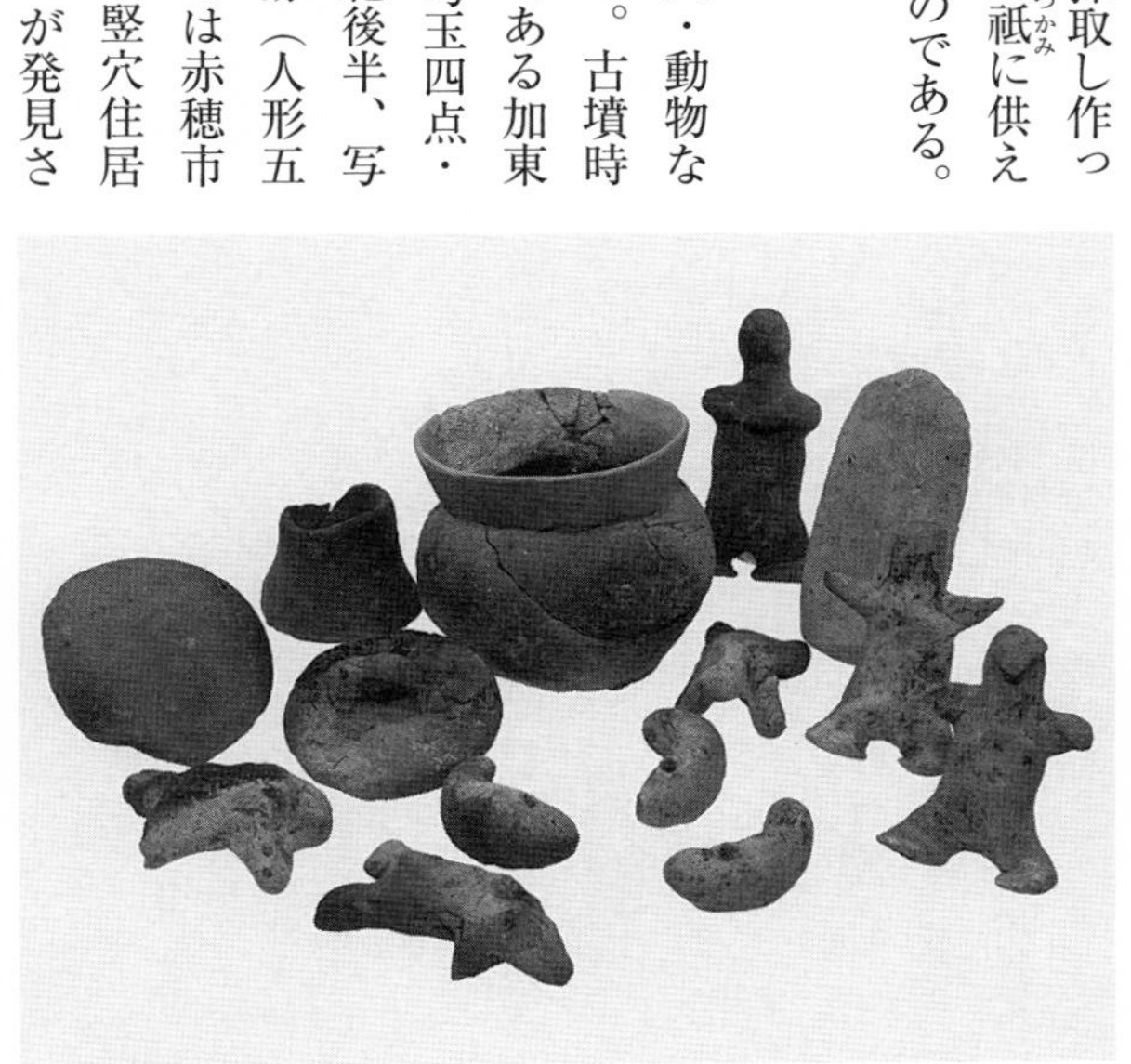

写真１　加東市河高上ノ池遺跡出土の土製模造品
（加東市教育委員会提供）

れている。その他、須恵器を焼成する窯跡が多いい播磨国では、相生市丸山窯跡（U字鋤先形土製品、六世紀後葉）や加古川市神野大林窯跡（有袋鉄斧形土製品、六世紀後葉）などに、土製模造品が発見されるのも特徴であろう。

こうした中、河高上ノ池遺跡出土の人形は馬形を伴わないが、鏡・勾玉・武具・装身具に手捏土器等の共伴が注意されよう。なお、この土は地元産土師器の胎土と変わりはなかった。

全国の共伴出土例を探すと、鹿児島県・熊本県に奈良時代の人形・馬形が出土する遺跡例（岡野遺跡等の火葬墓）があり、静岡県にも西畑谷遺跡等に馬形と人形がセット状態で発見された例が確認できた。これらも、奈良時代以降のものであろう。鳥取県のクズマ遺跡やイガミ松遺跡では少し古い、古墳時代後期のものが知られている。

河高上ノ池遺跡例は、遺跡の地名から加古川（水神）を祭祀対象と考える人も多い。しかし、筆者は同様の土製模造品を出土した静岡県坂上遺跡の例から、亀井正道氏が言う境界の神祭り（『播磨国風土記』に見る交通妨害の神）と捉え、土製模造品は青野ヶ原台地に住み着く荒ぶる神への幣と考える。その証拠として、今も当該地には姫路（壇場山古墳）から加西経由（玉丘古墳）、篠山（雲部車塚古墳）への大型古墳を結ぶ古墳時代以来の主要道路（国道三七二号）が走る（次頁図）。それ故、土製模造品は、『播磨』神前郡聖岡里生野の条のごとく、地域ごとに独自の神が居て、その神の好むもので祭る集団（氏族）存在の遺物と理解できるのである。

一方、馬は文献史学や民俗学の研究者によって水神と関連付けられてきた。土製馬形も井戸や溝跡からの出土が多く、神道考古学の大場磐雄氏も古くから水神祭祀への供献品と考えている。これは民俗学の河童と馬の関係があり、否定すべきものではない。

しかし、近年では考古学の水野正好氏が、土馬は完全な形で発見されるものが少ない。そこで、『本朝法華験記』や『日本霊異記』に記される板絵馬の脚が折れたため、疫神（祟り神）がその馬に乗って病気をばら撒く責を果たせなかったことから、馬を行疫神の乗り物と捉え、この活動を止めるため故意に壊して祀ったと考えた。実に卓見である。

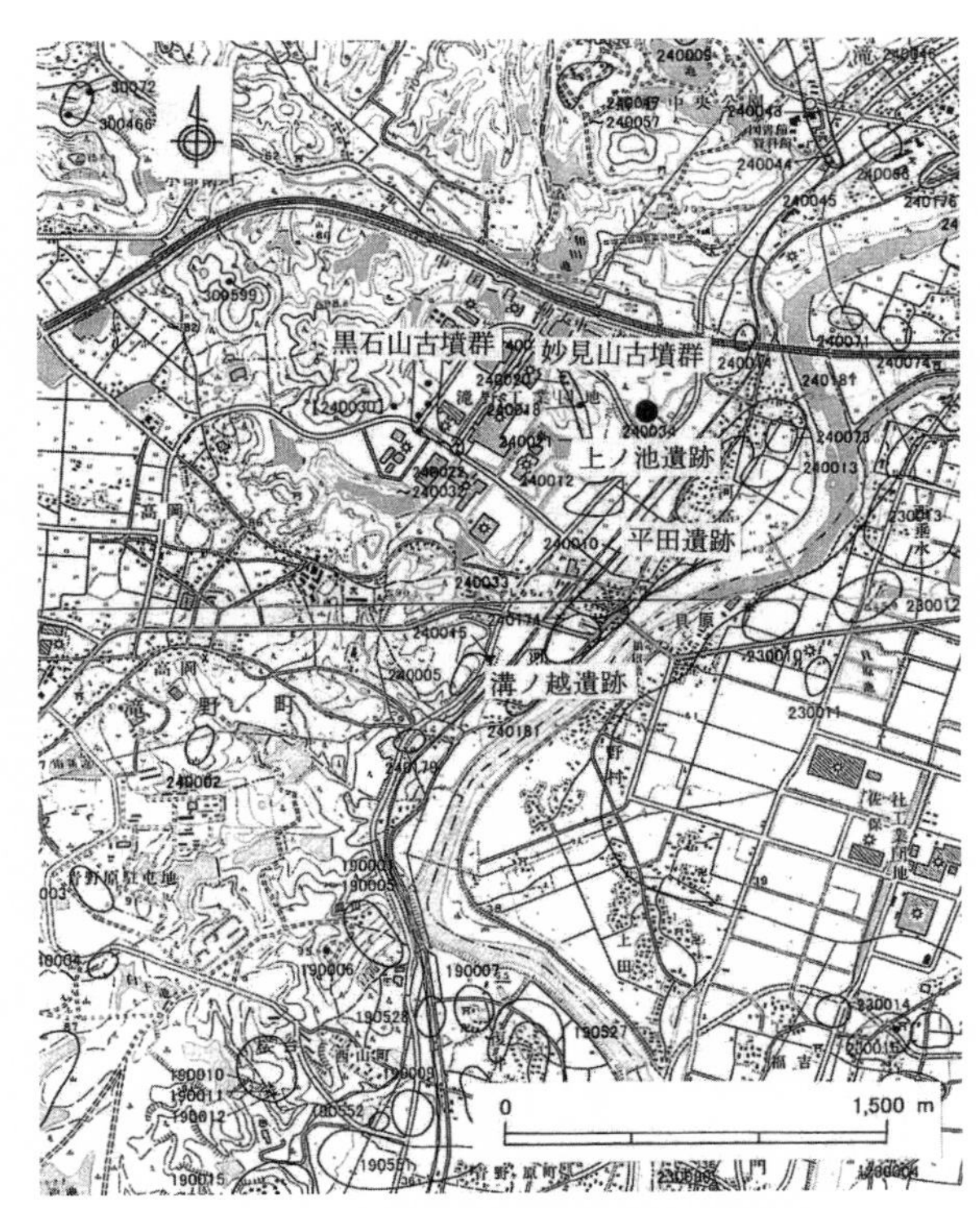

河高上ノ池遺跡周辺（雲潤里）の地形図

土製馬形は、古墳時代後期だけでなく奈良時代にも継承され、とくに都城型の土馬は「大祓（はらえ）」にも人面墨書土器と共に採用している。こうした事実から、古墳時代の馬形も基本的な使用方法は水野が指摘するように、「祓（疫病予防）」にあったと考えて良い。東有年沖田遺跡と田井野遺跡の馬形、とくに田井野の例は竪穴住居の柱穴からの出土を考慮すると、建物を廃棄する際に埋め込んだ祭祀と捉えることが可能である。おそらく、個人の死ではなく、家族全員が疫病等で一度に亡くなり、馬が持つ「祓」の力を利用した祭祀があったと考えられよう。

◇古墳時代の導水遺構から奈良・平安時代の人形祭祀へ

さて、古墳時代の祭祀遺物には土製模造品の他、倭王権の祭祀具である石製模造品がある。さらに、奈良県纏向（まきむく）遺跡では浄水を得るための導水遺構（前期）も発見されている。そして、同県南郷大東遺跡にみる大規模な導水遺構（中期）へと続く。この儀礼は、埴輪祭祀（加古川市行者塚の囲形・柵形埴輪など）として、墳墓の祭祀にも取り込まれていった。また、福岡県沖ノ島遺跡の祭祀遺物にも、古墳に副葬される遺物と同じものを使用するなど、この時期には葬と祭が分離していなかったようだ。井上光貞氏によれば、この分離は六世紀と七世紀の交に起こったと言う。次いで、この導水遺構が飛鳥京苑池の禊（みそぎ）の場になり、近隣の酒船石（さかふねいし）遺跡に繋がるのである。筆者は、纏向・南郷大東例を考古学から見た禊・祓の原型遺構と捉えている。

律令時代（天智・天武・持統朝）に入ると、我国では太政官と共に神祇官を設置し、伊勢神宮を頂点とした神祇制度の整備も開始されるのである。

◎奈良・平安時代の考古学からみた木製模造品

この時代の考古学からみた祭祀具を、金子裕之氏は古墳時代の伝統を持った土製馬形と刀形・斎串等の木製模造品に、道教の影響を受けた人形を加え再編成したものと捉えた。さらに、個々の遺物は律令制祭祀の中で最も重要な位置を占める「大祓」に関与したものと考える。

祓とは、人形に息を吹きかけ体を撫で、人に付いた罪や穢を移した後、川（水）に他の木製模造品と一緒に流すことで罪・穢を消し去る神事儀礼である。この内、六月と一二月晦日の夕刻に実修するものを、とくに「大祓」と呼んだ。大祓の目的は、天皇自身と都（国家）を穢から守り、その清浄性を保つことにある。また、この儀式は人形・馬形・船形・鳥形・刀形・斎串等の木製模造品を組み合わせることから、馬形・船形は穢を負った人形を運ぶ乗り物、刀形は祓所を邪気から守る武器、斎串は結界を張るためのものとする金子説が肯定されてきた。

こうした木製模造品は、全国各地の官衙遺跡（国衙・郡衙、荘園関係の遺跡、駅家・牧関連）から発見されている。現在、兵庫県但馬国の第一次・二次国府関連遺跡（豊岡市袴狭遺跡群・祢布ケ森遺跡群）が日本一の出土量を誇り、石川県（小島西遺跡）及び鳥取県（青谷横木遺跡・大摘遺跡）など日本海側の国々に多いのが特徴となっている。

◎馬を祓うための遺跡か

しかし、これまでの金子の考え方（木製馬形の役割・用途は罪・穢を背負った人形の乗り物）

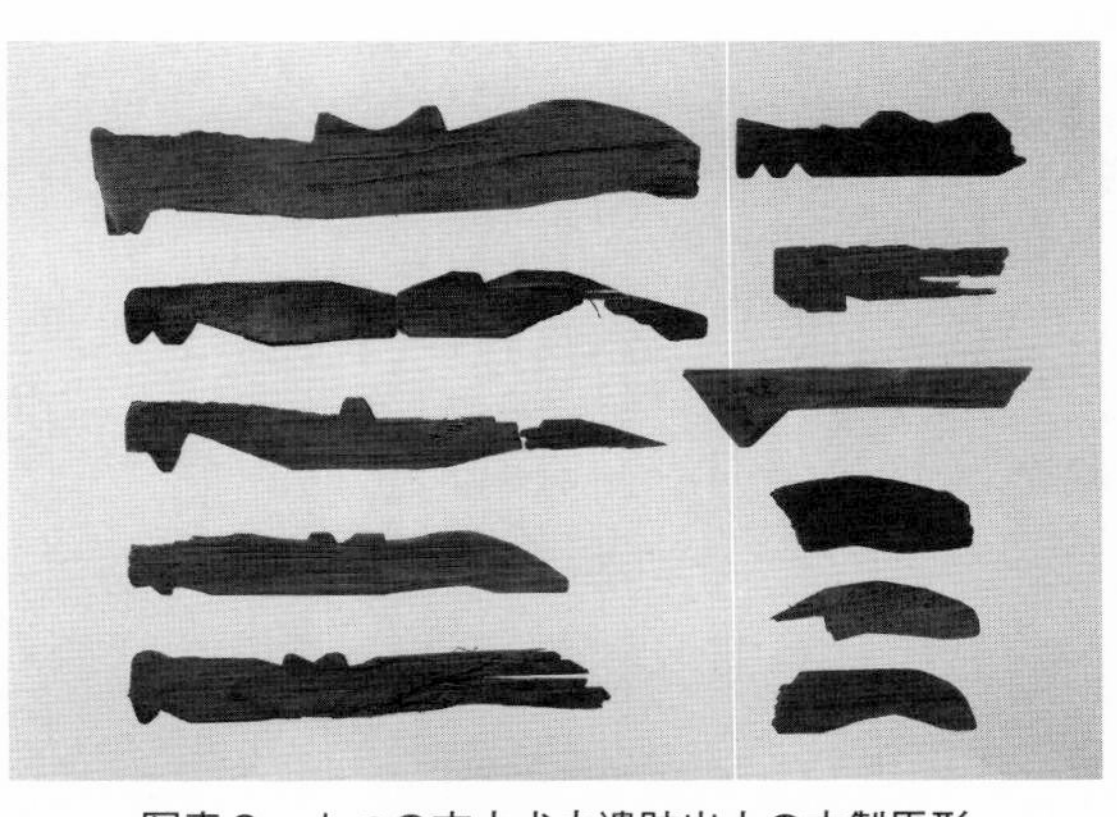

写真２　たつの市小犬丸遺跡出土の木製馬形
（兵庫県教育委員会提供）

では、文字資料から駅家跡と判明した小犬丸遺跡（たつの市布勢駅家）と柴遺跡（朝来市粟賀駅家）の馬形模造品に不都合が生じてきた。すなわち、小犬丸遺跡（第二次調査）では井戸跡周辺から馬形（一〇点、写真2）と船形・斎串のみの発見で、人形が出土していないのである。また、柴遺跡も人形（九点）の倍近い数の馬形（一四点）の発見であった。

　疑問が氷解したのは、平川南氏が柴遺跡出土木簡（「〔符籙〕□急如律令　左方門立」）の解釈を提示してからのこと（同遺跡発掘調査報告書、二〇〇九年）。平川は『日本霊異記』を参考に、この木簡は粟賀駅家の門前で土器にご馳走を盛って鬼（行疫神）を饗応し、災厄を逃れるために門の両側に立てたもの（左門）と、木簡の発見意義を評価したのである。

　そこで、筆者は馬が他郡・他国など行く先々で穢・禍（鬼）を持ち込み易い動物だったと捉え直してみた。そうであるならば、駅家出土の馬形は穢を背負った人形の乗り物ではなく、馬に付いた穢・禍を祓うための形代と考えられるのである。こう理解すれば、小犬丸遺跡の馬形のみの出土や、柴遺跡発見の人形を上回る数の出土は合理的に説明できよう。さらに、小犬丸遺跡では駅家門を飾ったとされる大型の鳥形も一緒に発見されている。

◇兵庫県の遺跡で木製馬形模造品を発見した例

摂津国の神戸市深江北町遺跡（山陽道葦屋駅家）も人形より馬形が多い遺跡に捉えるが、この遺跡では船形の数も人形より多く海上交通にも注意する必要がある。また、播磨国では姫路市内に置かれた草上駅家。今里幾次氏の言う「播磨国府系瓦」の出土から、今宿丁田遺跡で決まったように考えられているが、近くの辻井遺跡には馬形の木製模造品も出土し（昭和六〇年、市道安室バイパス建設工事に伴う事前調査）、当時の筆者見学メモには人形（二点）より馬形（六点）を多く発見と記す。当該遺跡は、寺跡と共に草上駅家にも関係した遺跡に相違ない。

そして、丹波国の篠山市西浜谷下小西ノ坪遺跡（人形がなく、馬形のみ確認）も文字資料に「永丙」と墨書された須恵器が出土し、古代山陰道の長柄駅家の可能性が高い。さらに、川西市の石道才谷・堂ノ後遺跡（ここでも人形はなく、馬形のみ出土）は、『日本後紀』大同三年七月条に記載のある「畝野牧」と想定できよう。

第5章

播磨の古代寺院と仏教

恵便 ―播磨の古代仏教伝承を担う渡来僧―

神戸佳文

◇『播磨国風土記』の仏教関係の叙述について

『播磨国風土記』には、仏教関係の記述はほとんど見られないが、『日本書紀』、『元興寺伽藍縁起』（以下『元興寺』と略す）、中世、近世の播磨の地誌などには、播磨の還俗僧恵便の記載がみられる。『播磨』には記されていないが、古代の歴史や播磨の伝承に名を残す恵便について、どのように語られ、播磨の寺院の開基伝承にどのような役割を果たしているのかを見ていきたい。

◇恵便について

恵便は多くの文献と平安時代の肖像二躯が知られている。文献では『紀』に蘇我馬子が仏像を供養するための修行者を求めたところ、播磨で高麗（高句麗の別称）の還俗僧、恵便を見つけ、司馬達等の娘と二人の女性を得度させた（敏達天皇一三年（五八四）九月条）。『元興寺』にも同様の伝承が記され、高麗の老比丘恵便と老比丘尼法明が登場する。中世では『元亨釈書』（以下『釈書』）と『峯相記』（以下『峯』）がある。『釈書』も馬子が播磨で恵便を見つけたことを記し（巻第一六高麗国恵便条）、『峯』には、欽明天皇の時代に百済から渡来した恵便と恵聡が、物部守屋の父、尾輿によって播磨の矢野（相生市）に流されたが、三年後、都に戻され、守屋によって還俗させられ、恵便は右次郎、恵聡は左次郎と名付けられ、播磨の安田の野間（多可町八千代区）の牢へ閉じ込められた、毎日粟を一合支給されたが、午後に支給された粟は戒を守って食べず経論を誦した、牢番が守屋に告げると、「これは我を呪うもの」としてさらに厳しく監視させた、以後二人はものを言わなくなり、「右次左次物言わず」ということわざはこれから始まったという、守屋が馬子との戦いに敗れて、都へ呼び戻され僧に戻った、野間の牢の跡に建てられた寺が今もある、と記されている。

江戸時代の地誌『播磨鑑』（以下『鑑』）と『播陽万宝知恵袋』（以下『袋』）では、寺院の開基伝承などに恵便が登場する。随願寺（姫路市）は、聖徳太子が伽藍を造り薬師仏を安置し恵便が住んだ、天平年中に行基が中興、弟子の徳道が住僧となった、徳道は長谷寺（桜井市）へ往き、後に随願寺に還ったとある（『鑑』飾東郡条、『袋』巻之七）。

鶴林寺（加古川市）は、敏達天皇一二年（五八三）、聖徳太子が仏教を広めるための適地として、賀古郡に建立され、恵便を招いた、一説に恵便開基という、と記される（『鑑』加古郡条）。

『鑑』多可郡【野間の里】安田荘野間村（多可町八千代区）条に、欽明天皇の時代に恵聡、恵便が配流された所、『紀』敏達天皇一三年に馬子が還俗僧高麗の恵便と百済人の恵聡を見つけ、崇峻天皇元年（五八八）に都へ上らせて馬子に戒法を授けた、と記される。

□僧形（伝恵便）坐像
像高65.0cm　一木造　鶴林寺蔵（加古川市）

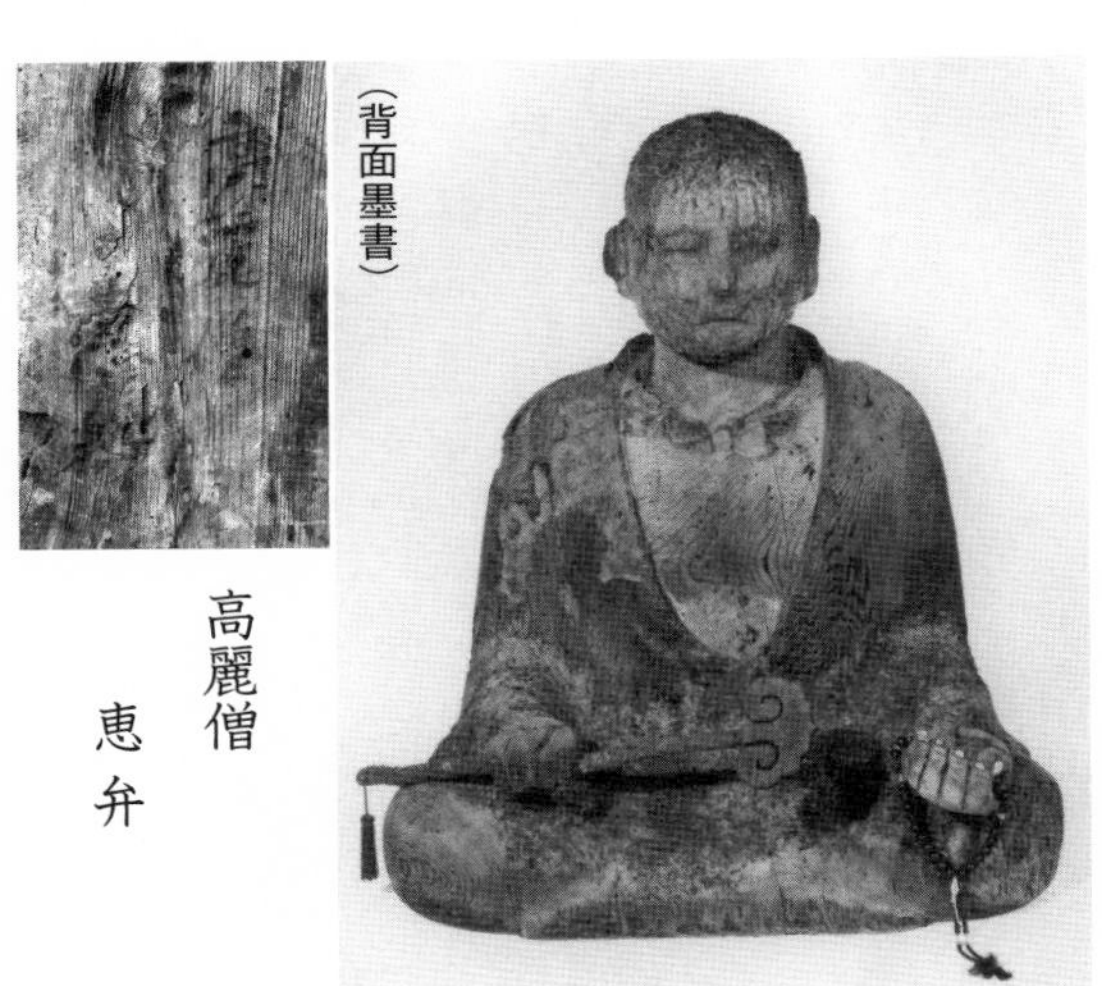

恵便坐像
像高72.5cm　一木造　安海寺蔵（多可町八千代区）

奥山寺（加西市）「寺記略」に、恵便は仏法を弘めるため高麗より渡来したが、仏法がまだ広まっていないため、優婆塞（未出家の僧）の体となりこの谷で修行した、恵便は聖徳太子像を作って安置したが、だれも祀らなかった、孝徳天皇の代に法道が天竺より飛来して播磨の各所に寺を造る際に、瑞雲を見てこの谷に入ると小堂の中に聖徳太子像があった、それを拝していると老翁が来て、ここを観音の霊場とするなら我は守護すると告げて、光を放って西の谷へ入った、法道が十一面観音像を造ると、夜な夜な光って信仰を集め、翌白雉二年（六五一）孝徳天皇の勅にて伽藍を造り奥山寺と号した、と記される（『鑑』加西郡条）。このように恵便の伝承が、聖徳太子開基や関係を伝える寺院にみられることに注目される。

平安時代に造られた恵便の肖像彫刻が二例知られている（前頁写真）。

安海寺は恵便が幽閉された牢の跡に建てられたという寺伝があり、安海寺の像の背面には「高麗僧恵弁（便）」の墨書がある。

◎恵便の役割について

『紀』では、恵便が三人の女性を出家させ、『元興寺』には恵便と法明が登場、法明がその三人の女性に仏法を教えた、三人が出家を望み馬子が出家させたとする。『峯』には、欽明天皇の代に百済より恵便と恵総が渡来したが、矢野へ流され、還俗させられて野間の牢に入れられた。それでも戒を守り、一途に経を誦し、守屋が戦いに敗れて僧に戻されたことが記される。

これは恵便を敏達天皇の一代前の欽明天皇の時代に渡来した僧とし、物部氏に還俗させられたが、逆境にあっても戒を守り、僧に戻って活躍したということがこの説話の注目される点と思われる。「右次左次もの言わず」ということわざの起源とされるのは、この説話が中世には広く知られていたのであろう。恵便が最初に流された「矢野」は相生市矢野に比定され、その地の「瓜生羅漢石仏」には恵便作の伝承がある（『鑑』赤穂郡条）。

播磨の天台寺院の開基伝承の中心である法道は、『釈書』巻第一八「法道仙人」条にその事蹟が記されているが、同書巻第二八「長谷寺」条に「沙弥徳道乃法道仙人也」の註が入れられている。長谷寺の十一面観音立像を造立した徳道は、揖保郡矢田部（太子町）の出身とされる。薗田香融氏は、徳道を法道の原型であろうとしている。法道の開基伝承は、白雉元年（六五〇）頃が多いが、同じ天台寺院である鶴林寺、随願寺などは別の開基伝承がある。鶴林寺は聖徳太子によって開かれ、恵便が寺を整えたとする。随願寺は聖徳太子開基で恵便が住み、行基が中興し、徳道が長谷寺の後に住んだという。なお、播磨の真言寺院は、行基開基を伝えることが多い。

播磨の法道や行基を開基とする寺院は、これまでの仏像調査で本尊が平安時代の作例が多い。実際の創建も本尊が制作された時期と考えられ、開基年代を遡らせる為に、法道や行基を開基とする伝承を取り入れたと推定される。薗田氏も清水寺（加東市）の開基について、崇福寺（大津市）の僧蔵明が清水寺を建て地蔵菩薩の霊地として栄えたが（『今昔物語』第一七巻七話）、法道作の十一面観音像と毘沙門天像を安置して同寺を開創したという伝承が平安時代末期に始まり、それに差し替えられたことを解明している。

法道の開基伝承は白雉元年頃が多く、聖徳太子を開基とする鶴林寺、随願寺などでは、その年代を半世紀ほど遡らせる人物が必要となってくる。馬子に登用された恵便は、聖徳太子とほぼ同時期の僧として、まさに相応しい存在であったと考えられる。それをよく示すのが奥山寺の伝承であろう。恵便が聖徳太子の像を造り、法道が中興として十一面観音像を造った。奥山寺の本尊は平安時代後期の十一面観音立像（像高一三九・五センチメートル）で、これが法道作の像とされる。同寺太子堂に、「植髪の太子」という毛髪を頭部に植付けた裸形の像で、衣装を着せて祀られる鎌倉時代の聖徳太子童形立像（像高五八・二センチメートル）がある。この像が恵便作の太子像にあたると思われる。「植髪の太子」は、播磨では鶴林寺（□像高八二・七センチメートル）と斑鳩寺（太子町）（像高一五二・一センチメートル）にもある。両像とも上半身は衫、下半身は大口袴という下着状態の立像で、衣装を着せて祀られる鎌倉時代の聖徳太子十六歳孝養像である。斑鳩寺も聖徳太子開基を伝え、実際の創建年代は鎌倉時代以前と考えられるが、聖徳太子開基とするのは、勝鬘経や法華経を講讃したことにより、推古天皇が播磨に百町歩の土地を聖徳太子に与えたという『紀』（推古天皇一四年（六〇六）七月条）の記述が根拠になっていると思われる。

◎恵便の存在意義

恵便は、播磨の還俗僧として六世紀末に登場し、逆境にあっても戒を守り、馬子に重用されたことから聖徳太子とつながる人物と考えられていたと思われる。七世紀中頃の法道を開基とする寺院よりもさらに古い七世紀初期の聖徳太子開基を伝える寺院、聖徳太子に関わる寺伝を持つ寺院の開基伝承を補強するために相応しい存在として、播磨の古代史に登場した背景が推察される。また、平安時代に制作された恵便坐像については、現在播磨で最古の高僧の肖像彫刻の一例と考えられる書写山圓教寺（姫路市）の開山堂脇壇（わきだん）に安置される□性空（しょうくう）上人坐像（像高七八・八センチメートル）の制作が背景にあるように思われる。この像は、寛弘四年（一〇〇七）の性空没後まもなく弟子の仏師安鎮（あんちん）によって造立されたと考えられる像である。このような寺の開基に関わる祖師像を造ろうとする流れのなかで、鶴林寺や安海寺の恵便像も造られたことが想定される。

（文中で□を付したものは兵庫県指定文化財）

紀伊の大伴氏と鶴林寺

高橋明裕

◇播磨斑鳩寺

斑鳩といえば聖徳太子（以下、厩戸皇子）建立の法隆寺が有名であるが、播磨にも斑鳩がある。斑鳩寺（以下、播磨斑鳩寺）がある兵庫県揖保郡太子町の斑鳩（鵤）である。播磨斑鳩寺は、『日本書紀』推古一四年（六〇六）是歳条に推古天皇が播磨の水田一〇〇町を厩戸皇子に施入したとある。厩戸はこの地を斑鳩寺（法隆寺）に施入し、それが当地の寺院建立の機縁となったのであろう。法隆寺の財産目録である天平一九年（七四七）の「法隆寺伽藍縁起并流記資財帳」には法隆寺が揖保郡に水田二一八町余を所有していたことが記載されており、播磨斑鳩寺は法隆寺ゆかりの寺院にほかならない。

◇紀伊国宇治の大伴氏

平安時代初期の仏教説話集『日本霊異記』（以下『霊異記』）上巻第五に厩戸皇子関連の説話として、大部屋栖野古連という人物が推古一七年（六〇九）に播磨国揖保郡の水田二七三町余りの水田司として遣わされたとある。水田の面積にはズレがあるが、推古天皇の時代の出来事と考えてよいだろう。『霊異記』によれば大伴屋栖野古連は厩戸の「肺脯侍者」、つまり厩戸の側近であり、屋栖野古連は播磨斑鳩寺の経営のために派遣されたものと考えられる。『霊異記』は屋栖野古連が紀伊国名草郡宇治の大伴氏の一族であると伝えている。この紀伊の宇治と後に述べる播磨国揖保郡の宇治とは大伴氏を介して関連があると思われる。紀ノ川流域には大伴氏の痕跡が多く残っており、大和の南部から紀ノ川河口にかけて大伴氏が展開していたことはよく知られている。紀伊の宇治に居住した大伴氏については、大伴氏の系図「古屋家家譜」(山梨県の浅間神社の社家に伝わる系譜)に大伴室屋の子として宇遅古連公が見え、この人物について「大伴櫟津連等之祖」と見え、紀ノ川河口のいずれかの津の支配に関与した大伴氏の存在がうかがえる。現在、和歌山市西布経丁宇治の地名が残り、宇治は紀ノ川河口の中州(中島)の内側の意ともされ、砂堆上の土地だったと考えられる。永禄六年(一五六三)以降、現在の地に移った鷺森の雑賀御坊・鷺森御坊の所在地一帯であろう。

◇播磨国揖保郡の大伴氏

播磨斑鳩寺のことは『播磨国風土記』には直接見えないが、『播磨』揖保郡の枚方里、大家里、大田里条が太子町一帯にあたる。大家里の大法山条には小治田河原天皇(推古天皇)の世に大倭国の千代の勝部らが入植して勝部岡近くの水田開発をしたことが記述されているが、あるいはこれが推古朝における播磨斑鳩寺の経営を『播磨』が伝えている記事かもしれない。

　さらに大家里条には次のような開発を伝える記事が載る。「上筥岡・下筥岡・魚戸津・朸田。宇治天皇の世、宇治連の遠祖、兄太加奈志・弟太加奈志の二人、大田村の与富等の地を請ひて、田を墾り蒔かむとして来たりし時、廝人、朸を以て食具等の物を荷ひき。ここに朸折れて荷落ちき。所以に奈閇落ちし処は魚戸津と号け、前の筥落ちし処は上筥岡と号け、後の筥落ちし処は、下筥岡と曰ひ、荷へる朸落ちし処は、朸田と曰ひき、と。」大家里は姫路市大津区天満の辺りで、住宅地のなかにかつては上筥岡・下筥岡に比定される台状の高まりがあったという。鍋を落としたり箱を落としたりしているが、これは神意により土地を占定して開発を行ったという表現である。与富等は現在の姫路市勝原区丁で、古墳時代初頭の前方後円墳とされる丁瓢塚古墳のある地である。近くの丁・柳ヶ瀬遺跡からは「大伴」と記された墨書土器が出土している。同遺跡の土器類は自然流路から出土したもので遺構は不明瞭だが八世紀に入る頃のものらしい。勝原区丁に大伴氏の痕跡が見られることは注目される。丁から大津茂川を遡ると太子町太田に至る。『播磨』大田里条には、当地の「大田」地名が紀伊国名草郡大田村から摂津三嶋を経てここに遷り来たった、呉勝という渡来人集団に由来することが記されている（播磨の大田地名については第2章「「大田」地名から古代の開発を考える」参照）。

　紀伊国名草郡との関わりから指摘できることは、兄弟の遠祖だという「宇治連」とは『霊異記』が紀伊国名草郡宇治にいたとする大伴氏の一族にあたることである。厩戸皇子の王家（上宮王家）が播磨に勢力を拡大するにあたり、上宮王家に仕える大伴氏の一族が播磨国揖保郡の大津茂川流域から斑鳩の地に入り、地域の開発にあたったのであろう。

◇伎須美野と印南野

『播磨』にはほかにも大伴氏の足跡がみえる。賀毛郡楢原里条に「伎須美野となづけしは、品太天皇（応神天皇）の世、大伴連等、此処を請ひし時、国造黒田別を喚して、地の状を問ひき。その時、答へて曰ししく、『縫へる衣を櫃の底に蔵めるが如し』と曰しき。故、伎須美野と曰ひき。』とある。大伴連が伎須美野の地の形状を国造である黒田別に問うたところ、櫃の底のように山に囲まれて隠れた（キスメル）地だったというのでその名がついたというものである。伎須美野は小野市下来住町にあたる。「櫃の底に蔵める」とは鴨池から下来住方面を望むと両側を山に囲まれて箱の底のように谷地形が細長く広がっている、その形状をいうのであろう。野の景

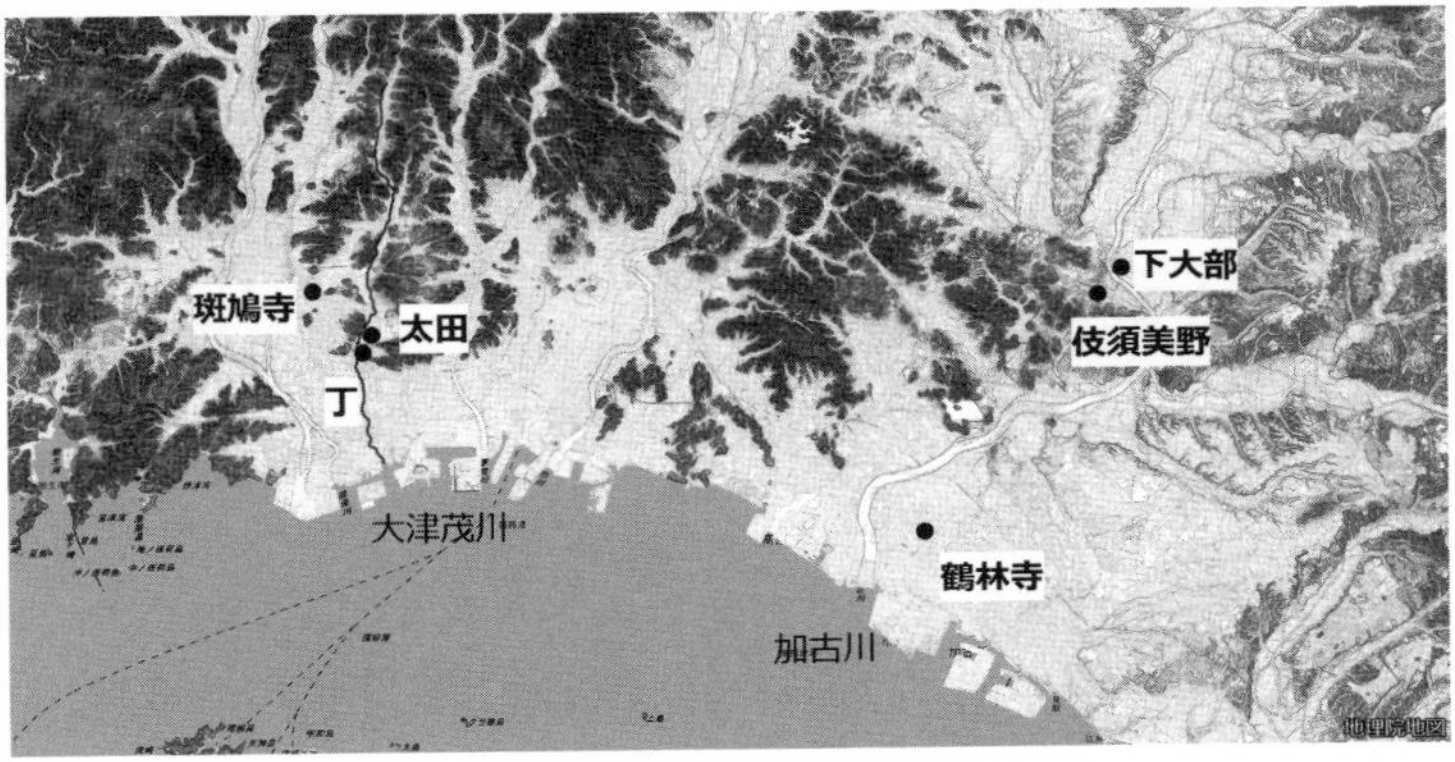

大津茂川・加古川流域図

観とは谷筋に沿って傾斜地が広がっている土地を指すことが多い。野は水を引くことによって開発が可能となる。大伴氏のいずれかの人物が中央からこの地に派遣され、開発を主導したのではないだろうか。国造黒田別とは地元の有力者であり、地元の有力者が土地の形状を外部の者に報告することは土地を差し出したり服属したりする意味があると指摘されている。大伴氏勢力の入植と捉えることができるであろう。

伎須美野は加古川が屈曲する小野市下来住に位置し、揖保川水系の大津茂川流域とはやや離れている。伎須美野へ入植した大伴氏はどこからやって来たのであろうか。賀古郡にも上宮王家配下と考えられる大伴氏の痕跡がある。『風土記』賀古郡条に、鴨波(あわわ)里に大部造(おおとものみやつこ)等の始祖・古理売(こりめ)という人物がこの野を耕して粟を蒔いたゆえに里名となったという。鴨波里一帯は稲美町と加古川市の印南野丘陵上に位置し、水が得られないので畑作の粟栽培には適している。「大部」は大伴氏のことであるが、このカバネ「造」の一族は渡来系氏族との所伝がある。大伴氏配下で活動した渡来系氏族なのであろう。

加古川を河口から遡ると印南野を囲うように湾曲し、東から美嚢川を合わせ、さらに西から万願寺川を合わせるやや下流右岸に伎須美野がある。左岸の河岸段丘は一二世紀に立荘される大部荘(おおべのしょう)の地である。大部郷の初見も一二世紀だが伎須美野にいた大伴氏が対岸の開発に着手したのではないだろうか。段丘上の開発は中世だが、氾濫原に近い低位段丘（現在の小野市下大部町一帯）の開発はあるいは古代にさかのぼるのではないだろうか。

◇加古川と上宮王家

以上の上宮王家に仕える大伴氏の一族が印南野の開発に関わったのではないか、との想定について、次の史料が参照できる。『続日本紀』天平神護元年（七六五）五月庚戌条の賀古郡の人・馬養造人上が改姓を申請した記事である。彼の祖先、上道臣息長借鎌は仁徳朝に「賀古郡印南野」に居住した。その六世孫が上宮太子の時に馬司に任じられたのだという。人上は改姓を申請して馬養造から「印南野臣」姓を許されたという。馬飼・馬司であった彼らは渡来系集団であったろう。それが上宮王家の政策で印南野に入植し、王家の下で馬飼・馬司の職掌を担ったものと考えられる。ここにも上宮王家が加古川流域に進出した足跡を見ることができる。

こうしてみてくると、加古川市の古刹鶴林寺が注目される。太子堂をはじめ、聖徳太子信仰を強く伝えているが、白鳳仏の聖観音立像を伝えていることは七世紀後半の寺院の活動をうかがわせる。鶴林寺は大阪四天王寺の法統を受けているとされ、揖保郡の播磨斑鳩寺と並んで播磨における聖徳太子信仰がどのように展開したのか、注目されるところである。

鶴林寺仁王門

大河川の渡し場と椅寺

―賀毛郡の新部大寺廃寺―

坂江　渉

◇大河川の二つの側面

播磨には明石川・加古川・市川・夢前川・揖保川・千種川など、ほぼ南北間に流れる六つの大河川がある。川は舟を利用できる場合、人の輸送や物流の発展にとって大きな役割をはたす。右の六つの河川もさまざまな文化・技術が伝播するルートになったと思われる。しかし水量豊かな川は、陸上交通を妨げ、人やモノの往来を一時的に滞留（たいりゅう）させる側面をもっていた。

◇「朕公の済」の渡し守の話

『播磨国風土記』の賀古郡条には、大河川の渡し場をめぐる天皇の話が載せられている。景行天皇が播磨の印南別嬢（いなみのわけいらつめ）を妻問（つまど）いするため、摂津の高瀬之済（たかせのわたし）で旧淀川を渡ろうとした。ここには度子（わたしもり）の紀伊国の小玉がおり、自分は天皇の贄人（にえびと）ではないと拒絶した。天皇が「朕公（あぎ）、然（しか）あれど、なお度（わた）せ」というと、小玉は「度の賃（つぐない）」を要求した。それに対し天皇は小玉に弟縵（おとかづら）を与えて初めて渡ることができた。だからここを朕公（あぎ）の済（わたし）とも呼ぶと書かれている。

これによると古代の主な河川の渡し場には、渡し舟を運航させる度子がおり、その利用時に渡し賃が取られていたことを示す。この慣行は陸上交通の妨げになることは明らかで、古代国家もこれを「愚俗」とみた。大化二年（六四六）三月、諸国の渡し場のうち、要路の津の渡しの「調賦」（渡し賃）を廃止し、代わって度子に田地を与えよと命じた。その後この制がどうなったかは不明である。しかし律令制下に中央集権的な税制が確立すると、諸国の調庸運脚夫・役民など、都鄙間を往復する人の量がますます増えた。したがって歩いて渡れない河川の渡渉システムの整備は重要な課題になったはずである。

◇『出雲国風土記』の橋と渡し舟

天平五年（七三三）に完成した『出雲』の巻末に、合わせて九箇所の渡渉地情報がある。そのうち山陰道が飯梨川を渡る地点には「野城橋」が架かり、その長さは約三〇丈（九〇メートル）以上に及ぶと記されている。この近くには野城駅があった。おそらく駅家がこの橋の管理にあたったのであろう。しかしそのほかの場所では、「渡し」と記される箇所が五例あった。その当時、駅路においても橋のない渡渉地があり、そのほかの道では、渡し舟や歩いて渡るのが当たり前だったかも知れない。律令制下、そのような渡し舟や橋の維持・管理について一定の役割を担ったのは、川の近くに建てられた寺院であった。

◎地方寺院の爆発的増加

七世紀後半以降の倭国では、仏教が社会的に広がり、地方寺院が爆発的に増加した。『扶桑略記』持統六年（六九二）九月条には、天下の諸寺は「凡五百四十五寺」と書かれている。『播磨』には寺に関する記述はみられないが、播磨地域には現在四〇例近くの廃寺や瓦の散布地が知られている。そのうち三〇例以上は白鳳期のものである。そのほとんどの所在地は、山陽道・美作道の駅路や、現在の加古川など南北間を流れる大河川に面していると理解されている。

寺が新たな地域支配の拠点になったことはいうまでもない。考古学者の間では、寺院は古墳に代わる、創建主体の権威の象徴になったと説かれている。また大垣・大溝に囲まれた寺院が、当時の戦いの防衛施設に転用されることもあった。また毎年、四月八日と七月一五日の法会(ほうえ)では、「君臣の恩」に報いる儀礼がおこなわれていたという。仏教寺院が地域支配や王権統治と密接に結びついていたことは明らかである。

◎利他行の教えと『東大寺諷誦文稿』

しかし倭国に受容された仏教のなかには、これとは異なるもう一つの普遍的な理念があり、それも社会に持ち込まれていった。大乗仏教の「一切衆生(いっさいしゅじょう)」救済の論理にもとづく利他行(りたぎょう)の教えがそれである。利他行とは、他者に対しての施行(せぎょう)・布施(ふせ)など作善(さぜん)を積むことにより、その功(く)徳(どく)の現報(げんぽう)を自ら得ようとする行為をさす。

この利他行の教えに関連して、法会の説法の雛形集とされる『東大寺諷誦文稿』(九世紀前半成立。以下『文稿』と略す)のなかに、「心に念ひて経仏を造り、道と椅を造り、路の側に井を造り、果樹等を植えるを念ふことなり。これを意業の善と名づく」という一節がみられる。これを考察した藤本誠氏によると、当時の地方寺院の法会では、僧侶から施主や参集者に向かい、道橋の整備、井戸の開削、果樹の植樹などの利他行が奨励されていたという。そして布施屋の存在が端的に示すように、当時の地方の仏教施設は、調庸運脚夫などの交通を支える機能をもっていたと説いている。興味深い見解である。

◇古代の椅寺(橋寺)

右の『文稿』のうち、渡し舟や橋の維持・管理との関わりで注目されるのは、「道と椅を造り」の箇所である。これによると当時の寺のなかには、利他行の教えにしたがい、陸路の大河川渡渉地近くに創建され、その機能を担うものがあったのではないか。関連史料によると、こうした寺を椅寺(橋寺)と呼んでいたらしい。古代の椅寺というと、山城相楽郡の泉橋寺、河内志紀郡の船橋廃寺など畿内のものが有名である。しかし畿外の肥前国にも、宝亀五年(七七四)の年紀が刻まれる梵鐘をもつ「肥前国佐嘉郡椅寺」という寺があった。

佐嘉郡椅寺は佐賀市内の大願寺廃寺に比定されている。その所在地は現在の嘉瀬川(=古代の佐嘉川)の西岸約一・五キロ付近にあたり、その南側約一キロ付近には西海道の駅路が通っていた（図1参照）。また西側の丘陵には五世紀前葉築造の肥前国最大の前方後円墳、船塚古墳が存在する。さらに嘉瀬川の東岸部には、肥前国府・国分寺・国分尼寺などが集中している。嘉瀬川と西海道が交わるこのあたりは、肥前国の政治的、経済的な要衝地であった。

他方『肥前』の佐嘉郡条をみると、そこには佐嘉川上流にいて往来の人を半分ずつ殺す荒ぶる神を鎮めた県主（あがたぬし）らの祖、大荒田の伝承が残されている。つまり古代の佐嘉川は、肥前国府と有明海を結ぶ重要な河川交通路であるとともに、河川氾濫が起きると、一転して陸路往来者である調庸運脚夫らの交通を妨げる荒ぶる川になった。このような所では疲弊した彼らの救療（きゅうりょう）と河川渡渉を支援する椅寺が建てられた。『文稿』の「道と椅を造り」という利他の文言が意識され、創建に至ったケースだと考えられる。

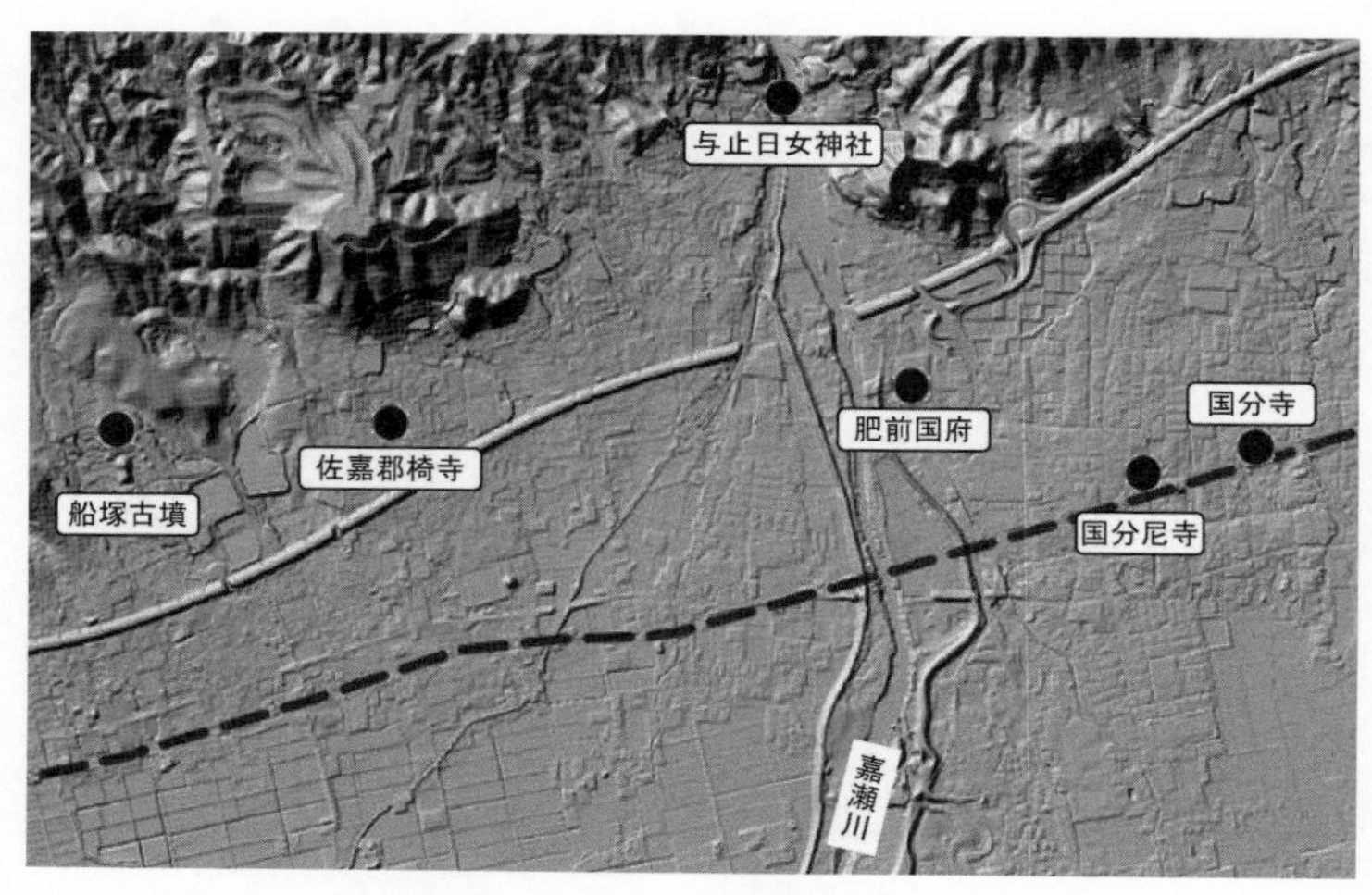

図1　佐嘉郡椅寺の周辺遺跡図（破線は推定西海道ルート）

◇「新部の渡し」と新部大寺廃寺

椅寺との関連で注目したい播磨の寺は、賀毛(かも)郡川合里の白鳳寺院、新部(しんべ)大寺(おおてら)廃寺である。というのもこの寺は東西方向の幹線道路が加古川と交わる地点の西岸にあり、近くには昭和四〇年頃まで運航された「新部の渡し」「太閤の渡し」と呼ばれる有名な渡し場があったからである（図2参照）。天正六年（一五七八）、羽柴秀吉の軍が三木攻めのため加古川を渡る時、ここで地元の渡渉支援を受けた。その際協力したのは、河井郷新部村の四人の船頭たちであったという。新部の土地は加古川の渡渉支援と密接なつながりをもっていた。

加古川は、河川氾濫を繰り返す播磨有数の暴れ川であった。古代にもここを歩いて渡ることは困難だったとみられる。つまり東西交通路と加古川が交叉するこのあたりは、陸路を利用する調庸運脚夫らからみて、交通の妨げになる所であった。加古川渡渉にあたっては、彼らを支援する施設が必要になった。新部大寺廃寺はその北東の河合廃寺とともに、その任にあたる寺院だった可能性が高い。古代の地方寺院の一部はそのような役割をはたす場合があった。

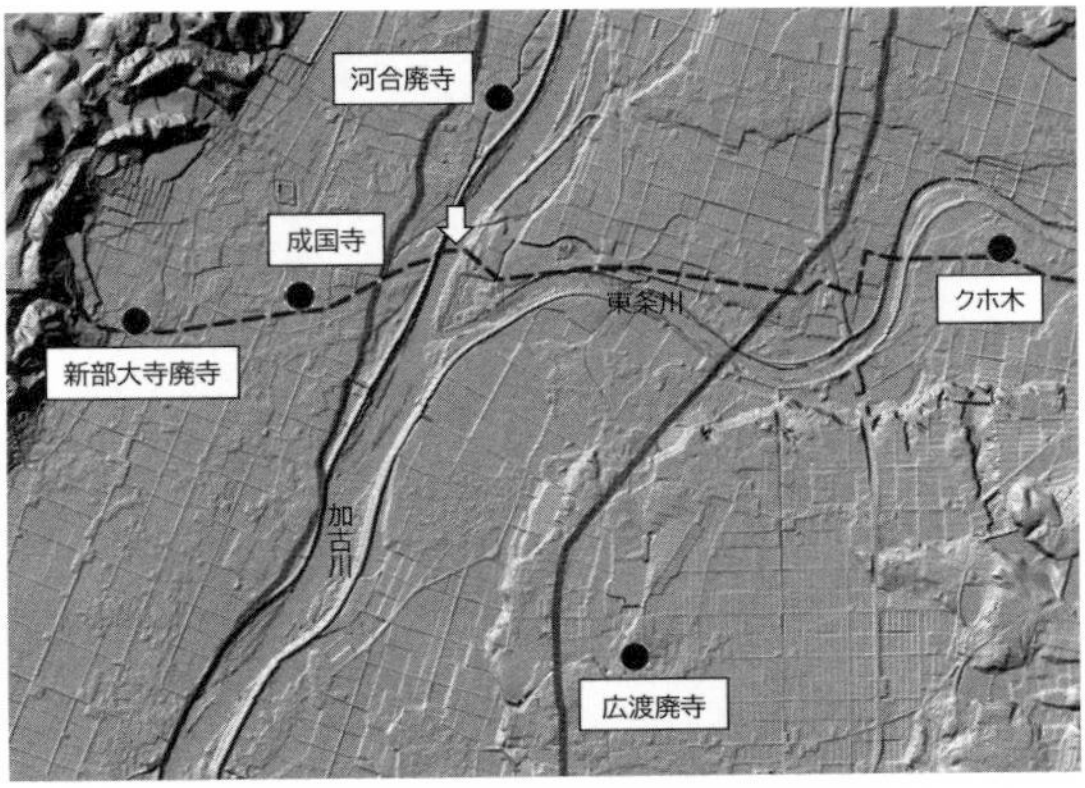

図2　「新部の渡し」の周辺地図（矢印が渡し）

辻井廃寺

―巨大な塔心礎と僧房を持つ播磨の古代寺院―

大谷輝彦

◎『風土記』と古代寺院

『播磨国風土記』には、仏教や寺院についての記載がほとんど見られない。一方、『出雲』、『肥前』、『豊後』には、寺や僧について叙述されているが、その理由はよくわからない。『播磨』では、これまで数多くの古代寺院が知られ、とくに七世紀後半から八世紀初頭頃創建の白鳳寺院は、三〇を超えている。それらの代表の一つが辻井廃寺である。

辻井廃寺は、姫路城の西北西約二キロ、旧夢前川の氾濫原である標高約一九メートルの微高地にある。姫路城から書寫山圓教寺方面へ向かう書写街道は、辻井廃寺の直ぐ東で三方向に分かれる。一つは、南の今宿丁田(いまじゅくちょうだ)遺跡に向かい、もう一つは、北に向かう書写街道、最後が西に進む道で、書写街道のバイパスとして一九八〇年代に新設されたものである。

辻井廃寺の位置

◇巨大な塔心礎

辻井廃寺のあったこの一帯は、『播磨』に言う巨智里（こち）にあたる。里名の由来として、巨智らが初めて住んだことによると記される。また、同じ記事にある「草上村（くさかみ）」は、韓人の山村らの祖先、柞の巨智賀那がこの地を請い、田を開墾したところ、草の根がとても臭かったことから、この名を言うようになったとの伝承が記されている。

土地の字に「東藤ノ木（ひがしとうのもと）」、「西藤ノ木（にしとうのもと）」という名が残り、戦前のある時期までは、それぞれに土壇状の高まりがあったと伝えられる。「トウノモト」等から鎌谷木三次氏は、東西に塔を持つ薬師寺式伽藍配置を想定されていた。西藤ノ木には、塔の中心に立てた心柱を受ける礎石である心礎（しんそ）を中心に四天柱礎、側柱礎が残り、一辺約七メートルの方形で高さは一メートル程だったという。この土壇は、その後失われ、今は道路の南五〇メートル程の住宅地の中に心礎のみが残っている。とはいえ、心礎は中央に径約四〇センチ、深さ約一五センチの枘穴（ほぞあな）を持ち、後世の改変を受けていると思われるも

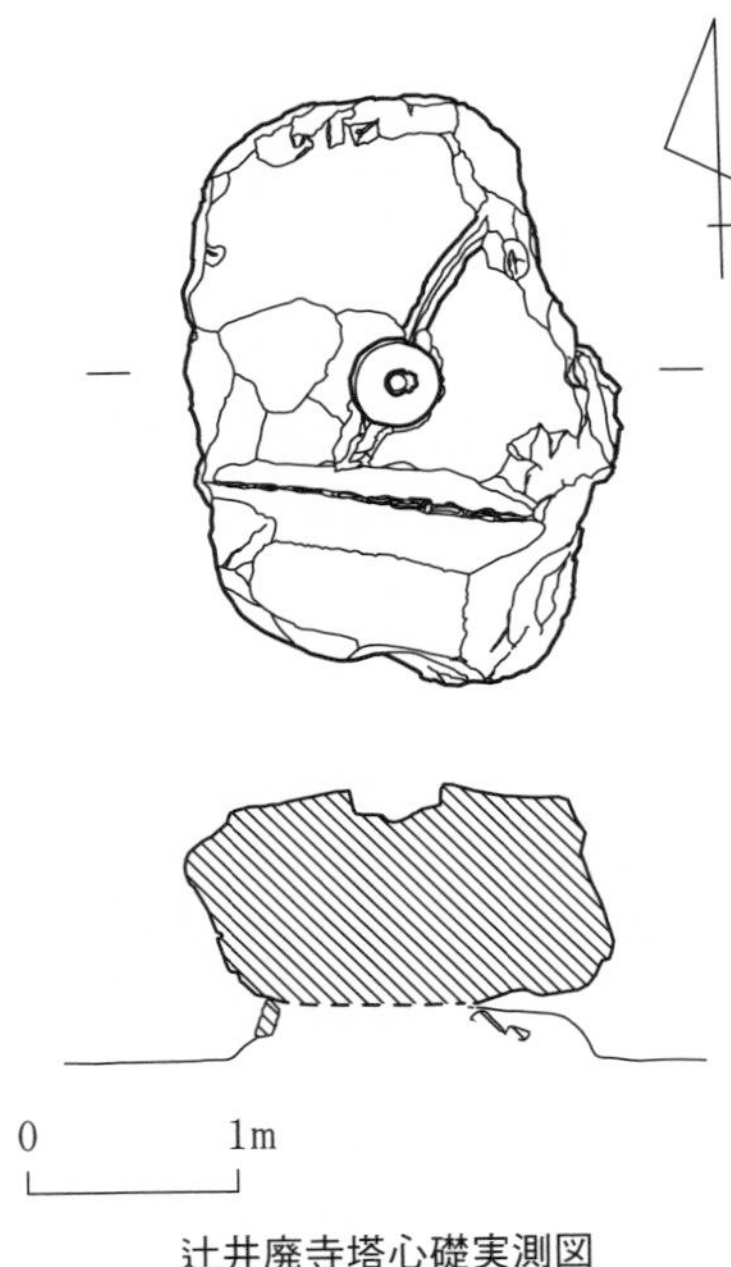

辻井廃寺塔心礎実測図

のの、現状で長さ約二・三メートル、幅約一・九メートル、流紋岩質凝灰岩の巨石である。これは、播磨最大の塔心礎とも言われる姫路市香寺町の溝口廃寺の長さ約二・九メートル、幅約二・二メートルに匹敵する大きさである。

◇発掘調査で見えてきた辻井廃寺の伽藍

辻井廃寺は、弥生時代を中心とする辻井遺跡と重なる。戦前から小規模な調査が行われてきたが、バイパス新設によるもの以降急速に進み、古代寺院の調査が進んだ遺跡の一つである。塔は、心礎が創建時の位置を保っていることが明らかとなったものの、基壇痕跡など塔全体の様子がわかる遺構は全く残っていなかった。講堂は、塔の北東約四〇メートルにある。建物の礎石は移動あるいは失われていたが、据付け跡などから、東西約一九メートル、外観から見た柱と柱の間を一間と数える建物規模の表現方法では、礎石が六箇所で柱六本なので五間、南北は、北側が不明確ではあるが、約一一・五メートルで間数表記では、二間以上となる。

講堂のすぐ北には、僧房があった。僧房とは、僧侶が生活を送る居住空間であり、寺院には不可欠な施設ともいえる。しかしながら、現存するものに法隆寺、元興寺、発掘調査で薬師寺、川原寺、讃岐国分寺などが知られるが、それほど多くはない。これらでは、細長い建物を二間ないし三間毎に区切って居住の単位としていたとされる。辻井廃寺の僧房は、東西一三間で約二八・三メートル、南北二間で南面庇付、庇を加えた南北約六・二メートルとなる掘立柱建物で

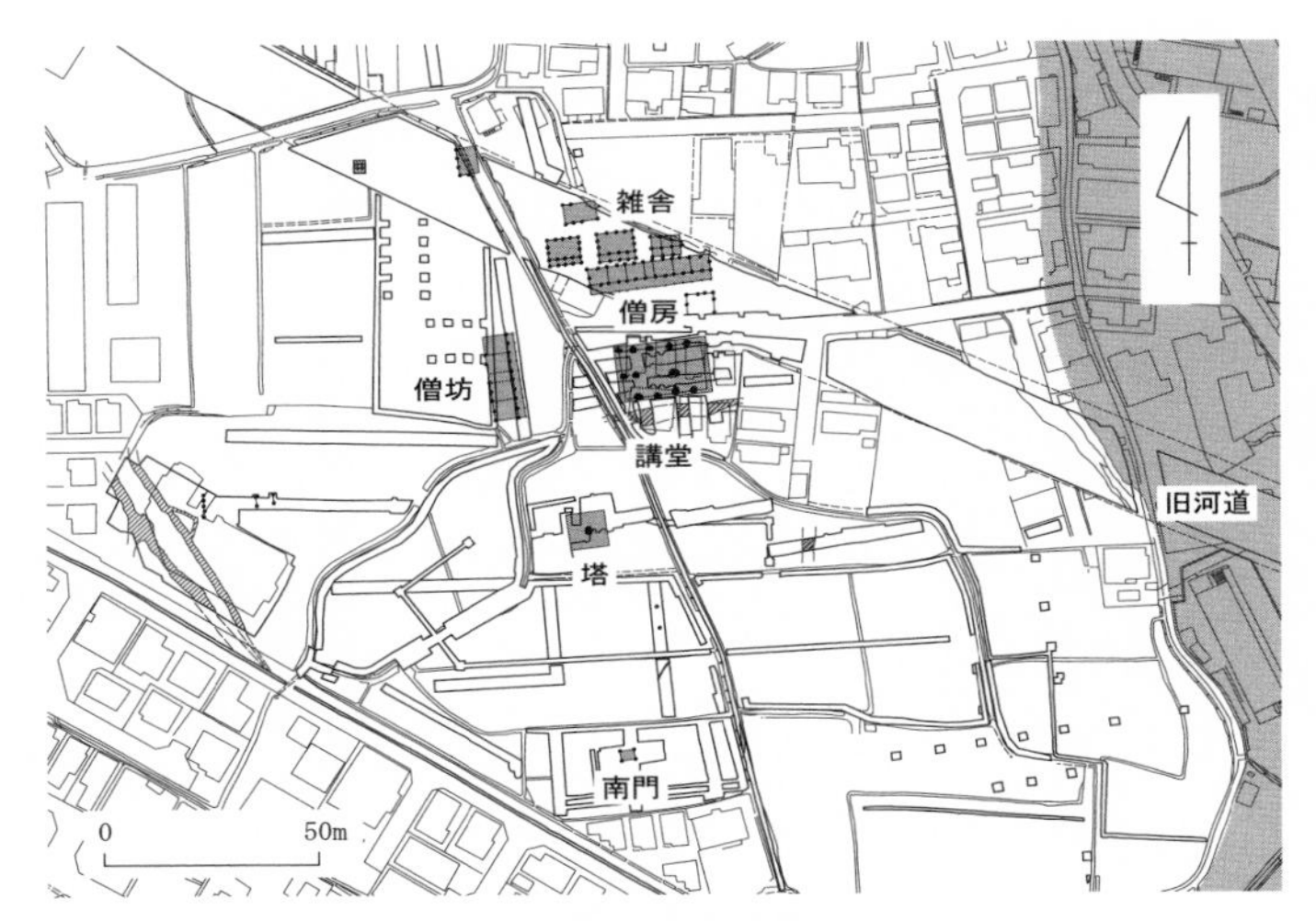

辻井廃寺の主要伽藍平面図

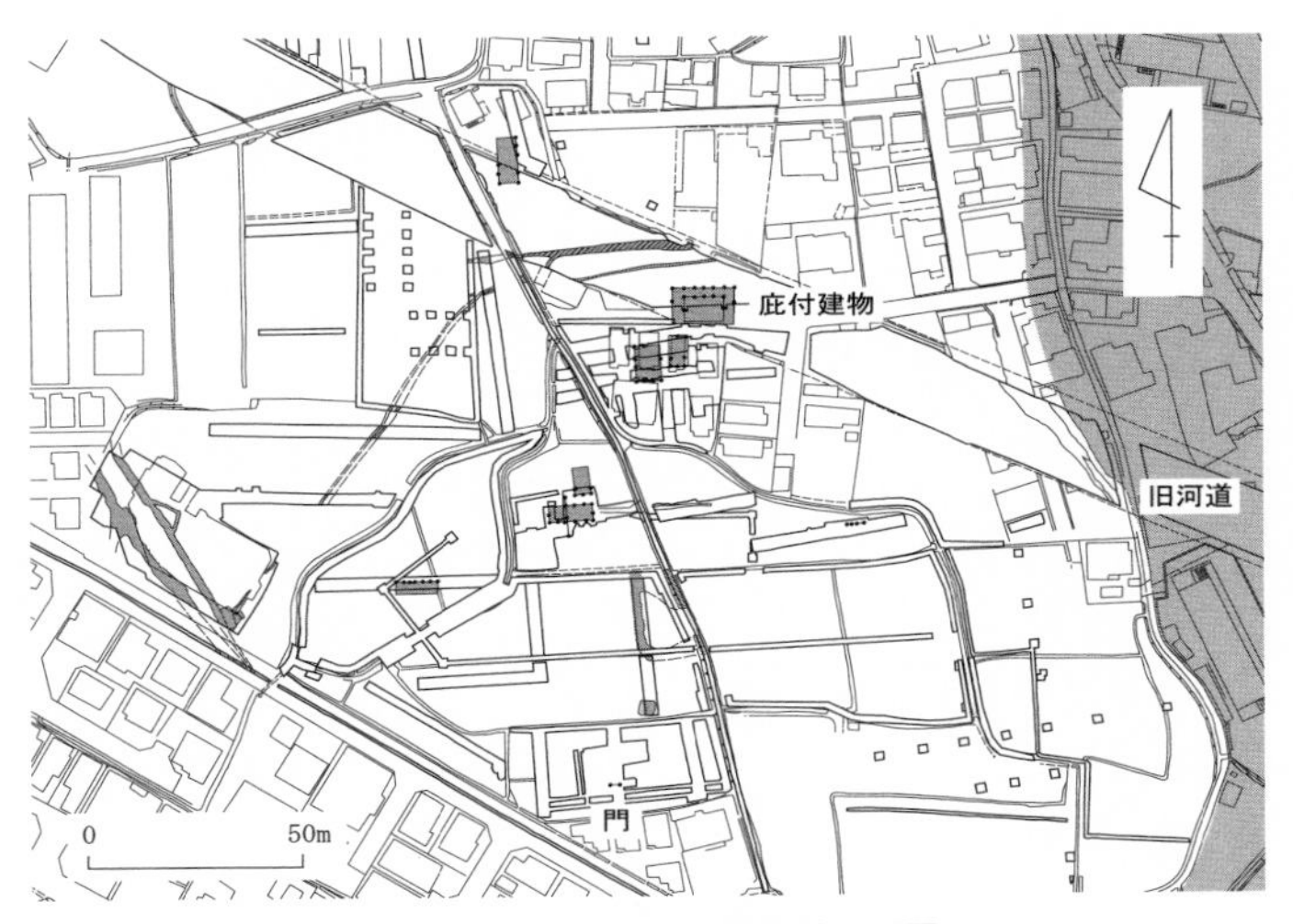

辻井廃寺に先行する建物群平面図

ある。建物内部は、二間毎に仕切られ、合計六室の部屋が想定されている。講堂の西にも、これよりやや小振りな南北九間の建物があり、同じく四室を持つ僧房と考えられている。ところで、僧房での生活実態はどうであったのであろう。薬師寺では、天禄四年（九七三）の火災で焼失した当時の床面が発掘調査で見つかっており、詳細な土器の出土状況分析から、身分の上下のある僧が二人住んでいたと復原されている。一〇世紀後半であることに留意が必要だが、辻井廃寺にあてはめれば、北面僧房に一二人、西面僧房に八人、計二〇人の僧がいたということになる。

『出雲』には僧の数が記され、大原郡斐伊郷の新造院に僧五人、同じ斐伊郷だが別の新造院に尼僧二人、屋裏郷に一人などとある。また、天平一三年（七四一）の国分寺建立の詔では、僧寺に二〇人、尼寺に一〇人を常駐させるとある。白鳳の地方寺院である辻井廃寺の僧を国分寺と同じとするのは、やや無理があり、実態は、出雲国の例に近かったのではないだろうか。

塔の正面、約五〇メートル南には、一間四方で東西約三・三メートル、南北約二・五メートル、南面の二本柱に扉が付き、それを支えるようにして、後ろに控柱を立てた掘立柱の南門がある。これ以外にも、北面僧房北側などに用途を特定できない雑舎と呼称している建物が数棟見つかっている。

これら建物群は、全体として北から約九度西に振った方位軸をとっている。金堂は、発掘調査では見つからなかったが、「東藤ノ木」にあった土壇に想定し、金堂西に塔、北に講堂が位置することから、法隆寺式伽藍配置と考えられる。中門・回廊は見つかっておらず、南門を除いて塀など区画施設はないが、南北二〇〇メートル、東西一五〇〜二〇〇メートルの寺域が想定されている。

◇寺院に先行する建物群

辻井廃寺は、所用瓦を複弁八葉蓮華文の軒丸瓦、重弧文の軒平瓦のいわゆる川原寺式系統のセットを主軸とし、屋根を飾る鴟尾（しび）には、播磨の峰相山（みねあいさん）窯跡群で生産され、播磨西部を中心に分布する特徴的な蓮華文帯鴟尾を用い、七世紀末から八世紀前葉頃の創建が考えられている。ところが、発掘調査では、講堂や塔の下から、重なるようにして別の掘立柱建物が見つかった。

なかでも最大の規模を持つ建物が、北面僧房のすぐ南にある。東西四間、南北二間、南がはっきりしないものの、おそらく四面庇付となる格式の高い平面形式で、全体では、東西約一四・五メートル、南北は、一〇メートルを超え、床面積一五〇平方メートルを超える大型建物となる。南門のすぐ南には、二本柱のみの門があるなど、建物は、寺院と同範囲に広がるが、方位軸を真北に近くとるという違いがある。これらの建物群は、瓦を伴わず、出土土器等の年代観から、七世紀前半のものと考えられる。『播磨』にある巨智らを祖とするような有力豪族の居館であったのであろう。

◎河道から出土した祭祀遺物と歌木簡

寺域の東側、塔跡からは一二〇メートル程のところに、南北に流れる河川の跡がみつかっている。古くは縄文時代晩期からの流れがあったと思われるが、寺を前後する時期にも機能しており、祭祀具、木簡、農耕・工具等の木製品を中心とした大量の遺物が出土した。中でも注意されるのが、祭祀具と木簡である。

祭祀具には、人形、馬形、舟形や結界を張るための斎串などがある。これらを組み合わせる等により、様々な穢れを水に流すことで消し去るという儀礼がここでおこなわれたと考えられている。大平茂氏は、人形に比べて馬形が多く発見されたことから、草上駅家にも関係した遺跡と考えられている。播磨国府から西に進み、最初の駅家である草上駅家は、古代の山陽道と美作道が分岐するところでもある。辻井廃寺の南約一・二キロメートルにある今宿丁田遺跡を比定する説があるが、両道のルートはこの付近では十分に解明されておらず、これまで発掘調査等で駅家そのものの遺構もみつかっていない。

木簡では、『古今和歌集』で著名な難波津の歌が書かれたものが目を引く。現状の長さ約三四センチの木簡には、「難波津に咲くやこの花冬こもり今は春へとさくやこのはな」の歌全体の内、歌の頭から「…ふゆこもりい」までが万葉仮名で記されている。栄原永遠男氏によれば、この木簡は、元は約二尺（約六〇センチ）の長大な材の片面に一行で難波津の歌が書かれたものであること、この種の「歌木簡」は、フォーマルな度合いの高い公的な儀式・歌宴などに持参し、多くの人々が注視する中、一定の所作・音声とともに歌を詠み上げるために用いられたとされる。また、その際、長大な木簡を持つ姿や所作、詠み上げることによって発せられる音声も重視されたと考えられている。出土した木簡は、その後反対の面で「己」「知」「屋」の習書・落書がなされ、次に二つ以上に切断分離されるなどした後、この河道に廃棄された。

・「□□□□尓佐久□□乃［　］夫□己母利□
〔波　ツカ〕〔弥　己カ〕〔由カ〕〔伊カ〕

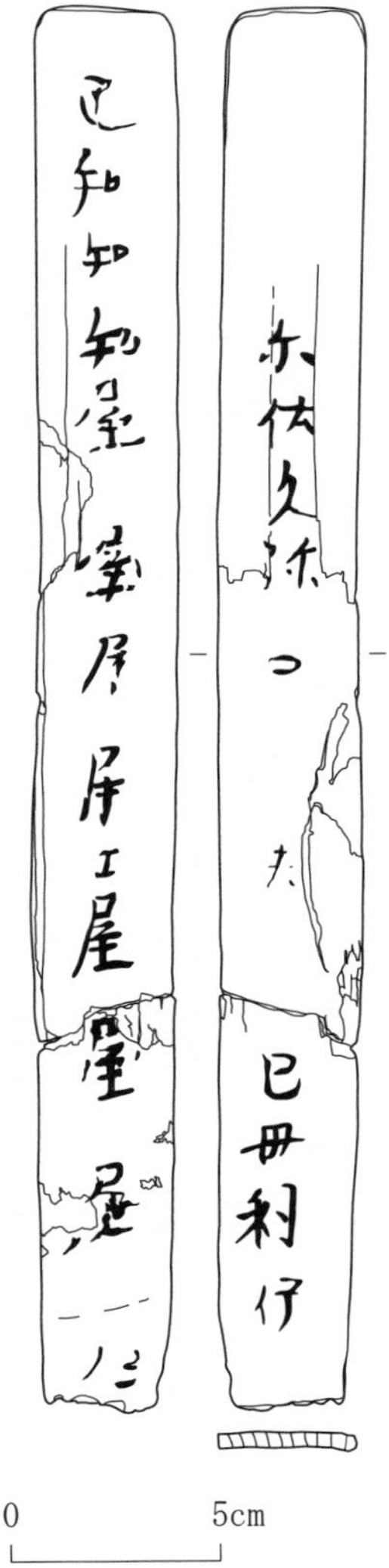

・「□知知知屋　屋屋屋□屋屋屋□□
〔己カ〕

0　5cm

歌木簡実測図

第6章

播磨の古代と資料・地誌

『播磨国風土記』の資料的価値
―口承の世界―

坂江 渉

◇『風土記』の口承性

現存する各国『風土記』の地名起源説話は、もともと各地の口頭伝承から採られたと考えられている。播磨以外の『風土記』では、口承の直接的な名残を確認できる。たとえば、『出雲国風土記』の意宇郡条冒頭の「国来、国来」「河船のもそろ、もそろ」のような繰り返しの言葉、『常陸国風土記』の「薦枕、多珂の国」「握飯、筑波の国」など「風俗の説」として紹介される地名呼称がそれである。しかし『播磨国風土記』では、国作りを終えた伊和大神が「於和」と云った（宍禾郡伊和村条）などの叙述をのぞき、直接的な口承例をほとんど見いだせない。そういうこともあり、これまで『播磨』の口承性への関心は低かった。

◇エドウィーナ・パーマー氏の口承文学論

しかし近年、日本文学者から注目すべき成果がだされている。ニュージーランド在住の女性研究者、エドウィーナ・パーマー（Edwina Palmer）氏は、一〇年以上も前から、『播磨』の

パーマー氏による『播磨』の全巻英訳本の表紙

地名起源説話の口承性について多くの業績をあげてきた。またそれにもとづき二〇一六年、世界で初めて『播磨国風土記』の全巻英訳本を刊行したのがパーマー氏である。

氏は海外での事例を踏まえ、文学には、①文字、文書にもとづく文学と、②文字ではなく口頭で伝わるものの二種類があり、このうち後者を「口承文学」と呼ぶ。氏によると文字を知らない人びとの間では、物事や情報の伝達は、人の声、顔の表情や仕草、歌や音楽の伴奏などを通じておこなわれた。そこでは文字が無い代わりに、語り手の言葉遣いや伝達構造はかえって複雑になる。聞き手の脳裏に鮮烈な印象やインパクトを与えようとする「口業」（“Wordplay”）が多用されたという。その具体例として、「言葉の反復」「韻」「掛詞」「誉め言葉」「カイ式交差配列法」などを挙げる。そして『播磨』のなかには、いくつかの口業の痕跡を見いだせるという。

◎「麻打山」の伝承

たとえば、現在のたつの市誉田町内山あたりに比定される揖保郡の麻打山の地名のいわれについて、『播磨』には、「麻打山。昔、但馬の国の人、伊頭志君麻良比、この山に家居す。二の女、夜に麻を打つに、即ち麻を己が胸に置きて死す。故に麻打山と号く。今に至るまで、この辺りに居る者、夜に至りては、麻を打たず」とある。

ここでは前半で麻打山の地名について、麻良比の二人の娘が、夜に麻を打って死去したことに因むと書かれている。ついで後半には、この付近では、夜に麻を打たない習俗がみられると記される。これらを文字資料として読んだ限りでは、分かりにくい文章になっている。

しかしパーマー氏は、これを前・後半通じての口業の一つとしてみれば、話の筋を理解できる仕組みになっていると指摘する。氏によるとここでは「麻」に対する「朝」の語が、「隠れた掛詞」として配置されているという。すなわち「夜に麻を打たないなら、いつ打つの?」。「朝でしょう」という流れの口業である。麻打山の地名のいわれが、事実上「朝に麻を打つ山」という論理で組み立てられている。

パーマー氏によると、当時の語り手と聞き手は、このような口業を介して相互に通じ合っていたという。そして地名起源説話や神話は、本来こうした口業を含み込む形で語られていたと述べる。興味深い見方である。

◎「みかた」と「かたみ」の話

パーマー氏が注目したもう一つの事例は、古代ギリシャの口承文学の口業と似通った技法がみられるという、宍禾郡御形里の地名説話である。その末尾には、前半部とは異なる一説が掲げられ、「一に云く、大神、形見として御杖をこの村に植える。故に御形と曰ふ」とある。

従来この話は、形見の「形」と、地名の御形の「形」とを掛け合わせるダジャレとみるのが普通だった。しかしパーマー氏によると、「かたみ」と「みかた」という言葉をひっくり返して使う口業、すなわちカイ式交差配列法（倒置対句法）であるという。

「カイ」はギリシャ語のアルファベットの「X」を示す。よってカイ式とは、言葉をXのようにクロスさせる用法である。現在の日本でも、隠語（いんご）として、宿のことを「どや」、種を「ねた」、素人を「とーしろう」などと呼ぶ用法があるが、カイ式交差配列法はそれと同様の言葉遊びだと指摘する。

◇『播磨国風土記』の口承的資料価値

そのうえでこれを聞いた古代の人びとは、そこに一種のユーモアのセンスや笑い的要素を感じとり、それを通じて地名の由来話を印象深く記憶したのだと理解する。そしてカイ式交差配列法の口業は、ほかならぬ古代ギリシャの口承文学にもみられるから、この点で『播磨』の口承文学は、「世界遺産」とでも言うべきものだと評価する。世界遺産の制度は不動産に限られるから、正確には「世界記憶遺産」的価値をもつというべきであろう。

それはともかく、従来『古事記』や『日本書紀』ほど注目されていない、『播磨』に光りをあて、これを口承文学の国際比較の観点からみると、そこにはギリシャ文学にも匹敵する用法が含まれていること、またそれ自身「世界遺産」的な価値があると論じるパーマー氏の見解は、『風土記』

御形神社の参道（宍粟市一宮町三方町。地元では当社のことをさらにひっくり返して「たかみさん」とも呼ぶという）

研究の新境地を切り拓くものである。海外の日本文学研究者により、『播磨』の資料的価値の評価が高められ、その根底にある古代播磨の文化的個性の一端が明らかになった。

このような見方を踏まえたうえで、さらに考えるべきことは、右の口承がどこで語られ、その目的は何だったかの点である。なぜなら、わざわざ口業を用いる語り手がおり、それを聞く者がいるということは、それが日常空間ではなく、特別なハレの場でおこなわれたと推測されるからである。またその目的も、単なる情報伝達の強化のためだけだったと片付けられない。そこで以下、筆者自身の考えを述べてみたい。

◇口頭の祭祀儀礼

まず場所の問題に関していうと、それは各地の村々で定期的に開かれるハレの儀式、すなわち春と秋の祭りにおいてであったと思われる。

古代の祭りは、現在とは異なり、何日間にもおよぶもので、共同飲食や歌垣などを含む、数多くの神事と呪術から成り立っていた。そのなかの一つとして、祭りをめぐる諸事の縁起（起源）を示そうとする、口頭の儀礼がおこなわれていた。

祭りの間だけ、一時的に神主役をつとめる地元豪族は、語りや口業に秀でた一族の子弟や子女などを語り手や巫女（みこ）などに選び、祭りの諸事のいわれを語らせていた。その時間帯は昼間ではなく夜間であり、聞き手は祭りに参加する村の老若男女であった。村の人びとは祭りの直前、①祈りを捧げる神の系譜や鎮座由来、②地元景観の成り立ち（国作り神話）、③他所と比べた地元の優越性の起源（国誉め神話）、④国占めのための農耕儀礼や共同飲食の宴などのいわれ話、⑤特定一族が祭りをつかさどる由来（始祖伝承）、そして⑥地名の起源譚などを聞かされていた。その後、さまざまな神事や行事の実修に入っていった。

つまりパーマー氏のいう『播磨』の口承文学は、当時の信仰や宗教と深く結びついていた。いわば神話（神語り）の一部をなしていた。それは祭りの起源やその正統性を語り、さらには村の人びとの共同体への帰属意識を高めようとする、実践的な目的をもっていた。この目的に包み込まれる形で、語りの内容をより効果的に伝え、長く記憶させるために用いられたのが口業であった。

文字を使わない人びとの世界において、口業を含む口頭の祭祀儀礼は、共同体への結束をはかること、および村の祭りを一時的につかさどる、地元豪族の現実的な支配強化の問題と不可分に結びついていた。

オケ・ヲケ物語の実態
—『古事記』『日本書紀』『風土記』を読みくらべる—

古市　晃

◇オケ・ヲケの物語

顕宗天皇（ヲケ王）、仁賢天皇（オケ王）の兄弟が即位に至る物語は、『古事記』『日本書紀』の中でもよく知られた物語である。二人は父の市辺押磐（いちのべおしはの）王（みこ）（履中天皇王子）が殺害されたことで播磨の志深（しじみ）（現在の三木市志染）に逃亡して潜伏するものの、やがて見出されて即位する。即位に際しては兄と弟が譲り合い、弟が先に即位して顕宗天皇となるという物語も付随する。

この一連の物語は、記紀だけでなく

オケ・ヲケ伝承の構成

地域	共通の要素	古事記	日本書紀	播磨国風土記
近江	市辺押磐王殺害	佐々貴山君韓帒の勧誘	佐々貴山君韓帒の勧誘 佐伯部売輪の忠節	殺害記事のみ
	オケ・ヲケの逃走	山代の猪甘の老人の妨害	—	—
播磨		—	日下部連使主・吾田彦父子の忠節 丹波から播磨へ 使主の自殺	日下部連使主の忠節・自経
	オケ・ヲケの潜伏	播磨国の志自牟に仕える	吾田彦の忠節 縮見屯倉首、忍海部造細目に仕える	志深村首、伊等尾に仕える
	オケ・ヲケの発見	新室宴にて山部連小楯による忍海郎女の歓喜	新室宴にて小楯による清寧（白髪王）の歓喜	新室宴にて小楯による手白髪命の歓喜
		—	宮の所在	大和からの帰還、宮の所在
		—	—	国造許麻の娘、根日女への求婚
大和		志毗臣との対立・誅殺	佐伯部の褒賞	—
	父の遺骨の探索	置目の功業、韓帒の懲罰	置目の功業 韓帒の懲罰 倭帒の褒賞	—
		猪甘の老人の断罪	小楯の褒賞	—
	雄略陵の破壊	兄、仁賢の諫止	兄、仁賢の諫止	—

『播磨国風土記』にも記されており、それぞれの書物が共通する主題を目的に応じてどのように書き表したのか、そのためにどのような素材に依拠したのかを知ることができる恰好の素材でもある（表）。ただオケ・ヲケの物語は、その劇的な内容ゆえに、史実とは考えられないという否定的な見解も根強い。ここでは、史料間による内容の共通性と相違を確認しながら、その虚構と史実の狭間をみてみたい。

◇『日本書紀』の構成

まず『紀』によって、オケ・ヲケの物語を見渡しておこう。雄略天皇は近江の来田綿野に市辺押磐王を誘い出し、殺害する。王に仕える佐伯部売輪（仲子）も共に殺害されるが、オケ・ヲケは日下部連使主の助けで逃亡する。二人は当初、丹後の与謝郡、次いで播磨の志深に移り、土地の豪族、忍海部造細目に仕える。雄略の死後、播磨国司、伊予来目部小楯に見出された二人は復権し、弟、兄の順に即位する。

『紀』には多くの人物が登場し、それぞれの役割が明瞭に示される。市辺押磐王殺害のきっかけを作った近江の韓帒という人物は、事後、山部連に隷属させられる。一方、市辺押磐王の遺骨を発見した置目という人物の兄、倭帒は、その功績により佐佐貴山君の氏姓を与えられる。小楯は「山官」に任ぜられて山部連となる。

このように、『紀』のオケ・ヲケの物語は、基本的には佐佐貴山君氏と山部連の功業譚として語られるのだが、そのほかの氏族についても詳細に描かれる。仲子の子孫は、佐伯造という氏姓を与えられる。日下部連使主は自殺するが、その子の吾田彦（あたひこ）が二人に「固く臣礼を執」ったことが特記される。『紀』のオケ・ヲケ物語は、市辺押磐王とオケ・ヲケに仕えたことを誇る氏族たちの伝承で構成されているのである。

◎『古事記』の構成

『記』のオケ・ヲケ物語は『紀』よりはずっと短いが、基本的には佐佐貴山君と山部連の奉仕起源譚の構成を取る。ただ『記』には丹後の話はみえず、播磨の話は簡略である。『記』は、地域社会にはあまり関心を寄せていなかったことがうかがえる。

一方で『記』は、山代（山城）の猪甘（いかい）の老人の物語を記す。オケ・ヲケの逃亡を妨害した猪甘の老人が後に処刑され、その一族が膝の筋を断たれる、というものである。それによって、猪甘の子孫は大和に上る時、「跛（あしなえ）」の形をとるとされる。あしなえとは、ひざまずいて前進するさまをいうので、服属の形を示すといえる。つまりこれは、山城の猪甘の一族に伝わる王権への服属儀礼が、オケ・ヲケへの迫害に起源することを伝えたものである。『記』のオケ・ヲケ物語は、『紀』とは異なって宮廷を中心とする視点から記されたことがわかる。

もうひとつの『記』の特徴は、『紀』がオケ・ヲケの発見を清寧天皇の時とするのに対して、清寧の死後、市辺押磐王の妹、忍海郎女（おしぬみのいらつめ）（またの名は飯豊王（いいどよのひめみこ））が統治していた時のこととする点にある。この状態を、『記』は、「清寧天皇が亡くなった後には天下を統治すべき王がいなかった。そこで後継者を探したところ、忍海郎女が葛城忍海高木角刺宮に坐した（天下を治めた）」と記す。そしてオケ・ヲケが発見されたことを聞いた忍海郎女は、喜んで二人を宮へ迎えたとする。『記』におけるオケ・ヲケ発見の物語の舞台とは、忍海郎女の王宮、高木角刺宮なのである。

◎『播磨国風土記』の構成

『播磨』のオケ・ヲケ物語の主題は、二人が志深の地に逃れてからの話にある。しかしその前提として、市辺押磐王殺害、日下部連使主の助力が記されるので、『紀』と共通の素材による部分があったことが推測できる。二人を発見するのも小楯とされるので、物語の展開は基本的には記紀と共通している。そのことから、『記』のオケ・ヲケ物語には独自性を見出しがたいとする説もある。

しかし二人が身を寄せた志深の豪族を、『紀』が「忍海部造細目」と氏姓が整った形で記すのに対して、『記』は「志深村の首、伊等尾」と、素朴な形で表記する。小楯の官職についても、「針間国の山門の領」（播磨国の山林の管理）と、より現地での職務に即した形で記している。また本来はオケ王の娘である手白髪命（手白香女王）を二人の母と記すなど、中央の史書に基づいたとすれば不自然な誤りがみられる。さらに、物語の最後では、二人は都に上った後にふたたび志深の地に戻り、高野・少野・河村・池野に宮を作ってそこに坐したとされ、賀毛郡では国造許麻（くにのみやつここま）の娘、根日女命（ねひめ）に求婚した伝承が記される（楢原里条玉野村）。高野などの宮の名は『紀』にもみえるのだが、これは『記』の情報が採録されたことによるとみるべきだろう。播磨に伝わったオケ・ヲケ物語は、『記』や『紀』とは異なる、独自の展開を遂げたことがうかがえる。

◎物語を伝えた交通関係

では、志深の地にオケ・ヲケ物語を伝えたのは誰か。注目されるのは日下部氏である。『播磨』は、履中天皇が志深里に到来した話を伝える。履中の名、大兄伊射報和気（おおえのいざほわけ）のオホエとは、河内国河内郡日下郷（現大阪府東大阪市日下）の地名の一部である。さらに、『紀』が記す二人の最初の逃亡先、丹後の与謝郡には日下部氏がいた（「丹後国風土記」逸文）。日下部氏とオケ・ヲケの関係は、履中及びその子孫と日下部氏の奉仕関係、また日下部氏がもつ播磨と丹後のネットワークの中で伝え

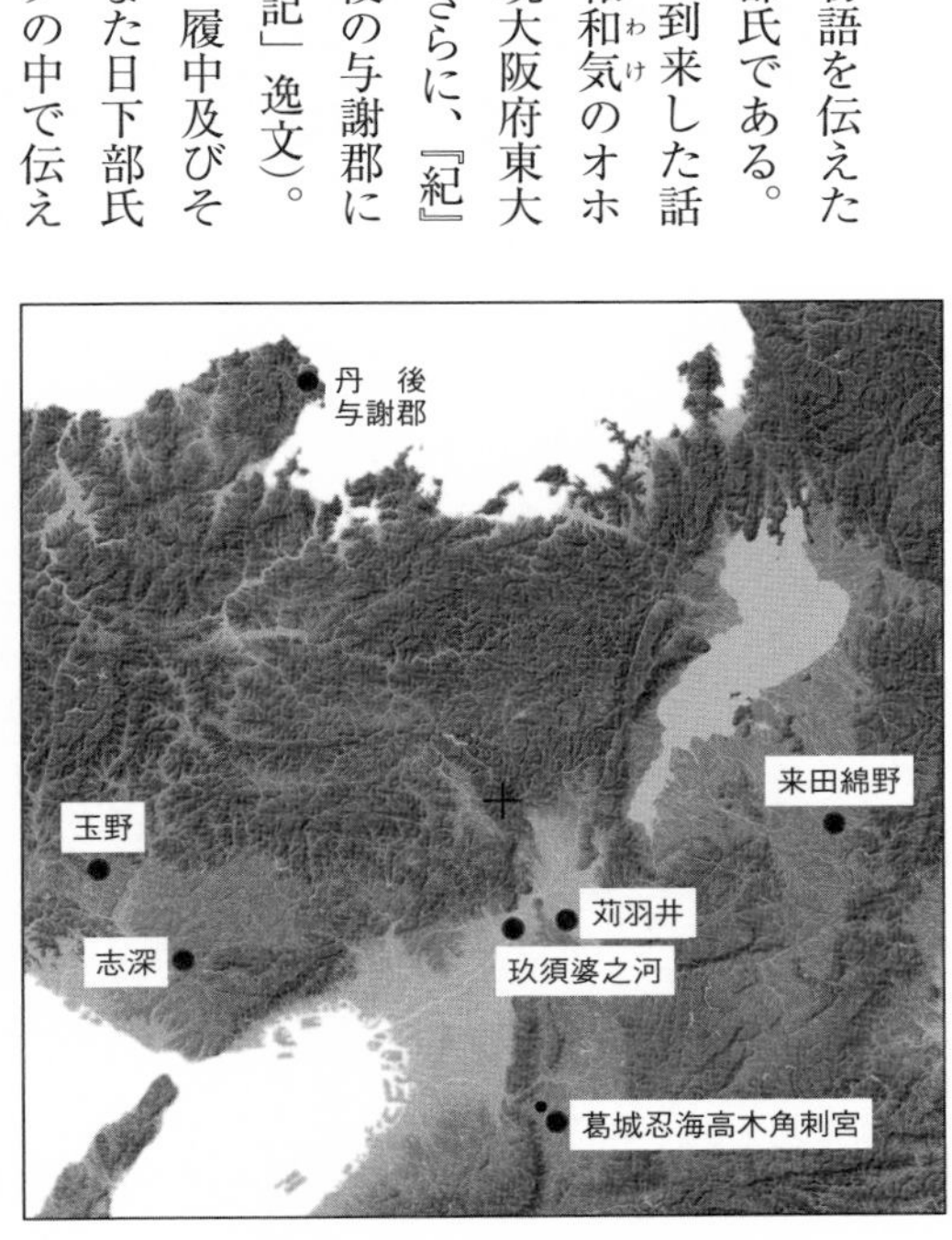

図1　オケ・ヲケ伝承関係図
（ひなたGIS　川だけ地形図を利用）

られた可能性が高い（図1）。

もう一つの可能性が、忍海郎女の王宮と志深との関係である。『紀』に忍海部造細目の名が記され、明石郡から美嚢郡への経路に押部谷（おしべだに）の地名が残るように、志深の地には忍海郎女の王宮に奉仕する人々が置かれていた。志染所在の窟屋（いわや）一号墳からは忍海産とされる鉄釘が出土するなど、志深と忍海の関係は考古資料からも確認できる（図2）。オケ・ヲケの物語は、こうした複数の経路によって志深の地にもたらされたのであろう。

五世紀後半、雄略の死後、雄略が吉備の上道臣田狭（かみつみちのおみたさ）から奪った稚媛（わかひめ）とその子、星川王が反乱を起こすが鎮圧され、上道臣もまた罰せられて配下の山部を奪われたことが『紀』に記される。上道臣の山部の一部は、播磨にも置かれていた可能性が高い。

播磨は吉備と倭王の勢力が対峙する場であり、志深への忍海部の設置は、倭王による支配強化を意味していた。オケ・ヲケ物語は、五世紀後半の王族同士の激しい対立を示すと共に、倭王が地域勢力を圧倒してゆく過程の中で生まれた伝承といえるだろう。

図2　忍海産の鉄釘が出土した窟屋1号墳出土の単鳳環頭大刀柄頭（兵庫県立考古博物館提供）

石板が語る古代播磨の秦氏

古市 晃

◇新史料の発見と古代史

歴史学研究にたずさわるものであれば、新発見の史料には誰しも心を踊らせるものだが、古代・中世など、古い時代の研究でそうした幸運にめぐり会う機会はそれほど多くはない。発掘調査で木簡や墨書土器が出土する機会はずいぶん増えたが、それにしても、古代史料の新発見はかなりめずらしいできごとである。

山口県山口市の小郡文化資料館に収蔵されている、「秦益人刻書石(はたのますひとこくしょいし)」と呼ばれる刻書石製品は、そのような貴重な事例の一つである。この遺物にめぐりあったのは二〇〇六年のこと、筆者も一員であった、坂江渉さんを代表とする科学研究費の研究チームに、たつの市教育委員会の義則敏彦さんから情報が寄せられたのがきっかけである、小郡文化資料館で、播磨国の文字が刻まれた、古代のものらしい石製品を見た、とのこと。さっそく小郡に向かい、実物を調査した。

（裏面）　（表面）

図1　秦益人刻書石（栗林和彦氏撮影）

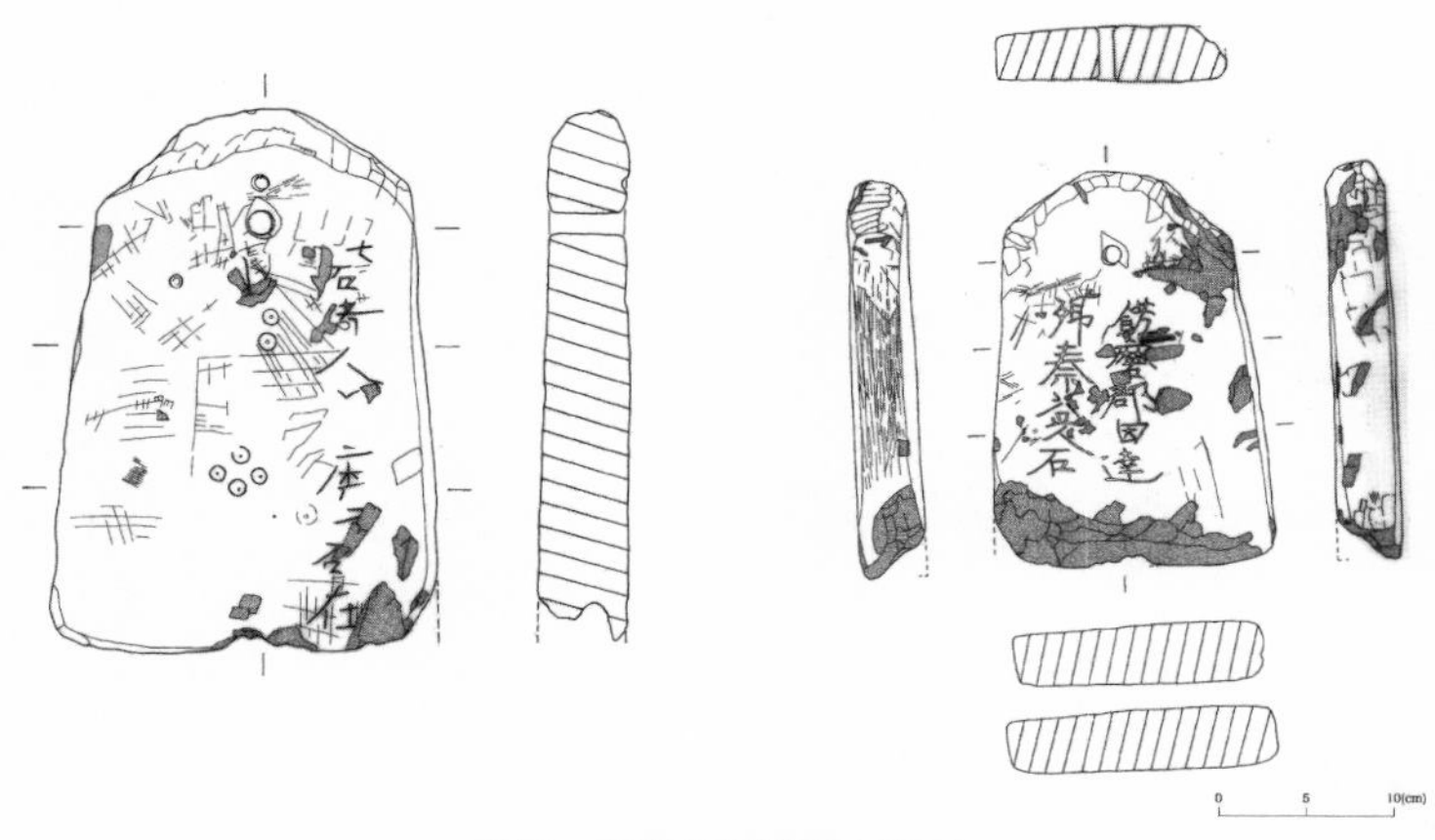

図2　秦益人刻書石実測図

◇新出史料のあらまし

実物は高さ二三・〇センチ、幅一五・九センチ、厚さ約三センチで、重さ二・七キロ、頭をとがらせた将棋の駒状の石製品である（図1、2）。上の方には穴を穿（うが）ち、向かって正面から左側にかけて、「餝磨郡因達郷秦益人石」という大振りの文字が二行に分けて記されている。この面を表とすると、裏にあたる面にも文字が刻まれていて、こちらは比較的小さく浅めの彫りで「此石者……□〔磨カ〕□石在」と記されている（……の部分は文字数が確定できない部分、□は一文字あることはわかるが判読できない部分、□〔磨カ〕は、おそらくそのように読めるが確定しきれない部分）。年号は刻まれていないが、餝磨郡因達郷（しかまぐんいだてごう）は古代の行政区画で、天平一二年（七四〇）以降に用いられた郡郷制にもとづく行政表記である。この表記は平安時代以降にも続くが、奈良時代前半の書風と共通する部分が多い。また裏面は「この石は……………石なり」と読めるのだが、「在」を「なり」と読む事例は飛鳥時代後期に確認できる、古くから存在する読み方である。郡郷制が用いられてはいるが、古風な書風と用字から、奈良時代中頃に作られたものと考えるのがよいと思われる。なお表面の文字のうち、餝磨郡の「餝」と因達郷の「郷」は異体字が用いられているが、いずれも古代に用例がある。つまりこの石製品は、奈良時代中頃の播磨国餝磨郡因達郷を本籍地とする、秦益人という人物がもっていたものである、といえることが明らかになったのである。それがなぜ、山口の資料館に所蔵されているのか——その謎も、関係機関の協力を得て明らかにすることができた。

◇発見の経緯と「再発見」

この石製品は、発掘調査によって出土したのではなく、偶然の契機によってみつかったものである。一九六三、四年の頃、現在の山口市小郡上郷にあたる地で、果樹の植栽作業中、地下およそ三〇～四〇センチのところで発見されたという（図3）。そのまま発見者の宅地の庭に保管されていたが、一九七四、五年頃、地元の研究者によって小郡文化資料館の前身施設に収蔵・展示される。その後、これを古代の石製品と考える研究者もいたが、その説が見出されることはなく、その後に進められた自治体史の編纂事業でも取り上げられることはなかった。発見から四〇年以上を経て、この石製品は「新発見」の奈良時代の文字資料として日の目をみるに至ったのである。その用途については秤石説、懐炉（温石）説など、いくつかの説が提起されている。

図3　秦益人刻書石の出土地点（ひなたGIS　川だけ地形図を利用）

出土地点は江戸時代までの国郡表記でいえば周防国吉敷郡にあたり、山口市内を流れる椹野川が、瀬戸内海に注ぐ手前の段丘上に位置している。ちょうど、幕末の勤王家として知られる大庄屋、林勇蔵の宅地に近接し、かつては近辺に林家の米蔵が建ち並んでいたという。幕末・明治の名望家ゆかりの地で出土したことから、この頃に古代に対する関心が高まる中で作られた擬古作の可能性も考えたが、秦益人が他に知られていない人物であること、近世・近代の人が特別な関心を寄せたとは考えられない内容と形状であることなどから、古代の作例と考えてよいものである。

◇石製品出土の意味

それにしても、遠く離れた播磨国の人物が所持していたと思われるこの石製品が、なぜ周防国でみつかったのであろうか。その理由は、一つにはこの石製品が出土した地域の性格を考えることで理解できる。この地は、江戸時代までは椹野川を利用した、内陸地域と瀬戸内海をつなぐ物資の結節地点といえる場所である。古代でもこの点は変わらなかったと思われる。上郷の地は、古代では東大寺領の庄園として知られる椹野荘に含まれる。椹野荘は天平勝宝年間（七四九～七五七）の早い段階で成立したと考えられているのだが、時あたかも東大寺で盧舎那仏（いわゆる大仏）が造立されている時期にあたる。盧舎那仏造立に用いられた原料の銅を産出したのが長門国長登銅山であり、椹野荘はその銅の積み出し港として利用されていたと考えられている。出土地点は、古代の国家的プロジェクトを支える重要な物資流通拠点だったのである。

実は播磨国餝磨郡にも東大寺に租税を納める封戸が置かれていて、東大寺との関係が確認できる。また因達郷は、『播磨国風土記』に、息長帯比売命が韓国を平定する際、船を守護した伊太代の神がこの地に鎮座することをもって名づけられたとするところである。神功皇后の新羅平定伝承と結び付く伝承と考えられるが、瀬戸内海を通じて外洋航海を行う船の守護神の鎮座地とされていた。さらに、大汝命が「因達の神山」に至った際、乱暴な子の火明命をもてあまして置き去りにし、ひそかに船出したところ、それに気づいた火明命が大波風を起こして父の船を沈没させたという、いささか物騒な伝承も伝わる。因達郷が瀬戸内海水運の拠点として重要な地域であったことがうかがえる。餝磨郡の人物の所持品が周防でみつかるのは、こうした東大寺との関係、また因達郷自体の重要性にかかわってのことであろう。

もう一つ、考えておくべき要素がある。秦氏である。秦氏は朝鮮半島から渡来した人びとの子孫とされる。餝磨郡をはじめとして、播磨西部には多くの秦氏が居住したことで知られるが、彼らを特徴づけるのが、その高度な土木技術であった。秦氏の本拠とされる山背国葛野郡では、彼らによって大堰川から取水するための葛野大堰という用水路が造営されたと伝わる（『政事要略』所引「秦氏本系帳」）。播磨では、赤穂郡の秦氏が塩堤の築造に取り組んだことが記されている（「播磨国坂越・神戸両郷解」）。

餝磨郡の秦益人が周防の地に到来した理由も、やはりその高度な開発技術が期待されてのことだったのではないだろうか。銘文が、播磨国を省略して餝磨郡から記入していることからすれば、周防では、彼の周辺には播磨のほかの地域から呼び寄せられた技術者たちがいた可能性が高い。そうした人びとが東大寺の経営拠点作りに一役勝っていたとすれば、こうした石製品が周防で出土することの意味も理解しやすくなるだろう。「秦益人刻書石」は、歴史書だけではわからない古代の地域間交流の実相を伝えてくれる、貴重な資料なのである。

幕末以降の『播磨国風土記』写本のネットワーク

垣内　章

◇『播磨国風土記』の写本を調査する

たつの市御津町室津の賀茂神社の神官であった岡平保（ひらやす）の『風土記考』（岡家蔵）を翻刻した際に、平保が用いた『播磨国風土記』の写本と架蔵の本とが丁数が一致しなかったことに端を発して、ここ数年来『播磨』の写本調査を行っている。

もっとも、当初は、このようないたって単純な疑問から始めたので、あまり意味ある作業だとは思ってはいなかった。しかしながら、写本をみていくうちに、本文文字の微細な異なりや、書入・付箋などから、奥書（おくがき）（今日の奥付に相当する）には記されてはいない伝播のルートや、書写者の研究の到達点を垣間見ることができるということに気づき、『播磨』の研究史という観点に立つと、非常に有用な史料であることを思い知ることになった。さらには、本文校訂のヒントがフリーズドライされているのではないかとも。

◇三条西本『播磨国風土記』の出現と流布

さて、いわゆる古風土記のうち、播磨を除く四国の風土記は、幕末にはすでに版本が刊おこなされ、研究が進んでいた。『播磨』の唯一の伝本である三条西本（国宝。天理大学附属天理図書館蔵）は、元禄一六年（一七〇三）には存在が確認され、書写もされたようであり、寛政八年（一七九六）にも書写（柳原本）されているが、公になることはなかった。

嘉永五年（一八五二）三月に、谷森種窠（以下、後名の「善臣」で統一する）が、臨模本（字形や虫喰いの痕跡まで忠実に写し取った本）を作成し、同年九月には柳原本も書写して校合本（複数の写本を比較・対照し、異なりのある部分を正した本）を作成したことにより、ようやく『播磨』研究の端緒が開かれたのである。

この善臣の手になる臨模本と校合本が、大正一五年（一九二六）に古典保存会によって三条西本の影印本（写真版）『播磨国風土記』が刊行されるまで、『播磨』のテキストの地位を保ち続ける。明治二〇年（一八八七）刊行の敷田年治の『評注播磨風土記』（明治四年成稿）や明治三二年（一八九九）刊行の栗田寛の『評注古風土記（播磨）』（文久三年夏成稿）も、この善臣のテキストを底本として標注を加えたものである。

ただし、谷森のテキストは、鈴木重胤の『日本書紀伝』の一節にもあるように、流布の初期にあっては谷森に親しい神官・国学者（とくに復古神道色の色濃い国学平田派の人物が目につく）という、極めて限定された人々が書写しており、非常に制約された環境の中にあったことは否めない。

◇伝写にみるネットワーク

流布の当初はこうした制約がありながらも、学友・知友・同族という伝手をたよっておこなわれ、文久初年ころにはかなりの広がりをみせるようになる。奥書には伝写の情報がすべて書き留められているとは限らないが、それでも伝写のルートがおぼろげながらも浮かび上がってくる。

たとえば、善臣作成のテキストは、主要なものだと、大橋長憙(ながおき)本系・六人部是香(むとべよしか)本系・鈴鹿(中臣)連胤(つらたね)本系・豊田靖本系などに、鈴鹿連胤本系はさらに黒川春村(はるむら)本系・上月為彦(こうづきためひこ)本系などに分派していくが、書写者には、やはり平田派系の人物が目につく。しかも、その多くが、維新後有力な神社の神職に就いているが、このネットワークが何らかの作用をしているのであろうか。なお、上月為彦本系は後に述べるように、播磨において展開したグループである。

ただし、同じ系統の本でも、精粗の差(とくに書入や付箋などの多少)があらわれたり、他系統の特徴的な書入をもつ本も存在するが、これは書写者の興味のありようと密接に関連するのであろうが、これも伝手をたよっての情報収集の成果である。

◇播磨における伝写ネットワーク

さて、播磨である。安政三年（一八五六）一〇月、播磨国惣社（射楯兵主神社）の神官上月為彦が京都吉田神社の神官鈴鹿連胤所持の校合本を書写したのが、播磨における『播磨』書写の嚆矢である。これは書写の事例としては比較的早い時期に属すが、二人が神官ということもあるけれども、日頃から典籍を貸し借りする仲であったことが大きいのではないか。

翌四年一〇月には、岡平保が為彦所持本を書写（岡家本）し、同六年（一八五九）には『播磨』の注釈書の先駆けとなる『風土記考』を著述している。ただ、平保が為彦本を写し取るのに一年を要しており、当地にあっても、伝写には厳しいものがあったことがうかがえる。

この後、書写の流れはおおむね為彦本系と岡家本系の二派にわかれる。基本的に、岡家本系の方が付箋・書入などの情報量が豊富である。

なお、播磨では谷森の校合本が多用され、臨模本の導入は明治三五年（一九〇二）と遅い。しかも研究に用いられた形跡は認められない。

◇なぜ『播磨国風土記』を書写するのか

このことに触れた本に関大本（関西大学図書館蔵）がある。書写にあたった播磨国山崎藩の藩士樽井守城の跋文によると、文久三年（一八六三）の夏のころ、山崎八幡神社の神子大住雅綱が年来の友人である上月為彦から『播磨』をみせられ、藩士堀内尚鞆を介して、奉行武間義

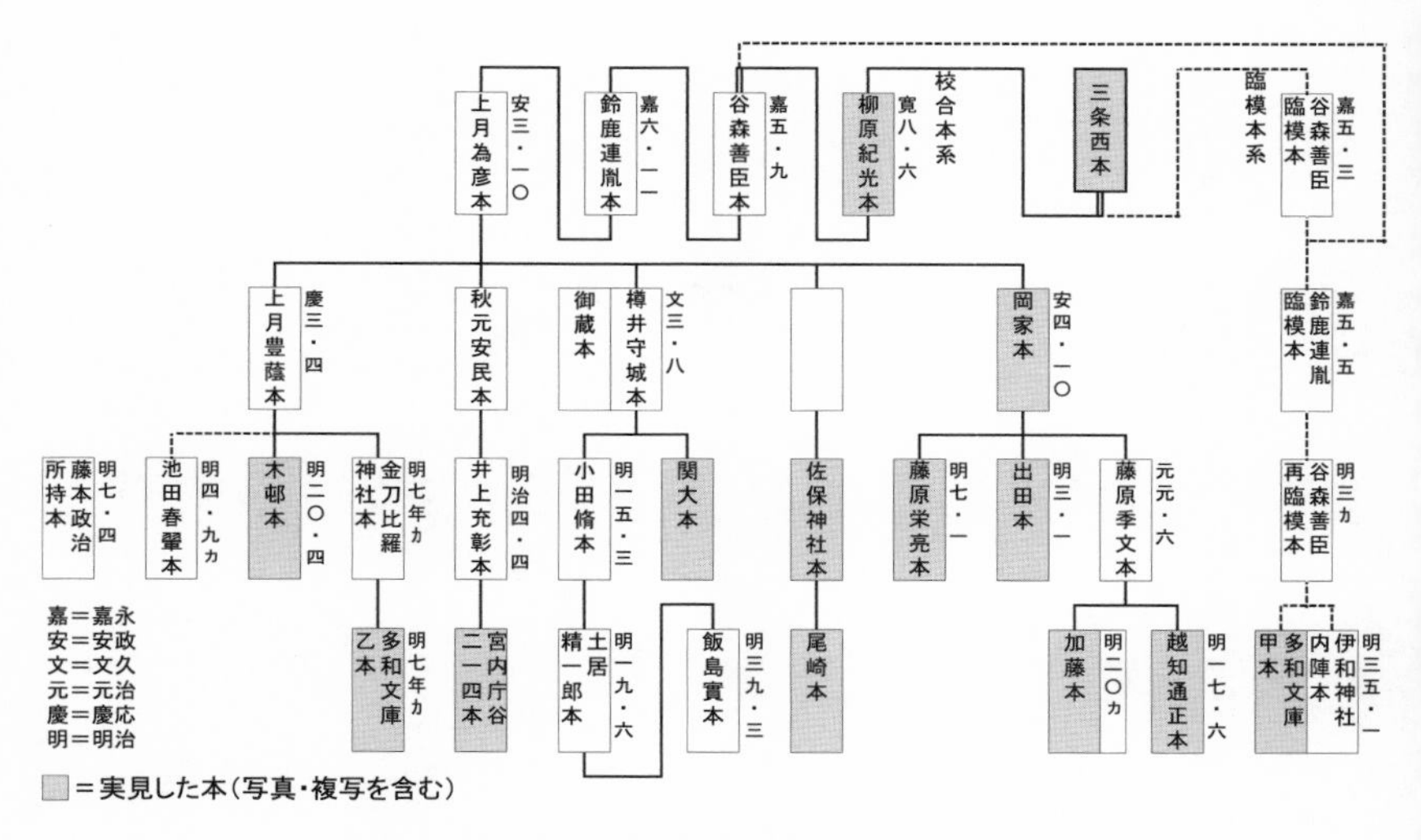

播磨における『播磨国風土記』写本の流れ

制（のり）へ注進に及んだ。義制は、尚鞆に指示して雅綱に手紙を書かせて為彦から『播磨』を借り受けさせ、八月に入り守城が書写を終えたとある。一万石の小藩とはいえ、藩の重役が『播磨』書写の指揮を執ったことが判明するのはかなり珍しいことではあるが、義制の意図するところは、領内の地名の由来を知るためという、いたって治政的なところにあった。

ただ、漢籍を極め、歌人でもあった守城は、『古事記』『日本書紀』などに漏れた我が播磨の古事を詳細に記録した貴重な書物、と吐露しているが、書写に携わった多くの人々の思いもそこにあったのであろうことは言をまつまい。

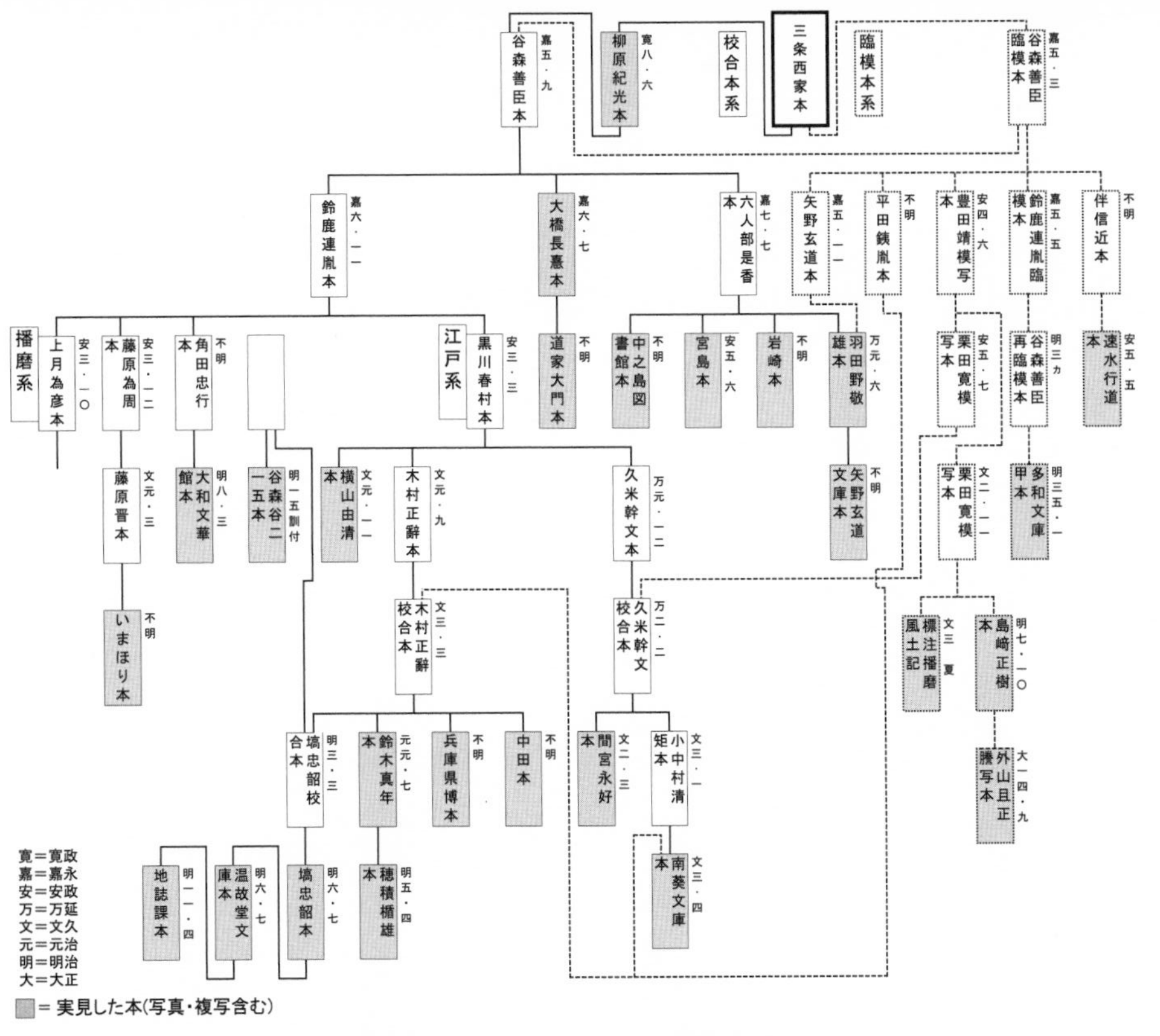

『播磨国風土記』写本の流れ（播磨系を除く）

『播磨国風土記』研究の先駆け
―賀茂神社宮司、岡平保―

垣内 章

◇『播磨国風土記』研究のうねり

『播磨国風土記』の研究は、嘉永五年（一八五二）の谷森善臣の三条西本書写を契機として、善臣作成の臨模本（字形や虫喰いの痕跡まで忠実に写し取った本）・校合本（複数の写本を比較・対照し、異なりのある部分を正した本）をテキストとして進められてきた。

なかでも、昭和六年（一九三一）に刊行された井上通泰の『播磨風土記新考』（以下、『新考』という）は、『播磨』研究の一時代を画した著作であり、今や、明治二〇年（一八八七）刊行の敷田年治の『評注播磨風土記』（明治四年成稿。以下、『敷注』という）や明治三二年（一八九九）刊行の栗田寛の『評注古風土記（播磨）』（文久三年成稿。以下『栗注』という）とともに、『播磨』研究における古典として差し支えないであろう。

これに前後する、大正一〇年（一九二一）に藤本政治が『播磨風土記』を、井上が同一五年（一九二六）に『播磨風土記』（『古風土記集』下）を、昭和二年には松岡静雄が『播磨風土記物語』を、昭和八年（一九三三）に藤本が『播磨風土記私考』を刊行している。いうまでもないことだが、井上・松岡は柳田国男の兄弟にして福崎町辻川の人、藤本は第二次大戦後粟賀村（現神河町）の村長を務めた人であるから、『播磨』研究には播磨人が大いに関わっていたといえよう。

しかし、播磨には、『敷注』や『栗注』に先駆けて研究書を著した人がいた。たつの市御津町室津の賀茂神社の神官（のち宮司）岡平保（ひらやす）その人であり、著書を『風土記考』という。

◇『風土記考』と『播磨風土記考』

平保は、安政四年（一八五七）一〇月に上月為彦（こうづきためひこ）本『播磨』を書写し、同六年（一八五九）三月に一旦『風土記考』を書き上げ、のち追補を加えているが、刊行されることなく草稿のままに終わっている。

こうしたことから、『国書総目録』では東京大学史料編纂所本・無窮会神習文庫本（むきゅうかいかんならい）（現在存否不分明）の二点の写本が知られているに過ぎなかったが、近時原本である岡家本や岡家本を忠実に書写した出田（いづた）家本『播磨風土記考』（龍野歴史文化資料館寄託）の存在が判明した。なお、岡家本と東京大学史料編纂所本が翻刻されたことから、内容は変わらないものの、草稿本系（岡家本・出田家本）と清書本系（東京大学史料編纂所本）の二系統があり、岡家本以外は書名を『播磨風土記考』とすることが明らかとなった。

風土記研究の大家、秋本吉郎（きちろう）は、清書本系の『播磨風土記考』について「中には本文批評に関する説もあり、また赤穂郡の記事の存しないことについて一解釈を試みるなど、早期の研究

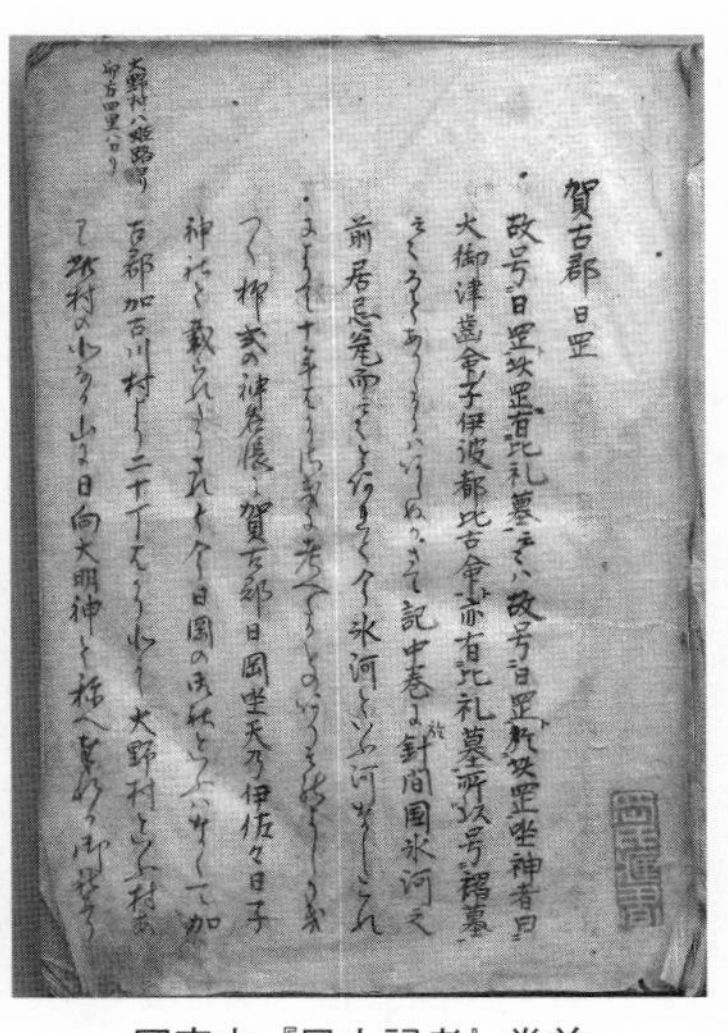

岡家本『風土記考』巻首

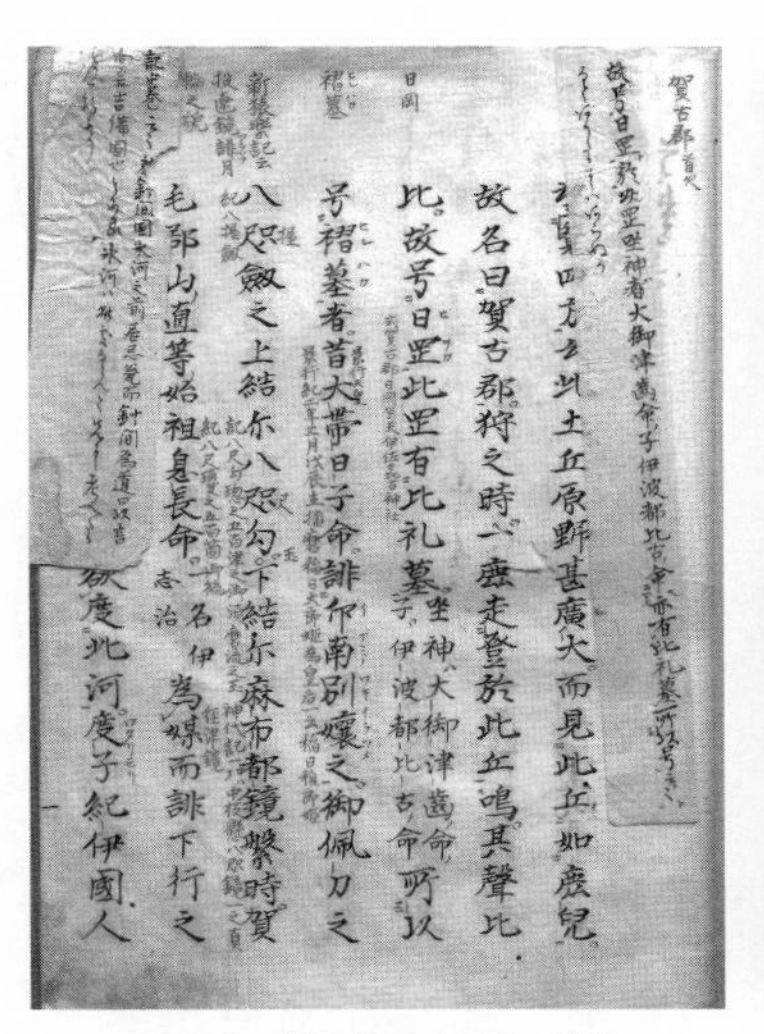

岡家本『播磨風土記』巻首

書として注意すべきであるが、惜しむらくは海沿ひの賀古・印南・餝磨・揖保の四郡―ことに後の二郡―に詳しくして、山間の六郡には手の及ばなかった点が可成り多いのである。」と批評するが、秋本の指摘は平保の業績の一面を評したに過ぎないといわざるを得ない。

　というのも、平保は岡家本『播磨』の写本にも『風土記考』の成果とともに、『風土記考』にはない独自の注記も書き込んでおり、岡家本『播磨』は後にも述べるように善臣はじめとして多くの写本にも影響を与えていることから、この両書を併せ検討することによって、はじめて彼の業績の全体像が明らかとなるのである。

◇岡平保の業績

平保は『風土記考』の執筆にあたって、現地を訪れたり、それがかなわぬ時は現地の人に問い、知識ある人に教えを請うなどしているが、現地に立つということは、研究者にとって基本中の基本であるが、播磨人にとっては恵まれた研究環境にあったとしてよい。

さて、秋本の指摘にもあるように、『風土記考』には本文の校異(こうい)に言及したところもあるが、基本的には里や地名の比定に主眼があったとしてよい。とくに、湾岸部の四郡については、『播磨』の里名と一致する江戸期の郷・庄に属する村々を列挙しており、その傾向が強く表れている。

また里名の訓みについても注意を払っており、賀古郡望理(まがり)里の訓みを『日本書紀』天武天皇一二年六月己未条の「大伴連望多(まぐた)」の事例を参考に検討したり、校合本テキストが衍字(えんじ)（誤ってはいりこんだ不必要な文字）かとする揖保郡浦上里室原泊の「原」字について、三善清行の『意見封事』や『本朝語園』に「樫生泊」と、『延喜式』神名帳大和国に「室生龍穴神社」とあること、『万葉集』に「原」を「ふ」と読む事例があること等を根拠として、衍字ではなく「室原」がただしく「むろふ」と訓むのだと指摘している。同じく校合本テキストが「石海(イシノウミ)」とするのを、『倭名類聚抄』（以下「倭名抄」という）を示して「伊波美」と訓し、『倭名抄』が「小宅〈古伊倍〉」と仮名つけするのを「ヲヤケ」と訓している。

これら平保の指摘の多くは、今日刊行されている校訂本の採用するところとなっている。

◇岡平保注釈書の意義

先にも述べたように、『風土記考』は刊行されず写本もごくわずかであったため、研究者の目には触れずに終わったか、といえばさにあらず。

『敷注』の識語によれば、敷田年治は明治四年（一八七一）に門人である姫路藩士の西松茂彦を介して、播磨国惣社（射楯兵主神社）の神官であった上月為彦や平保に地名の所在を問い合わせており、『敷注』の頭注には、平保の情報によったものとみられるものが少なくとも二三箇所が認められる。

また、夜比良神社（たつの市）の神官であった出田富祇が書写した『播磨風土記考』の餝磨郡伊和里条には「善臣按ニ……」という、谷森（二一五）本『播磨』の同条の頭注と付箋とを同編したとおぼしき付箋が貼付されており、谷森（二一五）本『播磨』の賀古郡望理里条・揖保郡小宅里条・神前郡多駝里条等の頭注や付箋には、岡家本『播磨』（出田は明治三年にこの本を書写している）によったかとみまがう一文が存在する。このことから、善臣と出田とのあいだで、岡家本『播磨』に関するやりとりがあったことは確実で、善臣は平保の業績を承知していたとみてよい。

このように、『風土記考』は刊行されずに終わったけれども、その成果は途絶えることなく、今日の風土記研究に受け継がれているのである。

江戸の古代史 ―ルーツを求めた近世人―

藪田　貫

◇古代への想い

いまのわたしたちが「古代を知りたい」と思うように、江戸時代の人たちも古代への憧れを持っていた。当時、人気のあった人形浄瑠璃（文楽）の演目「妹背山女庭訓」（近松半二作）は、明和八年（一七七一）、大坂竹本座での初演作で、国立文楽劇場のパンフレットには「大化の改新を背景に家のために犠牲になる女を描く」とある。それがどこまで真実であるかは別として、背景を「大化の改新」に求めるところに新味がある。世話物といえば江戸時代、武家物と言えば鎌倉時代に題材をとった作が多いなかで、思い切って七世紀中葉の世界に聴衆を誘うとする試みは画期的である。

同じ頃、伊勢の松阪では国学者の本居宣長（一七三〇～一八〇一）が、『古事記伝』の執筆に取り組んでおり、再校本が出たのは明和四年（一七六七）のこと。また国宝である福岡県の志賀島出土の金印が発見されたのは天明四年（一七八四）で、これらの出来事を並べてみると一七七〇～一七八〇年前後に位置することが分かる。約二七〇年続いた江戸時代の半ば、日本の各地に古代への想いと関心が高まっていたのである。「江戸の古代史」の勃興である。

◇宣長の地図好き

そのなかでも宣長の位置は別格である。それは『日本書紀』とならぶ歴史書の古典である『古事記』（和銅四年、七一一年編纂）の漢文全文に訓みを与え、和語による理解を可能にしたことである。今日、『古事記』を原文の漢文で読む人はいないと思わせるほど、日本語

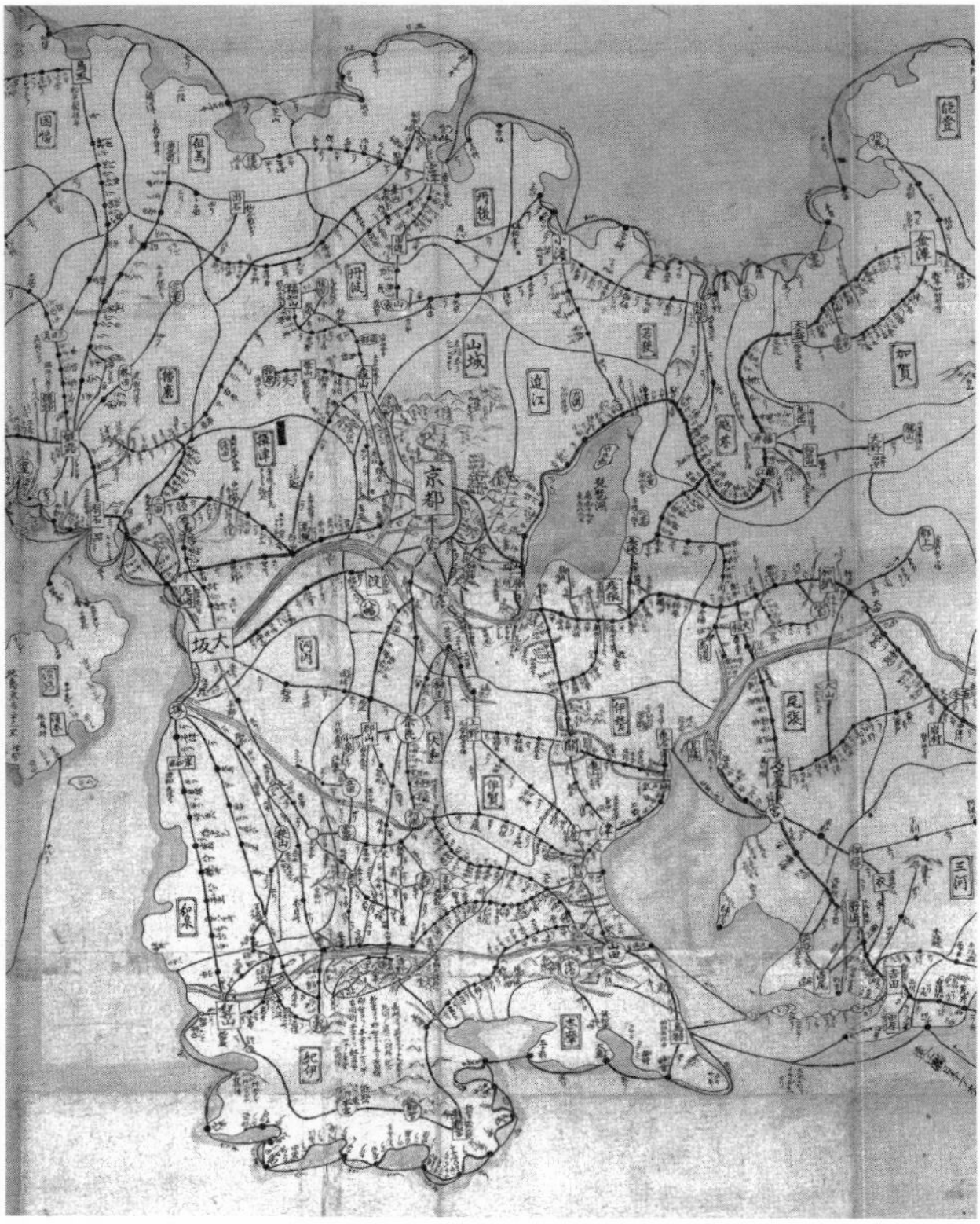

「大日本天下四海図」部分（本居宣長記念館提供）

の作品としてわたしたちは馴染んでいるが、その起点は彼にある。その冒頭「天地初発之時」を、宣長が「アメツチノハジメノトキ」と読んだことに始まったのである。

そんな宣長の学問と足跡を回顧する展示が二〇一七年、三重県立美術館三五周年記念展として開催され、見る機会があった。そこで確認されたのは宣長の地図好きな一面である。「大日本天下四海図」は一七歳、「京の図」は二三歳の作品であるが、この時、彼が実際に京に旅していたことは「在京日記」で確認できる。地図好きは旅好きと表裏であったが、これもまたこの時代のブームであった。宣長の場合、地図に示される空間認識は、時間をも平面図として視覚化しよう作品を生み出している。一番上に「高天原」、下に「根の国」を配した「天地図」である。こうした絵心は、有名な六一歳の自画像を残すに至っている。古代に向かい「時間を旅する」ことは、京や大和に向かい「空間を旅する」ことと繋がっていたのである。

◎貝原益軒の「時間と空間」

いまひとり、著名人がいる。金印の発見された福岡黒田藩に仕えた貝原益軒（一六三〇～一七一四）である。宣長の一〇〇年前の人物で、背景となる学問は国学でなく儒学、という違いはあるが、益軒にはそれぞれの分野の代表作がある。空間でいえば、藩主黒田光之の命を受けて一六年をかけて完成させた『筑前国続風土記』。この近世版の『風土記』編纂の試みは益軒の悲願であったが、藩主光之は、その願いを受け入れる条件として、先に『黒田家譜』を編むことを求め、一六七一年に完成している。

大名黒田光之としては家のルーツを、儒者益軒としては地誌を、というそれぞれの願望を実現することを目標に取引されているのが興味深い。現実に諸大名は、『寛永系図』『寛政重修諸家譜』など、幕府の求めに応じて正確な家譜を提出する必要があった。その『寛永系図』は、「姓氏録にしたがひ、皇別をはじめとして、神別これにつぎ、諸蕃これにつぐ」とあるように、弘仁五年（八一四）に編纂された『新撰姓氏録』が基本となっていた。その意味で、家譜のノウハウを知る専門家がいなければ、全国の大名・旗本も各々のルーツを説明し得ない。近世の武家社会に、ひろく古代への関心が生まれたのには実際的な理由があった。

◇『播磨国風土記』が見たい

益軒にみられた『筑前国続風土記』と『黒田家譜』の二つの流れは、その後、継承されていく。播磨の文人平野庸脩はその一人で、『地誌播磨鑑』の編纂に向かった。その作品は、飾東郡から始まり、飾西・印南・加古・明石・三木・加東・加西・多可・揖東・揖西・赤穂・宍粟に及び、各郡は神社・仏閣寺院・名所旧跡古並和歌（孝子伝も）の三部で構成され、全一七冊からなる。序文は宝暦一二年（一七六二）で、完成後、姫路藩酒井公へ献呈されたほか、草稿本が複数残っている。

平野の場合、広大な播磨一国の地誌情報の収集に際し、各地の同学の士とのネットワークがあったことが推測されている。加東郡屋度（加東市）の眼科医、谷川良元に宛てた書簡はそれを物語る。そこで平野は「大望を存立、播州記を企て」た、として協力を求めている。

しかし平野がなによりも求めていたのは『播磨国風土記』であった。序文の「其の書府庫に蔵してあまねく人の之を見るなし」という一節には、閲覧できないことへの恨みが込められている。ただ、平野の予想に反して『播磨国風土記』は、姫路藩邸でなく、京都の公家三条西家に私蔵されていたが、知る由もない。「風土記を見たい」との想いを、播磨の文人たちが遂げるのは一〇〇年余も後のことである。

◎ルーツは丹治氏

福岡黒田家の場合、『寛永系図』と『寛政重修諸家譜』の間に、藩祖識隆（小寺姓で、息子の官兵衛孝高の代に黒田と改姓）の父重隆墓碑の発見という画期がある。軍師官兵衛孝高の二五〇回忌に合わせて、地元姫路の一族天川氏からもたらされた情報によって確認され、以後、藩直営の廟所となった。家譜の充実には、歴史文献とともに地域の伝承が重要であることを教える。黒田家のように戦国期に成り上がった武家としては、藩祖・家祖の信憑性を高めることは共通の課題であった。

黒田家の場合、宇多源氏・佐々木諸流として掲載されているが、下野の黒羽藩大関家は、その祖を宣化天皇第三皇子、上殖葉皇子に求めている。それを定めたのは第一一代藩主大関増業（一七八二～一八四五）で、歴代当主と正室の命日・居士号を自筆で記した『当家正統歴世考』と『多治比氏系伝』全一〇巻をみずから編纂している。彼は江戸で松平定信・松浦静山・真田幸貫・水戸斉昭らと交流した文化人として知られているが、興味深いのは、文化一〇年（一八一三）八月～一一年七月の間、大坂城内に加番として駐屯している間に、多治比氏を祀る丹比神社を訪問していることである。当時、流布していた『河内名所図会』（一八〇一年刊）は丹比神社を立項し、「文徳実録と三代実録に云う」として記しているが、増業が「六国史」を所蔵していたのは間違いない。そればかりか文政三年（一八二〇）、黒羽版『日本書紀』三〇巻一五冊を校訂・刊行している。

◇船王後墓誌

古事記・風土記・六国史、墓碑・伝承とくれば、つぎは出土遺物である。志賀島の金印はその代表だが、発見者は百姓甚兵衛、農民秀治・嘉平など複数の人物がおり、出土した理由も諸説あるが、注目されるのは、福岡藩校学問所甘棠館教授亀井南冥（一七四三～一八一四）によって「後漢の光武帝（紀元一世紀中頃）から下賜された印綬」（『金印弁』）と考証されていることである。大名が儒者を顧問として抱えるのは、政治のためとは限らない。彼らの漢学の知識が重宝だからでもある。

江戸の昌平黌の秀才として佐藤一斎とともにその名を知られた松崎慊堂（一七七一～

一八四四）は、掛川藩主大田資始の侍講であったが、藩侯が大坂城代として勤めている文政一二年（一八二九）、河内・大和を巡り、墓誌の収集に励んでいる。「己丑（文政一二年）に獲るところの金石文字凡そ十二顆、その船史・伊奈卿・高屋・紀氏の墓誌四通は、わが君が取りて視て搨（拓本）を命じせし。その余はみな復（松崎の名）をして往て模取せしむ」と『日録』（東洋文庫）にあるが、その一つ船王後墓誌は、最古の年紀（六六八年）をもつ墓誌で国宝に指定されている。江戸時代に松岳山（柏原市）から出土し、長らく古刹西琳寺の什宝であった。

◇好古僻

大和でも威奈大村骨蔵器が出土している。大坂の博物学者、木村蒹葭堂が、三九二字からなる墓誌銘を考証し、明和七年（一七七〇）、「威奈（猪名）大村真人墓誌銅器由来私考」を著している。それによると少し前、大和国葛下郡穴虫山（香芝市）から出土したものである。蒹葭堂の模写はその後、伊勢貞丈・屋代弘賢・藤貞幹などに伝えられ、実物は四天王寺の所蔵するところとなり、現在に至る（国宝）。

こうした古代の出土遺物への関心をうかがう上で、河内金剛輪寺（大阪府羽曳野市）の阿闍梨覚峰（一七二九〜一八一五）が注目される。出家後覚峰は三〇歳で金剛輪寺の住職となり、地の利を生かして山陵研究を続け、古墳出土の古鏡の鑑定を好んだ。寺宝の古鈴・古鏡を挿し絵付きで載せる『河内名所図会』（一八〇一年刊）の編者、秋里籬島は、「常に和歌を詠じ、国史に耽る」「俗塵に遊ばずして古器を玩ぶ」と紹介している。現在、京都国立博物館蔵の「半円方形画文帯四仏四獣文鏡」は、天明元年（一七八一）、寺の近くの山が崩れて古鏡・銀朱・金環・勾玉・銅鈴などが出たうちの一点という。また、「金剛輪寺什物鏡鈴図」は本居宣長記念館にも所蔵されており、京の呉服商村井古巌（一七四一～八六）が宣長を訪問した折、寄贈したものという。好古癖が、彼らを繋いでいたのである。

◎『集古十集』と「聆濤閣集古帖」

好古癖が昂じた結果、生まれたコレクションとしては、松平定信（一七五八～一八二九）『集古十集』が著名である。寛政一二年（一八〇〇）の序文があり、碑銘・鐘銘・兵器・銅器・楽器・文房・印章・扁額・古画・法帖に及ぶ。一方、兵庫県下では、幕末から明治にかけて摂津菟原郡住吉の豪商吉田喜平次が三代にわたり蒐集した古器物・古文書の模写・拓本アルバム『聆濤（れいとう）閣（かく）集古帖』が残る。国立歴史民俗博物館・神戸大学などの共同で調査研究が進められている。櫃本誠一『兵庫県下の出土古鏡』（二〇〇二年）によると摂津では、元禄四年に芦屋市阿保親王塚から出土した鏡が初例として紹介されているが、「集古帖」には打出村出土の鏡や石帯の模写・拓本が載る。共同研究の成果は、地元兵庫で展開した「江戸の古代史」について、新しい知見を加えることは間違いないであろう。

【主要参考文献】

◆第1章　播磨と倭王権

「畝傍陵墓参考地石室内現況調査報告」福尾正彦・徳田誠志『書陵部紀要』四五　一九九四年
「古代の石工とその技術」和田晴吾『古墳時代の生産と流通』吉川弘文館、二〇一五年
「既多寺大智度論と針間国造」今津勝紀『律令国家史論集』塙書房　二〇一〇年
「国造制と屯倉制」森公章『岩波講座日本歴史』古代二　岩波書店　二〇一四年
「伊和大神の実像」古市晃『いひほ研究』一〇　二〇一八年
「古代播磨の地域社会構造―播磨国風土記を中心に―」古市晃『国家形成期の王宮と地域社会―記紀・風土記伝承の再解釈―』塙書房　二〇一九年
『兵庫県史』第一巻　直木孝次郎ほか　兵庫県　一九七四年
『ひょうごの遺跡が語る　まつりの古代史』大平茂　神戸新聞総合出版センター　二〇二〇年
『風土記―日本人の感覚を読む―』橋本雅之　角川書店　二〇一六年
「推古朝の『国記』について」榎英一『日本史論叢』五　一九七五年
「石作氏の配置とその前提」中林隆之『日本歴史』七五一　二〇一〇年
「古代播磨の地域社会構造―播磨国風土記を中心に―」古市晃『国家形成期の王宮と地域社会―記紀・風土記伝承の再解釈―』塙書房　二〇一九年
『古代歌謡論』土橋寛　三一書房　一九六〇年
「風土記の「荒ぶる神」の鎮祭伝承―王権と広域権力による地域編成の一断面―」坂江渉『出雲古代史研究』

二五　二〇一五年
「既多寺大智度論と針間国造」今津勝紀　『律令国家史論集』塙書房　二〇一〇年
『姫路市史』第七巻下　姫路市　二〇一〇年
「糟屋屯倉献上の政治史的考察 ―ミヤケ論研究序説―」笹川進二郎　『歴史学研究』五四六　一九八五年
「広域行政区画としての大宰総領制」仁藤敦史　『国史学』二一四　二〇一四年

◆第2章　播磨の道と地域間交流

「古墳時代の播磨の道」中村弘　『ひょうご歴史研究室紀要』六　二〇二一年
『日本古代国家の農民規範と地域社会』坂江渉　思文閣出版　二〇一六年
「古墳時代の印南野と吉備」中村弘　『兵庫県立考古博物館研究紀要』一四　二〇二一年
『古墳が語る播磨』岸本道昭　神戸新聞総合出版センター　二〇一三年
「『播磨国風土記』に見える枚方里の開発伝承」鷺森浩幸　『日本古代の王家・寺院と所領』塙書房　二〇〇一年（初出一九九一年）
「七世紀における地域社会の変容 ―古墳研究と集落研究の接続をめざして―」菱田哲郎　『国立歴史民俗博物館研究報告一七九』国立歴史民俗博物館　二〇一三年
「揖保川下流域の水利」小林基伸　『播磨国鵤荘　現況調査報告総集編』二〇〇四年
『北神戸　歴史の道を歩く』野村貴郎　神戸新聞総合出版センター　二〇〇二年
『地域社会からみた「源平合戦」―福原京と生田森・一の谷合戦―』歴史資料ネットワーク　岩田書院　二〇〇七年

「志深ミヤケの歴史的位置をめぐる基礎的考察」坂江渉 『ひょうご歴史研究室紀要』二 二〇一七年
『兵庫県文化財調査報告五一一 志染梨木遺跡』兵庫県教育委員会 二〇二〇年
「新設鹿之瀬漁業権の成立」鷲尾圭司 海事資料館年報二二 一一七
『加古川市史 一・二』加古川市 一九八九年・一九九四年
「南北朝内乱からみた西摂津・東播磨の平氏勢力圏」市沢哲 『地域社会からみた「源平合戦」』岩田書院 二〇〇七年
「「H型」交通路で結ばれる地域と中央権力 ―東播・西摂の国境地帯―」坂江渉 『播磨国風土記 はりま1300年の源流をたどる』神戸新聞総合出版センター 二〇一六年
『山陽道（西国街道）』兵庫県教育委員会 一九九二年
「『播磨国風土記』と播磨国の駅家」中村弘 『ひょうご歴史研究室紀要』一 二〇一六年

◆**第3章 大阪湾岸と淡路島の海人**

「播磨の鉄」土佐雅彦 『風土記の考古学2 播磨国風土記の巻』同成社 一九九四年
『五斗長垣内遺跡発掘調査報告』淡路市教育委員会 二〇一一年
『舟木遺跡1（B・D地区の調査）』淡路市教育委員会 二〇二〇年
『雨流遺跡』兵庫県教育委員会 一九九〇年
『南あわじ市埋蔵文化財調査年報Ⅱ』南あわじ市教育委員会 二〇〇九年
「淤宇宿禰・野見宿禰伝承と倭王権」池淵俊一 『季刊邪馬台国』一三三 二〇一七年
「国家形成期における淡路の位置」古市晃 『国家形成期の王宮と地域社会 ―記紀・風土記の再解釈―』塙書房

二〇一九年
「ワナサとミマツヒコ―国家形成期における海人集団の動向―」古市晃『古代史論聚』岩田書院　二〇二〇年
『古代王権の祭祀と神話』岡田精司　塙書房　一九七〇年
『日本古代神話と氏族伝承』横田健一　塙書房　一九八二年
『淡路の神話と海人族』岡本稔・武田信一　Ｂｏｏｋｓ成錦堂　一九八七年
「古代の大阪湾岸・淡路島の海人の生業と習俗」坂江渉『ひょうご歴史研究室紀要』五　二〇二〇年

◆第４章　地域生活と播磨の神祭り

『ハタケと日本人―もう一つの農耕文化―』木村茂光　中公新書　一九九六年
『戸籍が語る古代の家族』今津勝紀　塙書房　二〇一九年
「古代の雲箇里と風穴の祭り」坂江渉『《記録と記憶》を未来につなぐ―閏賀のあゆみ―』一宮町閏賀自治会
閏賀のあゆみ編纂委員会　二〇一八年
『呪術世界と考古学』佐野大和　続群書類従完成会　一九九二年
『北はりま定住自立圏連携事業　巡回共同企画展　西脇・多可の古代』西脇市教育委員会・多可町教育委員会
二〇二〇年
『風土記と古代の神々　もうひとつの日本神話』瀧音能之　平凡社　二〇一九年
「馬・馬・馬―その語りの考古学―」水野正好『文化財学報』二　奈良大学　一九八三年
『古代都城と律令祭祀』金子裕之　柳原出版　一九八四年

◆第5章　播磨の古代寺院と仏教

『平安仏教の研究』薗田香融　法蔵館　一九八一年
『古代氏族の系譜』溝口睦子　吉川弘文館　一九八七年
「『播磨国風土記』からみた東播・西摂地域と交通 ―印南野の歴史的位置―」高橋明裕『ひょうご歴史研究室紀要』一　二〇一六年
「古代の交通を支えた仏教施設と福田思想」藤本誠『日本古代の輸送と道路』佐々木敬一ほか　八木書店　二〇一九年
「古代播磨の道と寺」坂江渉『ひょうご歴史研究室紀要』六　二〇二一年
『ひょうごの遺跡が語る　まつりの古代史』大平茂　神戸新聞総合出版センター　二〇二〇年
『万葉歌木簡を追う』栄原永遠男　和泉書院　二〇一一年

◆第6章　播磨の古代と資料・地誌

"Harima Fudoki *-A Record of Ancient Japan Reinterpreted Translated, Annotated, and with Commentary-*", Edwina Palmer, Brill, Netherland, 2016.
「風土記読解 ―口承文学の観点から―」エドウィーナ・パーマー『国文学』五四―七　二〇〇九年
「顕宗・仁賢朝の成立をめぐる諸問題」大橋信弥『日本古代の王権と氏族』吉川弘文館　一九九六年
「風土記と記紀の関係 ―播磨国風土記オケ・ヲケ説話を中心に―」青木周平『上代文学』九八　二〇〇七年
「山口県山口市出土の古代石文 ―いわゆる秦益人刻書石について―」古市晃『ＬＩＮＫ ―地域・大学・文化― 神戸大学大学院人文学研究科地域連携センター年報』二　二〇一〇年

「近世末期における『播磨国風土記』の書写・伝播過程について —播磨における風土記の受容—」垣内章
『播磨学紀要』一九　二〇一六年
『風土記研究受容史』兼岡理恵　笠間書院　二〇〇八年
「岡平保著「風土記考」について—翻刻と解題—」垣内章『播磨学紀要』一九　二〇一六年
『風土記の研究』秋本吉郎　大阪経済大学後援会　一九六三年
「岡平保『播磨風土記考』翻刻（上・下）」近藤左知子『皇學館論叢』二七二・二七三　二〇一三年
『播磨鑑』平野庸脩　播磨史籍刊行会　一九八三年
「播磨鑑の草稿本と其著者平野庸脩」太田陸郎『兵庫史談』二—三　一九三〇年
『改革と学問に生きた殿様』栃木県立博物館企画展図録　二〇一〇年
福岡築城四〇〇年記念『黒田家　その歴史と名宝展』福岡市博物館　二〇〇二年
没後二〇〇年記念『木村蒹葭堂　なにわ知の巨人』大阪歴史博物館特別展図録　思文閣出版　二〇〇三年
「江戸時代における古美術コレクションの一様相」杉本欣久『黒川古文化研究』一五　二〇一六年

あとがき

「歴史にはロマンがある、とくに古代には」と言われることがあります。新聞に雑誌、テレビ・ラジオさらにインターネットも加わって、毎日、大量の情報がわたしたちの周りに溢れています。そんな情報過多の状況から見たとき、限られた資料しか残されていない古代にロマンを感じる心情には共感できるものがあります。

しかし、『古事記』『日本書紀』『風土記』の原文を見て、全編、難しい漢字だらけだと知ったらどうでしょう？　それでも「ロマンを感じる」と思う人はどれだけいるでしょうか。その意味で、これら歴史書を、よくぞ現代日本語に翻訳してくれたものだと先人の努力に感謝したくなります。『播磨国風土記』を含め現存する『風土記』の全文註釈を収めた『風土記』が、日本古典文学大系として出版されたのは昭和三三年（一九五八）のことです。それは、『風土記』が日本国民共有の歴史史料になる大きな契機となりました。

いわゆる『風土記』編集・提出の官命が、和銅六年（七一三）に出ていることからすれば、平安・鎌倉時代から江戸時代にかけての写本の伝来という奇跡の上に、さらに全文註釈という作業を経て、「古代」の地域の史料が、「現代」の地域に住む人々の下に、地域歴史遺産として還元されていくことになったのです。

兵庫県内では平成二五年（二〇一三）から三ヶ年かけ、『播磨国風土記』編纂一三〇〇年を記念する事業が官民挙げて取り組まれました。博物館での展示のほか、『播磨国風土記』を読む会の実施、地域に残る伝承や地名・遺跡を訪ねるフィールドワーク、専門家による講演会などが企画され、多数の市民の参加を得ました。『風土記からみる古代の播磨』（二〇〇七年刊行）は、その先駆けの研究成果として出版されました。

さらに平成二七年（二〇一五）四月、兵庫県立歴史博物館に「ひょうご歴史研究室」が開設され、『播磨国風土記』研究班が組織されました。本書『『播磨国風土記』の古代史』は、その共同研究の成果で、プロジェクトリーダーである坂江渉研究コーディネーターが中心となって企画・立案し、研究室内外のメンバーが、全面的に協力することで出版の運びとなりました。この間、七年の歳月を回顧して印象深いのは、『播磨国風土記』を英訳したニュージーランドの研究者エドウイーナ・パーマーさんと交流する機会を持てたことです。彼女の努力によって『播磨国風土記』は、世界に開かれる歴史書になったのです。『播磨国風土記』が、ギリシャ神話と並び称される日も遠くないのではないでしょうか。

執筆にご協力いただいたすべての皆さま、貴重な資料を提供いただいた機関と個人のみなさま、出版の労を執られた神戸新聞総合出版センターの岡容子氏に深甚なる謝意を捧げます。

令和三年十月

兵庫県立歴史博物館長兼ひょうご歴史研究室長

藪田　貫

山下 史朗（やました・しろう）
兵庫県企画県民部地域創生局歴史資源活用担当参事。ひょうご歴史研究室顧問。神戸学院大学非常勤講師。
主に兵庫県内の遺跡の変遷からみた社会変化を研究。
著作／「古代山陽道とその駅家」（櫃本誠一編『風土記の考古学１ –播磨国風土記の巻–』同成社、1994）、「古代山陽道研究の現状と課題」（『兵庫県古代官道関連遺跡調査報告書Ｉ』兵庫県教育委員会、2010）など。

和田 晴吾（わだ・せいご）
兵庫県立考古博物館長。立命館大学名誉教授。
主に弥生・古墳時代の考古学を研究。
著作／『古墳時代の葬制と他界観』（吉川弘文館、2014）、『古墳時代の王権と集団関係』（吉川弘文館、2018）、「前方後円墳とは何か」（吉村武彦編『シリーズ古代史をひらく 前方後円墳』（岩波書店、2019）、「アルタイ山中にクルガンを訪ねて」（『兵庫県立考古博物館研究紀要』14号、2021）など。

号、兵庫県立考古博物館、2021)、「古墳時代の船」(『埴輪の世界 –埴輪から古墳を読みとく–』兵庫県立考古博物館、2019)、「兵庫県古大内遺跡 –山陽道賀古駅家–」(鈴木靖民・荒木敏夫・川尻秋生編『日本古代の道路と景観 –駅家・官衙・寺–』八木書店、2017)など。

平石　充(ひらいし・みつる)
島根県教育委員会文化財課古代文化センター主席研究員。
主に大化改新以前の歴史と『出雲国風土記』と地域社会史を研究。
著作／『解説　出雲国風土記』(共著、今井出版、2014)、『松江市史　通史編1』(分担執筆、松江市、2015)、「地域社会からみた部民制・国造制・ミヤケ制」(『歴史学研究』976号、2018)など。

古市　晃(ふるいち・あきら)
神戸大学大学院人文学研究科教授。ひょうご歴史研究室客員研究員。
日本古代史専攻。国家形成史、地域社会史を研究。
著作／『日本古代王権の支配論理』(塙書房、2009)、『国家形成期の王宮と地域社会 –記紀・風土記の再解釈–』(塙書房、2019)、『倭国 –古代国家への道–』(講談社現代新書、2021)など。

森内 秀造(もりうち・しゅうぞう)
元兵庫県立考古博物館調査課長。窯跡研究会幹事。
主に古代の窯業と経塚を研究。
著作／『古代窯業の基礎研究 –須恵器の技術と系譜–』(共同執筆、真陽社、2010)、「兵庫県但馬地方を中心とした経塚の外観」(『経塚考古学論攷』岩田書院、2011)、「『延喜主計寮式』にみえる土器の調納規定 –品目記載法の分析を通して–」(山尾幸久編『古代日本の民族・国家・思想』塙書房、2021)など。

藪田　貫(やぶた・ゆたか)
兵庫県立歴史博物館長兼ひょうご歴史研究室長、関西大学名誉教授。
日本近世史専攻。
著作／『国訴と百姓一揆の研究』(校倉書房、1992)、『女性史としての近世』(校倉書房、1996)、『武士の町「大坂」』(中公新書、2010、講談社学術文庫、2020)、『大阪遺産』(清文堂出版、2020)など。

神戸 佳文（かんべ・よしふみ）
兵庫県立歴史博物館学芸員。ひょうご歴史研究室研究員。関西大学非常勤講師。
主に日本仏教彫刻史を研究。
著作／「兵庫・瑠璃寺木造不動明王坐像」（『MUSEUM』448号、1988）、「古法華三尊仏龕」（『国華』1215号、1997）、『加西市史』（分担執筆、加西市、2003）、「近世前期における仏師の世代継承について －七条仏師・大坂仏師・播磨の仏師の作例・記録にみる－」（『仏教美術論文集』6（組織論 －制作した人々－）竹林舎、2016）など。

高橋 明裕（たかはし・あきひろ）
立命館大学、神戸大学、天理大学非常勤講師。ひょうご歴史研究室客員研究員。
日本古代史専攻。主に記紀批判を通じた古代国家形成史、古代地域史研究。
著作／「氏族伝承と古代王権 －三輪山伝承をめぐって－」（『歴史評論』611号、2001）、「『播磨国風土記』にみる六－七世紀、播磨の地域社会構造」（『歴史科学』220・221合併号、2015）、「『播磨国風土記』印南別嬢伝承からみた印南野」（『ひょうご歴史研究室紀要』5号、2020）、「古代の魚住泊について」（『明石の歴史』3号、2020）、「古代三嶋地域における土地開発とミヤケ」（山尾幸久編『古代日本の民族・国家・思想』塙書房、2021）など。

中村　聡（なかむら・さとし）
帝塚山中学・高等学校非常勤講師。
主に日本古代の地方制度を研究。
著作／「古代の大宰・総領制に関する再検討」（『立命館史学』15号、1994）、「『常陸国風土記』と立郡記事」（『日本思想史研究会会報』12号、1994）、「武庫水門と御子代国」（坂江渉編著『神戸・阪神間の古代史』神戸新聞総合出版センター、2011）、「『風土記』における天皇説話について －風土記伝承の素材－」（山尾幸久編『古代日本の民族・国家・思想』塙書房、2021）など。

中村　弘（なかむら・ひろし）
兵庫県立考古博物館長補佐兼企画広報課長。ひょうご歴史研究室研究員。日本考古学協会会員。
主に考古学からみた古墳時代の地域政策を研究。
著作／「古墳時代の播磨の道 －大型古墳の立地からみた倭王権の道－」（『ひょうご歴史研究室紀要』6号、兵庫県立歴史博物館ひょうご歴史研究室、2021）、「古墳時代の印南野地域と吉備」（『兵庫県立考古博物館研究紀要』14

井上 勝博（いのうえ・かつひろ）
武庫川女子大学非常勤講師。
日本古代史専攻。
著作／「「葦屋の乙女」と「茅渟男」」（坂江渉編『神戸・阪神間の古代史』神戸新聞総合出版センター、2011）、「倭直の拠点をめぐって」（『明石の歴史』1号、明石市、2018）、「明石国造と丹生山の女神」（『明石の歴史』4号、明石市、2021）など。

大谷 輝彦（おおたに・てるひこ）
姫路市教育委員会埋蔵文化財センター館長兼文化財課主幹。ひょうご歴史研究室共同研究員。
専門は日本考古学。世界遺産・歴史文化遺産の保護・活用を担当。
著作／『姫路市史』第7巻下・資料編考古（共著、姫路市、1990）、「姫路市歴史文化基本構想」（姫路市、2011）などの文化財に関する基本計画、姫路市埋蔵文化財センター「宮山古墳」等の展示図録など多数。

大平　茂（おおひら・しげる）
元兵庫県立考古博物館学芸課長。ひょうご歴史研究室協力研究員。
古代の祭祀遺跡・祭祀遺物を中心とした考古学研究。
著作／『祭祀考古学の研究』（雄山閣、2008）、「祭祀遺跡」（土生田純之・亀田修一編『古墳時代研究の現状と課題』下、同成社、2012）、『ひょうごの遺跡が語る まつりの古代史』（神戸新聞総合出版センター、2020）、「古墳時代の瀬戸内航路と兵庫県の祭祀遺跡」（『兵庫県立考古博物館研究紀要』14号、兵庫県立考古博物館、2021）、「子持勾玉の祭祀儀礼 -土師氏から三輪氏へ-」（『大美和』141号、三輪明神大神神社、2021）など。

垣内　章（かきうち・あきら）
播磨学研究所研究員。ひょうご歴史研究室協力研究員。風土記研究会会員。
主に『播磨国風土記』を中心とする播磨の古代史を研究。
著作／「伊和大神雑考」（『風土記研究』13号、1991）、「岡平保「風土記考」について」・「近世末期における『播磨国風土記』の書写・伝播過程について」（『播磨学紀要』19号、播磨学研究所、2016）、「出田家所蔵播磨国風土記写本調査概報」（『ひょうご歴史研究室紀要』2号、2017）、「三条西本『播磨国風土記』印南郡総記条について」（『歴史と神戸』338号、2020）など。

監修者・執筆者紹介

■監修者

坂江　渉（さかえ・わたる）
兵庫県立歴史博物館ひょうご歴史研究室研究コーディネーター。神戸女学院大学、武庫川女子大学非常勤講師。
日本古代史専攻。古代の神話・祭祀と地域社会史を研究。
著作／『風土記からみる古代の播磨』（編著。神戸新聞総合出版センター、2007）、『神戸・阪神間の古代史』（編著。神戸新聞総合出版センター、2011）、『日本古代国家の農民規範と地域社会』思文閣出版、2016）、「生存・生殖の維持と日本古代の地域社会」（『歴史学研究』977号、2018）、「古代播磨の道と寺」（『ひょうご歴史研究室紀要』6号、2021）など。

■執筆者（五十音順）

池淵 俊一（いけぶち・しゅんいち）
島根県教育庁文化財課管理指導スタッフ調整監。
主に出雲地方の弥生・古墳時代社会を各方面から研究。
著作／『古墳時代史にみる古代出雲成立の起源』（松江市ふるさと文庫18、2017）、「刀剣・矛・ヤリ・素環頭刀」（『考古資料大観7－弥生・古墳時代鉄・金銅製品－』小学館、2003）、「山陰の鉄器生産と流通」（『日本考古学協会2012年度福岡大会研究発表資料集』日本考古学協会、2012）、「意宇平野の開発史」（『前方後方墳と東西出雲の成立に関する研究』島根県古代文化センター、2015）、「出雲平野における6・7世紀の水利開発とその評価」（『国家形成期の首長権と地域社会構造』島根県古代文化センター、2019）など。

伊藤 宏幸（いとう・ひろゆき）
淡路市教育委員会職員。ひょうご歴史研究室共同研究員。
主に考古学を通して淡路島の弥生・古墳時代を研究。
著作／『東浦町史』（分担執筆、東浦町、2000）、『淡路町誌』（分担執筆、淡路町、2005）、「幕末の海防施設－松帆台場と松帆湊－」（『季刊考古学』102号、雄山閣、2008）、「淡路島における弥生時代鉄器生産の様相」（『古代学研究』218号、2018）、「淡路市五斗長垣内遺跡の鉄器生産について」（『たたら研究』57号、2018）など。

『播磨国風土記』の古代史

2021年11月20日　初版第1刷発行

編　者――兵庫県立歴史博物館ひょうご歴史研究室
監修者――坂江　渉
発行者――金元昌弘
発行所――神戸新聞総合出版センター
〒650-0044　神戸市中央区東川崎町1-5-7
TEL 078-362-7140／FAX 078-361-7552
https://kobe-yomitai.jp/
編集／のじぎく文庫
装丁／神原宏一
印刷／神戸新聞総合印刷

ISBN978-4-343-01131-2 C0021